# LYSA TERKEURST

# mulheres de fé

vivendo
o propósito
de Deus
**para uma
vida plena**

Título original: What Happens When Women Say Yes to God and Walk in Faith
Copyright © 2005, 2007 by Lysa TerKeurst
Publicado originalmente por Harvest House Publishers (Eugene, Oregon 97408)
www.harvesthousepublishers.com

1ª edição: fevereiro de 2025

*Tradução:* Ana Paula Corcino
*Revisão:* Ana Mendes
*Projeto gráfico e diagramação:* Sonia Peticov
*Capa:* Rafael Brum
*Editor:* Aldo Menezes
*Coordenador de produção:* Mauro Terrengui
*Impressão e acabamento:* Imprensa da Fé

As opiniões, as interpretações e os conceitos desta obra são de responsabilidade de quem a escreveu e não refletem necessariamente o ponto de vista da Hagnos.

Todos os direitos desta edição reservados à
Editora Hagnos Ltda.
Rua Geraldo Flausino Gomes, 42, conj. 41
CEP 04575-060 — São Paulo, SP
Tel.: (11) 5990-3308

E-mail: editorial@hagnos.com.br | Home page: www.hagnos.com.br
Editora associada à Associação Brasileira de Direitos Reprográficos (ABDR)

**Dados Internacionais de Catalogação na Publicação (CIP)**

Terkeurst, Lysa

   Mulheres de fé : vivendo o propósito de Deus para uma vida plena / Lysa TerKeurst ; tradução de Ana Paula Corcino. - São Paulo : Hagnos, 2025.

   ISBN 978-85-7742-602-7
   Título original: What Happens When Women Say Yes to God and Walk in Faith

   1. Cristãs – Vida religiosa 2. Cristãs – Conduta 3. Vida cristã I. Título II. Corcino, Ana Paula

25-0425                                                                                 CDD 248.843

Índices para catálogo sistemático:
1. Cristãs – Vida religiosa

Angélica Ilacqua CRB-8/7057

Aos meus dois lindos filhos, Jackson e Mark:
Por meio de vocês, Deus guiou meus passos por caminhos que eu jamais imaginei que pudessem ser tão extraordinários. Desde a primeira noite em que me chamaram de "mamãe", meu coração e minha vida nunca mais foram os mesmos. Dedico estas palavras a vocês com todo o amor.

# Sumário

## O que acontece quando as mulheres dizem sim a Deus

Introdução .................................................. 9
  1. Uma alma que deseja mais ........................ 11
  2. Ouvindo a voz de Deus ............................ 26
  3. Quando a obediência se torna radical ............. 45
  4. Você nunca sabe como Deus vai usá-la até que permita . 60
  5. O que nos impede de dizer "sim" a Deus ........... 79
  6. Se fosse fácil, não valeria a pena fazer ............ 95
  7. Mantendo a visão clara ........................... 113
  8. Abrindo mão do que nunca foi nosso .............. 127
  9. Radicalmente abençoada .......................... 143

## O que acontece quando as mulheres caminham pela fé

Introdução .................................................. 157

### FASE 1: DEIXAR

  1. O mapa ............................................ 161
  2. Uma linha na areia ................................. 170
  3. Deus tem um plano ................................ 179
  4. Amando a Deus mais do que ao meu sonho ........ 189

### FASE 2: FOME

5. A aventura para a qual nossa alma foi criada ........ 201
6. O convite extraordinário de Deus ................. 210
7. Deus está com você .......................... 221
8. Recusando-se a ser prisioneira da amargura ........ 230

### FASE 3: CRER

9. Um caminho improvável ...................... 243
10. Bloqueios e garantias ........................ 252
11. Deus abrirá um caminho ..................... 262
12. Aprendendo a liderar ........................ 272

### FASE 4: MORTE

13. Morte não significa derrota ................... 287
14. Seguindo em frente pela dor .................. 298
15. Deus não é surpreendido pela morte ............ 305
16. A porção, a posição e a promessa de Deus ........ 314

### FASE 5: RESSURREIÇÃO

17. O sonho de Deus, o jeito de Deus ............... 329
18. Uma promessa feita é uma promessa cumprida ..... 338
19. Deus traz sonhos à vida ...................... 349
20. Toda promessa cumprida ..................... 359

O que acontece quando as **mulheres dizem sim a Deus**

# Introdução

Acredito que Deus dá um sonho a cada mulher. Não o mesmo sonho, claro, mas um sonho especialmente moldado para os talentos dela e para os propósitos dele. Cada mulher recebe um sonho que somente ela está destinada a cumprir. Mas, assim como os israelitas receberam a promessa de uma terra onde mana leite e mel, condicionada à fé necessária para avançar e conquistar a terra prometida, nós, como mulheres com sonhos, também enfrentaremos obstáculos que tentarão nos afastar do melhor de Deus para nós. Os israelitas tiveram que enfrentar gigantes na terra. Esses gigantes trouxeram medo ao coração daqueles a quem a promessa havia sido dada. Alguns recuaram por causa disso. O desânimo tomou conta. Cansaço, impaciência, incredulidade — todos esses sentimentos foram comuns àqueles homens e mulheres que passaram quarenta anos no deserto porque simplesmente não conseguiram caminhar em fé rumo ao destino para o qual Deus os havia chamado.

Conheço muitas mulheres que sabem, em seus corações, que Deus tem grandes coisas para elas. Mas a cada passo, elas encontram obstáculos. Gigantes estão em suas terras prometidas. E elas experimentam os mesmos sentimentos de desânimo, cansaço e incredulidade. Eu também entendo profundamente essas lutas. Nos últimos anos, experimentei traições e promessas quebradas em alguns dos meus relacionamentos mais próximos.

Os livros desta coletânea — *O que acontece quando as mulheres dizem sim a Deus* e *O que acontece quando as mulheres caminham pela fé* — foram escritos no início da minha jornada como escritora e ministra. Muitas coisas mudaram em minha vida desde então, e, assim como os israelitas, enfrentei gigantes na Terra Prometida. Mas em meio a tudo isso, Deus permaneceu fiel. Ainda acredito no que escrevi todos aqueles anos atrás:

*A morte não significa derrota.
Uma nova vida está logo ali, na esquina.*

Deixe-me perguntar algo a você: Qual sonho Deus deu a você? Talvez você não consiga expressá-lo em palavras, exceto dizer que sabe que Deus quer usá-la. Mas como isso vai acontecer... você ainda não tem certeza. Não saber exatamente como Deus quer usá-la está tudo bem. Quando uma mulher começa a caminhar em fé em direção a Deus, Ele dá o sonho. Para mim, o sonho resultou em palestras, escrita e no nascimento do Ministério Provérbios 31. Seu sonho — o modo como Deus quer usá-la — pode ser totalmente diferente. Mas, embora os sonhos que temos sejam distintos, descobri que o caminho é muito semelhante para a maioria das mulheres. E trilhar esse caminho pela fé, escolhendo dizer "Sim!" mesmo quando você não consegue enxergar o fim da estrada, é exatamente sobre o que este livro trata.

Então, prepare-se, minha amiga. Coloque seus sapatos mais confortáveis. Você já tem uma noção básica de para onde estamos indo, e agora é hora de partir. No final de cada capítulo, você encontrará um estudo bíblico. Será útil ter um caderno para registrar suas respostas e pensamentos ao longo do caminho. Reserve um tempo para ler as Escrituras, refletir sobre as perguntas e registrar suas respostas em seu caderno. Está animada? Eu estou. Porque acredito de verdade que caminhar com Deus nos leva a lugares incríveis!

Agora, vamos virar a página juntas.

CAPÍTULO 1

# Uma alma que deseja mais
Faça tudo o que Deus mandar

Tudo começou no dia em que Deus me disse para dar minha Bíblia de presente. Eu estava exausta depois de uma sequência de viagens e palestras. Tudo o que eu queria era me sentar no meu lugar no avião e cochilar um pouco. Imagine minha alegria ao perceber que eu era a única pessoa na minha fileira. Estava prestes a fechar os olhos quando dois passageiros de última hora apareceram e se sentaram ao meu lado.

Relutante, desisti do meu cochilo. A última coisa que eu precisava era dormir e acabar roncando ou, pior ainda, acordar com a cabeça apoiada no ombro do rapaz ao lado. Não, eu não precisava de mais um momento constrangedor, então peguei um manuscrito da minha bolsa e comecei a ler.

— O que você está lendo? — ele perguntou. Expliquei que era escritora e que estava trabalhando em um livro chamado *Leading Women to the Heart of God* [Levando mulheres ao coração de Deus]. Ele sorriu e disse que achava Deus um tema muito interessante. Concordei e aproveitei para fazer algumas perguntas sobre suas crenças. Antes que eu percebesse, estava pegando minha Bíblia na bolsa e mostrando a ele alguns versículos importantes para os dilemas que estava enfrentando. Ele fazia perguntas, e eu orava para que Deus me desse as respostas.

De repente, senti Deus tocar meu coração e me pedir para dar a minha Bíblia para aquele homem. Mas essa não era qualquer Bíblia. Era a minha Bíblia de todo dia, com passagens destacadas, sublinhadas, anotadas e até marcadas por lágrimas. Meus filhos tinham até desenhado nela. Comecei a argumentar com Deus em pensamento, mas sua mensagem era clara: eu deveria dar a Bíblia para ele.

Esvaziei a Bíblia de folhetos e papéis antigos, respirei fundo, suspirei e a coloquei nas mãos do homem. — Quero que você fique com a minha Bíblia — eu disse. Surpreso, ele tentou devolvê-la, dizendo que não poderia aceitar um presente assim. — Deus me disse para entregá-la a você — insisti. — Às vezes, o Deus do universo faz uma pausa em meio à criação para tocar o coração de uma pessoa. Hoje, Ele parou por você.

O homem pegou a Bíblia e fez duas promessas. Primeiro, disse que a leria, e, segundo, que um dia a passaria adiante, fazendo por outra pessoa o que eu fiz por ele.

Antes que eu percebesse, o avião pousou, e estávamos nos despedindo. Quando entrei no corredor para sair, a mulher do outro lado do homem segurou meu braço. Ela tinha passado o voo inteiro olhando pela janela, e achei que estivesse nos ignorando. Mas seu rosto cheio de lágrimas contava outra história. Com a voz tão baixa que quase não ouvi, ela sussurrou: — Obrigada. O que você compartilhou hoje mudou a minha vida.

Coloquei minha mão sobre a dela e retribuí o sussurro: — Por nada. — Uma emoção forte tomou conta de mim, e meus olhos se encheram de lágrimas. Eu não tinha outra Bíblia para dar, então entreguei um dos meus livros e me despedi com um abraço.

Dizem que devemos falar de Jesus ao mundo todo, usando palavras apenas quando necessário. Naquele momento, vi essa verdade poderosa ganhar vida. Embora eu não tenha falado diretamente de Jesus para aquela mulher, ela o viu através da minha obediência. Que experiência humilde. Que lição profunda.

Ao sair do avião, mal conseguia segurar as lágrimas. Três corações haviam sido transformados naquele dia. Acredito que o homem conheceu Jesus como seu Senhor e Salvador. Acredito que o mesmo aconteceu com a mulher. Mas meu coração também foi profundamente transformado. Por um lado, eu estava radiante com o que Deus havia feito, mas, por outro, meu coração estava quebrantado ao lembrar todas as vezes que disse "não" a Deus.

Quantas vezes já disse não a ti, Senhor? Quantas vezes, por cansaço, insegurança, incerteza, pressa ou egoísmo, passei direto por tuas oportunidades divinas e perdi a chance de te encontrar? Elevei meu coração a Deus e sussurrei: — Perdoa-me por todos esses "nãos". Agora eu digo sim, Senhor. Digo sim antes mesmo de saber o que me pedirás. Quero que vejas em mim um coração que diz sim.

Pouco depois, enquanto tentava encontrar meu próximo portão de embarque, avistei o homem novamente. Ele me parou para dizer que estava orando e agradecendo a Deus pelo que aconteceu no avião. Trocamos cartões de visita e, mesmo morando em estados diferentes, sabia que manteríamos contato.

Cerca de um mês depois, ele me ligou para contar que sua vida havia mudado completamente. Tirou uma semana de folga para ler a Bíblia e já tinha compartilhado seu testemunho com várias pessoas. Quando me disse isso, fiquei sem palavras. Eu nunca tirei uma semana para ler a Bíblia! Deus estava realmente agindo na vida dele.

Quando perguntei qual era seu versículo favorito, ele respondeu: Provérbios 3:5-6: "Confie no Senhor de todo o seu coração e não se apoie em seu próprio entendimento. Reconheça-o em todos os seus caminhos, e ele endireitará as suas veredas". Pensei comigo mesma: Uau! Olha só como Deus já respondeu isso para ele.

Ele também me contou que, ao terminar a leitura, sabia que precisava frequentar uma igreja. Decidiu visitar uma igreja grande na sua cidade, mas, no caminho, sentiu algo forte e resolveu voltar a uma igreja menor. Lá, ao se sentar no banco, abriu o boletim e viu minha foto, com um anúncio de que eu seria a palestrante de uma conferência feminina. Ele sentiu que, mais uma vez, Deus havia parado apenas para ele.

Naquele dia no avião, quando Deus tocou meu coração para dar minha Bíblia àquele homem, eu não fazia ideia do que aconteceria.

Ele poderia muito bem ter jogado a Bíblia no lixo do aeroporto. Normalmente, eu teria inventado mil desculpas para não a entregar. Mas, naquele dia, algo mudou em mim. Pela primeira vez, ouvi de fato o chamado de uma mulher que diz sim a Deus: "Faça tudo o que Deus mandar".

## UM NOVO CONVITE

Quando disse "sim" naquele dia, tive um vislumbre da eternidade. Vi como é lindo quando Deus pede algo e isso é feito. E pensei: por que esperar pelo céu? Por que não dizer sim a Deus ainda deste lado da eternidade?

Ah, querida amiga, o chamado para se tornar uma mulher que diz sim a Deus é o convite renovado que sua alma está buscando. Todas sentimos aquele aperto no coração e um movimento na alma pedindo por mais, mas muitas vezes temos medo de sair da nossa zona de conforto. É fora da zona de conforto, no entanto, que experimentamos a verdadeira grandeza de Deus.

Acho importante, neste momento, pintar um retrato realista de como minha vida é no dia a dia. Para que você não imagine que sou uma mulher que anda vestida com um manto humilde, perfeitamente calma, incrivelmente organizada, disciplinada ao extremo e que passa horas de joelhos em oração solene diante de Deus, deixe-me garantir: não é assim. Sou esposa e mãe de cinco filhos, e muitas vezes estou correndo de um compromisso para o outro. Minha lista de tarefas raramente é concluída. Minhas emoções, vez ou outra, saem do controle, e minha paciência nem sempre dura muito.

Sou levada ao limite por contratempos diários, como perder um cartão de memória cheio de fotos importantes porque um dos meus filhos resolveu brincar com a câmera sem permissão. Ou com meu cachorro, que amo, mas insiste em fugir. E até com papéis importantes que deveriam estar arquivados, mas que misteriosamente desaparecem!

Você se identifica? Que ótimo! Você é uma mulher perfeitamente equipada para dizer sim a Ele. Note que eu não disse "uma mulher perfeita". Mas, se você está no meio do caos do dia a dia e apenas sussurra "sim", você está pronta.

- "Sim, Senhor. Quero tua paciência para não perder a cabeça."
- "Sim, Senhor. Quero tua perspectiva para controlar minhas emoções."
- "Sim, Senhor. Quero tua provisão para que tudo não pareça tão avassalador."
- "Sim, Senhor. Quero tua coragem para fazer o que sinto que me pedes."
- "Sim, Senhor. Quero e preciso mais de ti em cada momento."

Você não precisa de circunstâncias perfeitas para ser uma mulher que diz sim a Deus. Não precisa da atitude religiosa ideal ou saber todas as respostas. Você só precisa entregar tudo o que está disputando espaço no seu coração com a resposta que Deus deseja ouvir: "Sim, Deus".

Todos os dias, ao acordar, faço uma oração simples, antes mesmo de colocar os pés no chão: "Deus, quero te ver. Quero te ouvir. Quero te conhecer. Quero te seguir de todo o coração. E, antes mesmo de saber o que enfrentarei hoje, digo sim a ti". Esse ato de rendição prepara seus olhos para vê-lo, seus ouvidos para ouvi-lo, sua mente para entendê-lo e seu coração para recebê-lo. É assim que se vive esperando experimentar Deus.

Temos nos tornado tão familiarizadas com Deus e, ao mesmo tempo, tão alheias a Ele. Tornamos o misterioso algo mundano. Criamos razões cuidadosas para nossas regras e justificativas sensatas para nosso comportamento. Enquanto isso, nossa alma clama por uma experiência mais rica — uma que nos permita escapar dos limites do ver, ouvir, tocar, provar e cheirar, e nos leve a um lugar de paixão e maravilha.

Mulheres que dizem sim a Deus veem a vida de forma única. Elas são abraçadas por um amor sem igual. Não precisam esperar pelo próximo culto para experimentar Deus porque sentem sua presença ao longo de todo o dia. Em vez de apenas passar pela rotina da vida, elas buscam a aventura das lições e dos encontros divinos que Deus preparou. Elas esperam ver Deus, ouvir sua voz e ser preenchidas por sua paz e alegria — e, por isso, elas veem, ouvem e são preenchidas.

Uma mulher que diz sim a Deus não tem medo de ser honesta com Ele. Na semana passada, por exemplo, acordei me sentindo esgotada e ansiosa. Não conseguia identificar exatamente o motivo, mas não conseguia ignorar a sensação. Enquanto fazia minha oração diária, disse a Deus, com sinceridade, que precisava muito de uma evidência da sua presença naquele dia. Mais tarde, enquanto lavava a louça e preparava o jantar, conversando com um dos meus filhos, senti Deus tocar meu coração e dizer para olhar dentro da pia antes de pegar outro prato. Quando olhei, vi uma faca afiada com a lâmina para cima, dentro de um copo. Na hora, senti a presença de Deus. Fechei os olhos e o agradeci. Mais do que por ter poupado minha mão de um corte, agradeci por cuidar de mim e ser tão real na minha vida.

Um Deus santo no meio das atividades corriqueiras do dia a dia transformará sua vida. Mas você nem sempre ficará feliz com as mudanças. Não posso deixar você pensar que ser uma mulher que diz "sim" a Deus significa que tudo, de repente, será um conto de fadas com final feliz. Enquanto escrevo isto, preciso contar sobre uma experiência que tive hoje em que simplesmente quis jogar as mãos para o alto, lançar meu computador pela janela e clamar a Deus: "O Senhor me magoou, e estou um pouco desnorteada e chateada!"

Estou em um retiro na casa de um amigo à beira do lago, e tenho três dias para os quais esperava realizar muito da escrita. Estou com o prazo apertado para este projeto e realmente precisava avançar significativamente na tarefa diante de mim. Ontem foi maravilhoso. Escrevi quase duas mil palavras, e os amigos que estão comigo amaram o que escrevi. Fui dormir animada com tudo que havia conseguido até então. Sonhei a noite toda com visões de um manuscrito finalizado e elogios do meu editor.

Hoje de manhã, acordei pronta para enfrentar mais uma grande parte da escrita, mas antes queria admirar o que havia feito ontem. Abri a seção de documentos e o manuscrito não estava em lugar algum. Recusando-me a entrar em pânico, pedi ajuda aos meus amigos. Eles estavam confiantes de que poderíamos encontrar o documento que eu havia salvado três vezes na noite anterior. Depois de duas horas de busca, uma das minhas amigas olhou para mim com gentileza e verbalizou a verdade que todos já sabíamos. "Acabou, Lysa. Você vai ter que começar de novo."

*Espere um minuto*, pensei. *Eu disse "sim" a Deus hoje e tive um tempo maravilhoso de comunhão com Ele. Eu sei que Ele pode e vai me ajudar a encontrar isso.* Mas, por alguma razão, meu documento havia desaparecido, e Deus escolheu não o trazer de volta. Lágrimas encheram meus olhos enquanto a amargura começava a invadir meu coração. Por que Deus permitiria isso?

Minha amiga percebeu meu desespero e respondeu gentilmente: "Lysa, recentemente, quando algo assim aconteceu comigo, alguém me disse para encarar minha perda como um sacrifício de louvor a Deus. É tão difícil, na abundância de hoje, oferecer a Deus um sacrifício verdadeiro, mas perder duas mil palavras e um dia inteiro de trabalho qualificaria. Ofereça isso a Ele sem amargura".

Resisti à vontade de dar um tapa em minha amiga bem--intencionada enquanto ela começava a cantar: "Nós trazemos o sacrifício de louvor à casa do Senhor". Na segunda estrofe, eu me peguei cantando junto, com o coração mais leve e um espírito resiliente.

Ser uma mulher que diz "sim" a Deus significa fazer a escolha de confiar nele, mesmo quando você não consegue entender por que Ele exige certas coisas. Também significa que, uma vez que você disse "sim" a Deus, você se recusa a voltar atrás, mesmo quando as coisas ficam difíceis.

Esse tipo de obediência convida você a abraçar uma visão maior para sua vida. Quando você olha para as circunstâncias do dia a dia através da perspectiva de Deus, tudo muda. Você percebe que Deus usa cada circunstância, cada pessoa que cruza seu caminho e cada encontro que você tem com Ele como uma oportunidade divina. Cada dia conta, e cada ação e reação importa. Deus ama pegar pessoas comuns e fazer coisas extraordinárias nelas, através delas e com elas.

## UMA FESTA EM SUA HONRA

Imagine que você está organizando uma festa surpresa incrível para alguém que você ama muito. Você fez todos os planos, chamou os convidados e escolheu um menu impecável. Mal pode esperar pelo momento em que todos gritarão "Surpresa!" e seu amado finalmente se juntará à celebração. Você sabe que, ao ver tudo o que foi feito em sua homenagem, essa pessoa entenderá o quanto é querida e amada.

Finalmente, chega a hora da surpresa. Todos os convidados aguardam ansiosamente na porta da frente. Você vê seu amado estacionar o carro na entrada e ouve o motor ser desligado. Quando ele abre a porta do carro, as luzes internas acendem, e você o vê pegando suas coisas. Seu coração dispara ao vê-lo vindo em direção à casa. Mas, de repente, ele faz um movimento inesperado e decide ir para a porta dos fundos.

Você corre até a porta dos fundos para redirecioná-lo. Sua saudação animada é recebida com um sorriso sem entusiasmo, e suas tentativas de enviá-lo para a porta da frente são ignoradas. Ele insiste que está cansado e que verá o que você quer mostrar amanhã. Só você sabe que amanhã os convidados terão ido embora, as sobras estarão guardadas e a festa terá acabado.

Que triste para o convidado de honra perder a própria festa surpresa! E que decepção para o organizador da festa, que planejou tudo com tanto carinho.

Deus deve sentir algo semelhante quando perdemos as "festas surpresa" (os encontros divinos) que Ele prepara para nós todos os dias. Como deve ser decepcionante para Ele quando não ouvimos ou não prestamos atenção às suas tentativas de nos redirecionar para a porta certa. Como deve ser doloroso para Ele quando caminhamos pela vida alheios à sua presença e às suas atividades ao nosso redor. E como deve partir o coração dele quando ignoramos algo que não apenas nos faria sentir especiais e notados por Ele, mas também nos permitiria participar de algo que tornaria a vida de outras pessoas um pouco mais doce.

Quantas vezes já perdemos nossa própria festa surpresa?

Deus se revela e mostra suas ações a todos nós, mas poucos realmente desejam um encontro com Ele. Esses encontros provocam mudanças extremas em nossos planos, perspectivas e identidade, e a maioria de nós detesta mudanças. No entanto, o ato de tentar nos proteger das mudanças é exatamente o que faz nossa vida se tornar, às vezes, um caos entediante.

Enquanto viajo pelo país para falar em conferências, fico surpresa e entristecida com o número de pessoas que estão perdendo a parte mais empolgante de ser cristão — experimentar Deus. Vez após vez, ouço as pessoas dizerem que querem algo mais em sua vida cristã. Querem um relacionamento com Deus em que reconheçam sua voz, vivam na expectativa de suas ações e abracem uma vida totalmente entregue a Ele. Suspeito que, no fundo do seu coração, você tenha o mesmo desejo.

Descobri que a chave para essa incrível aventura é a obediência radical.

## O CAMINHO QUE LEVA À BENÇÃO

Você pode se surpreender ao descobrir que a obediência radical não é tão radical assim. Na verdade, é obediência bíblica — mas nos distanciamos tanto dela que agora parece algo extraordinário. Na sociedade de hoje, obedecer aos mandamentos de Deus, ouvir as convicções do Espírito Santo e caminhar segundo o caráter de Jesus é considerado algo radical. Mas nunca experimentaremos as bênçãos extraordinárias que Deus tem para nós sem uma obediência radical. Esse é o caminho que leva à bênção. É isso que acontece quando as mulheres dizem sim a Deus.

Dizer sim a Deus não se trata de uma performance perfeita, mas de uma rendição perfeita ao Senhor, dia após dia.

E você só encontrará a plena bênção quando dedicar sua total atenção à caminhada em obediência. No entanto, obediência vai além de apenas "não pecar"; é ter o desejo avassalador de caminhar no centro da vontade de Deus em todos os momentos. Não se deixe paralisar pelo medo de não ser perfeita ou pela certeza de que vai cometer erros. Dizer sim a Deus não significa ser impecável, mas se render completamente a Ele, dia após dia. Sua obediência se torna radical no instante em que esse desejo se transforma em ação real.

A obediência radical é ouvir Deus, sentir seus toques sutis, participar de suas atividades e experimentar suas bênçãos de maneiras que poucas pessoas vivenciam.

Se for isso que você deseja, continue lendo.

## SEIS PALAVRAS SIMPLES

Depois de ouvir sobre o dia em que dei minha Bíblia, as pessoas muitas vezes me perguntam se já a recuperei. Eu sempre dou uma risada porque, para ser honesta, eu não quero minha Bíblia de volta (nem nenhuma das outras que já doei desde então) — pelo menos, não por um bom tempo. Tenho uma visão de que, um dia, estarei em um avião, já velha e de cabelos brancos, e a pessoa ao meu lado começará a conversar. Ela me contará as coisas incríveis que Deus fez em sua vida desde o dia em que recebeu uma Bíblia de um estranho, que a recebeu de outro estranho, que a recebeu de outro estranho. Então, ela abrirá sua bolsa e puxará um livro velho e surrado que eu já segurei antes. Uau, que dia será esse!

O homem para quem dei minha Bíblia naquele dia continua compartilhando seu testemunho, e ainda ouço de outras pessoas cujas vidas foram transformadas por causa de sua história. Recentemente, uma senhora escreveu para me contar que o "homem da Bíblia" começou uma reunião de negócios compartilhando como Deus mudou sua vida.

Dizer sim a Deus não se trata de uma **performance perfeita**, mas de uma **rendição perfeita** ao Senhor, dia após dia.

Acabei de conversar com um amigo seu e meu. O nome dele é Ron. Ao longo dos anos, o vi lutar com o sucesso e as decisões da sua vida. Hoje, Ron está cheio de um espírito diferente. Suas ações o reconectaram com Deus. Ele compartilhou sua história no escritório sobre como conheceu você e o impacto das suas ações. Não é estranho que saibamos que Deus é poderoso e que devemos ouvi-lo, mas, às vezes, o deixamos de lado? Não consigo explicar a emoção que senti ao ouvir essa história, mas posso dizer que estou buscando uma maneira de ser mais ativo em espalhar a Palavra de Deus. Que Deus te abençoe e abençoe Ron por serem mensageiros maravilhosos.

Todos nós desejamos ver Deus em ação, não é? A evidência da atividade dele ao nosso redor, em nós e por meio de nós é a maior aventura que existe. O Deus do universo quer usar você!

Mas há apenas um requisito para essa aventura. Precisamos deixar de lado nossas regras e agendas — nossos "pode" e "não pode," nossas convenções sociais e meios-termos — e seguir o comando de Deus. Seu único requisito é tão simples e, ao mesmo tempo, tão profundo: "Faça tudo o que Deus mandar".

É isso. Essa é a mensagem de toda a Bíblia, Antigo e Novo Testamento, centenas de páginas, milhares de versículos, resumidos em seis palavras.

Esse é o chamado da mulher radicalmente obediente que escolhe dizer sim a Deus.

# ESTUDO BÍBLICO

A história sobre o homem no avião e a doação da Bíblia inspirou você? Como?

_____
_____
_____
_____

O que está impedindo você de aprofundar seu relacionamento com Deus?

- Falta de tempo?
- Sentir-se intimidada?
- Achar que a Bíblia não se aplica à sua vida diária?
- Parece muito difícil?

Comente sobre um ou mais dos itens acima ou sobre outro aspecto que você sente estar segurando você.

_____
_____
_____
_____

Salmos 19:7-10 (*A Mensagem*) diz:

> *A revelação do Eterno é integral e confere harmonia à nossa vida. As sinalizações do Eterno são claras e apontam o caminho certo. Os mapas da vida do Eterno estão corretos e nos conduzem pela estrada da alegria. As orientações do Eterno são simples e fáceis de aprender. A reputação do Eterno é ouro de vinte*

## ESTUDO BÍBLICO

*e quatro quilates, com garantia para a vida toda. As decisões do Eterno são precisas nos mínimos detalhes. A Palavra de Deus vale mais que diamantes; tem mais valor que um diamante no meio de esmeraldas. Você irá preferi-la ao mel, ao mais doce e puro mel.*

Liste o que Salmos 19:7-10 promete sobre a Palavra de Deus.
_____
_____
_____
_____

A força do espírito humano é algo realmente incrível. Lutamos até o fim por algo que queremos proteger, em que realmente acreditamos ou que desejamos. Então, por que seríamos indiferentes em relação ao relacionamento mais significativo e eterno que existe?
_____
_____
_____
_____

Leia Deuteronômio 6:5.

- Como você pode amar a Deus com o coração?
- Como você pode amar a Deus com a alma?
- Como você pode amar a Deus com a força?

Existe algo de que você precisa abrir mão para ter a liberdade de dizer sim a Deus?

- Medo de que isso te custe muito?
- Incerteza sobre como seria uma vida totalmente entregue a Cristo?
- Sentir-se insegura sobre sua capacidade de perseverar?

## ESTUDO BÍBLICO

_____
_____
_____
_____

Salmos 16:7-9 (*Nova Tradução na Linguagem de Hoje - NTLH*) diz: "Eu louvo a Deus, o Senhor, pois ele é o meu conselheiro, e durante a noite a minha consciência me avisa.

    Estou certo de que o Senhor está sempre comigo; ele está ao meu lado direito, e nada pode me abalar.

    Por isso o meu coração está feliz e alegre, e eu, um ser mortal, me sinto bem seguro".

Como esse versículo responde a cada preocupação listada acima?
_____
_____
_____
_____

Escreva uma oração pessoal de compromisso para sua nova jornada com Deus.
_____
_____
_____
_____
_____
_____
_____
_____
_____
_____

CAPÍTULO 2

# Ouvindo a voz de Deus

Deus deseja que vivamos na expectativa de ouvi-lo

Recebi esta carta de Neil, que vive no Reino Unido:

Cara Lysa,
É inverno aqui no Reino Unido. Minha esposa me deu uma bicicleta ergométrica no meu aniversário de quarenta e nove anos para que eu pudesse me comprometer a perder peso.

Enquanto pedalo, ligo o rádio da U.C.B. Europe [uma emissora cristã]. Uma manhã, ouvi a parte final de sua história sobre o homem da Bíblia e a viagem de avião. Eu simplesmente chorei do início ao fim. O programa se repete à noite, então o gravei e ouvi novamente com minha esposa. Ambos choramos.

Nos vinte e seis anos em que me considero cristão, sinto que meu testemunho tem se deteriorado. Sua mensagem me inspirou a tentar novamente. Percebo que o tempo é curto e o Senhor está voltando.

O homem que entrega o carvão em minha casa bateu à porta hoje. Ele está doente há várias semanas e tem apenas quarenta e dois anos. Perguntei qual era o problema, e ele respondeu que teve uma hemorragia cerebral. Ele comentou que isso o fez refletir sobre a vida. Perguntei se ele tinha fé, mas ele não respondeu. Então, compartilhei algo brevemente. Foi espontâneo, mas na próxima semana vou orar de antemão por ele.

Decidi que vou tentar ouvir os direcionamentos de Deus e lembrar que meu tempo não é meu.

Todos os dias, Deus fala conosco. Às vezes, Ele nos convida a nos aproximar e escutar enquanto revela a si mesmo, seu caráter e sua direção. Outras vezes, Ele nos chama a participar de seus propósitos — como Neil compartilhou com o homem que entrega carvão. E ainda há momentos em que Ele apenas sussurra, lembrando-nos de seu amor incrível por nós.

Ah, que alegria saber que Deus fala comigo! Mas percebi que muitos crentes carecem desse elemento vital em seu relacionamento com Ele. Quando compartilho sobre minha jornada de obediência radical, frequentemente me perguntam como também podem ouvir a voz de Deus. Talvez você tenha algumas dessas mesmas perguntas: Como saber se Deus está falando comigo? Como discernir se é a voz dele ou apenas uma ideia minha? E se eu sentir que Deus está me dizendo algo que não parece fazer sentido?

Não existe uma fórmula mágica para discernir a voz de Deus. Podemos aprendê-la da mesma forma que reconhecemos as vozes das pessoas próximas a nós: conhecendo-o. E, ao conhecê-lo, conseguimos discernir se o que sentimos como direção vem dele ou não.

Embora ouça Deus o tempo todo, nunca ouvi sua voz de maneira audível. Quando Ele fala comigo, é uma impressão no coração que aprendi a reconhecer como vinda da parte dele. Também aprendi a fazer cinco perguntas essenciais para determinar se o que estou ouvindo vem de Deus:

1. O que estou ouvindo está alinhado com as Escrituras?
2. É consistente com o caráter de Deus?
3. Está sendo confirmado por mensagens que estou ouvindo na igreja ou estudando em meus momentos de silêncio?
4. Está além da minha capacidade?
5. Isso agradaria a Deus?

Fazer essas perguntas me ajuda a diferenciar entre meus pensamentos e as impressões que Deus coloca em meu coração.

## O QUE ESTOU OUVINDO ESTÁ ALINHADO COM AS ESCRITURAS?

Deus nunca nos dirá algo que contradiga sua Palavra. Mas, a menos que conheçamos as Escrituras, não seremos capazes de discernir se o que estamos ouvindo é consistente com a Palavra. O apóstolo Paulo escreveu: "Não se amoldem ao padrão deste mundo, mas transformem-se pela renovação da sua mente, para que vocês experimentem a boa, agradável e perfeita vontade de Deus" (Romanos 12:2).

A Palavra de Deus é a linguagem que o Espírito Santo usa para nos ajudar a entender o que Ele está falando aos nossos corações. Precisamos entrar na Palavra de Deus e permitir que ela entre em nós. Isso transformará nossa mente e a preparará para o que Deus quer nos dizer. Então, como Paulo escreveu, seremos capazes de experimentar e comprovar não apenas a boa vontade de Deus, nem apenas a agradável, mas também a perfeita.

A boa notícia é que você não precisa de um diploma em Teologia para ler sua Bíblia. Se ler a Palavra de Deus é algo novo para você, escolha uma tradução fácil de entender e com comentários embutidos. Uma boa regra é: "Comece simplesmente e simplesmente comece". Leia uma passagem das Escrituras e pergunte-se: Para quem este texto está falando? O que ele está dizendo para mim? Que direção este texto oferece? Como posso mudar meu modo de pensar ou agir com base neste versículo? Quais outros textos se relacionam com este tema, tanto no Antigo quanto no Novo Testamento?

Essas perguntas são apenas um ponto de partida. Recomendo que você tenha um diário para anotar os versículos que estuda e algumas experiências pessoais com o que está aprendendo ao ler a Palavra de Deus.

Deus **nunca** nos dirá algo que **contradiga** sua **Palavra**.

## O QUE ESTOU OUVINDO É CONSISTENTE COM O CARÁTER DE DEUS?

A Palavra de Deus também oferece informações ricas sobre o caráter dele. À medida que você encontrar versículos que revelam aspectos da natureza de Deus, anote-os. Assim como Deus sempre fala em conformidade com a sua Palavra, Ele fala de acordo com o seu caráter. Deus não dirá algo que seja inconsistente com quem Ele é. O apóstolo Paulo escreve: "Quem vive segundo a carne aspira ao que a carne deseja, mas quem vive de acordo com o Espírito aspira ao que o Espírito deseja" (Romanos 8:5). O que o Espírito de Deus deseja? Responder a essa pergunta nos ajuda a entender o caráter de Deus.

Encontramos um grande entendimento sobre o caráter de Deus em Gálatas 5:22-23: "Entretanto, o fruto do Espírito é amor, alegria, paz, paciência, amabilidade, bondade, fidelidade, mansidão e domínio próprio". Essas características na vida de uma pessoa são evidências da atuação de Cristo.

> O fruto do Espírito é o trabalho espontâneo do Espírito Santo em nós. O Espírito produz essas características que fazem parte da natureza de Cristo. Elas são subprodutos do controle de Cristo — não podemos obtê-las tentando conquistá-las sem a ajuda dele Se queremos que o fruto do Espírito cresça em nós, precisamos unir nossa vida à dele. Devemos conhecê-lo, amá-lo, lembrar dele e imitá-lo.[1]

Se o fruto do Espírito é nossa imitação de Cristo, então deve ser consistente com o caráter de Deus.

Quando você sentir que Deus está falando com você, pergunte a si mesmo: O que estou ouvindo é consistente com o amor, a alegria e a paz de Deus?

---

[1] *Life Application Study Bible (NIV)*. Wheaton, IL: Tyndale House Publishers, 1988, p. 2.125.

Além do fruto do Espírito, o caráter de Deus é revelado em um relacionamento amoroso conosco. À medida que experimentamos Deus de forma pessoal, passamos a conhecer novos nomes para Ele. Quando experimentamos a provisão dele, conhecemos Deus como nosso Provedor. Quando experimentamos o conforto dele, conhecemos Deus como nosso Consolador. Quando experimentamos o amor incrível dele, conhecemos Deus como o Grande Amante de nossas almas. Quanto mais tempo conhecemos Deus e mais o experimentamos pessoalmente, mais aprendemos sobre o caráter dele.

Se o que você está ouvindo é consistente com o caráter de Deus, faça a próxima pergunta.

## O QUE ESTOU OUVINDO ESTÁ SENDO CONFIRMADO POR OUTRAS MENSAGENS?

Quando Deus está falando comigo sobre uma questão específica, parece que não consigo escapar do assunto. Em todo lugar aparece um sermão, uma lição de estudo bíblico, um tema de palestra ou uma conversa com um amigo que confirma o que tenho ouvido dele nos meus momentos a sós.

Você passa tempo a sós com Deus? Não devemos esperar ouvir a voz de Deus apenas nos cultos de domingo, nos estudos bíblicos semanais ou quando um palestrante visita nossa cidade. Esses momentos são oportunidades para confirmar aquilo que ouvimos no nosso tempo pessoal, em que estudamos a Palavra de Deus, aprendemos mais sobre o caráter dele e ouvimos a sua voz.

Pense em uma conversa com outra pessoa. Ambos falam e ambos ouvem. O mesmo acontece em nossas conversas com o Senhor quando estamos a sós com Ele. Não devemos ser os únicos a falar. Deus quer que derramemos nossos corações diante dele e, em seguida, Ele deseja nos responder. Jesus compartilhou esta parábola:

> O porteiro abre-lhe a porta, e as ovelhas ouvem a sua voz. Ele chama as suas ovelhas pelo nome e as leva para fora. Depois de

conduzir para fora todas as suas ovelhas, vai adiante delas, e estas o seguem, porque conhecem a sua voz (João 10:34).

**Agora releia esse versículo com algumas explicações adicionais:**

O porteiro [Jesus] abre-lhe a porta [uma forma de termos comunicação direta com Deus], e as ovelhas [você e eu] ouvem a sua voz. Ele [Deus] chama as suas ovelhas pelo nome [Ele fala conosco de forma pessoal] e as leva para fora [nos dá direção]. Depois de conduzir para fora todas as suas ovelhas, vai adiante delas, e estas o seguem, porque conhecem a sua voz [elas reconhecem a sua voz porque passam tempo com Ele] (João 10:34).

Jesus é quem nos dá acesso para falar com Deus e ouvir dele. Deus nos chama pelo nome. Ele deseja ter uma conexão pessoal com cada um de nós. Pense no que significa chamar alguém pelo nome. Você conhece aquela pessoa. Está chamando para que possam se conectar de alguma forma. Este versículo nos mostra que Deus quer se conectar conosco para nos oferecer direção na vida. Ele vai à nossa frente, enxerga os perigos e desafios que enfrentaremos e nos mostra o caminho a seguir, as perspectivas a manter, o que evitar e o que preservar. Mais do que isso, Ele nos fala porque somos dele. Ele quer um relacionamento conosco, nos ama, nos valoriza, nos aprecia e tem um bom plano para nossa vida. Ele anseia que conheçamos e confiemos na sua voz. E a única maneira de conhecer e confiar assim é passando tempo com Ele.

Como mãe, espero o mesmo dos meus filhos. Eu sei coisas que eles não sabem e percebo perigos que eles ignoram. Quero que me ouçam, não porque quero exercer autoridade e mandar neles, mas porque os amo, os valorizo, os aprecio e quero o melhor para eles. Mesmo quando eles não entendem o porquê das minhas instruções ou não gostam das limitações que coloco, espero que obedeçam porque confiam em mim e me amam. A mesma verdade se aplica ao nosso relacionamento com nosso Pai celestial.

Quando investimos em passar tempo a sós com Deus, Ele falará conosco, e o que ouvirmos nesses momentos tranquilos será ecoado em outros lugares. Ouça a voz de Deus e, depois, busque a confirmação dessa mensagem. Se ela for confirmada, você estará pronto para fazer a quarta pergunta.

## O QUE ESTOU OUVINDO ESTÁ ALÉM DE MIM?

Quando Deus nos conduz ou nos impulsiona a fazer algo pequeno, conseguiremos realizá-lo se estivermos dispostos. Mas, às vezes, Deus nos chama para algo grande, algo que sentimos que não conseguimos fazer em nossa própria força — seja por estar além de nossas habilidades ou além de nossos desejos naturais. Não é algo que possamos planejar ou manipular por conta própria. Só pode acontecer pela intervenção divina. A beleza de realizar algo que está além de nós mesmos é que saberemos que foi obra de Deus e somente dele. E a Ele damos toda a glória.

Lembro-me de quando Deus me chamou para escrever meu primeiro livro. Era tão emocionante e estimulante pensar em alcançar esse grande objetivo de vida. Imaginei a capa com meu nome nela. Fiquei encantada ao imaginar o momento em que entraria em uma livraria pela primeira vez e, em silêncio, diria para mim mesma: *Eu escrevi isso*. A empolgação me sustentou enquanto escrevia as primeiras dez mil palavras. Tudo estava fluindo bem... até eu receber uma nota da minha editora, após ela ler minha primeira versão. Seu feedback de duas páginas, com espaçamento simples, pode ser resumido em duas palavras chocantes: "Recomece tudo".

Caí no chão ao lado da minha mesa, enterrei o rosto no carpete e chorei. "Eu não consigo fazer isso, Deus. Eu não consigo escrever um livro inteiro. O que eu estava pensando? Eu não sou uma autora. Sou uma impostora que, de alguma forma, conseguiu enganar essa editora com minha proposta. Mas agora eles viram quem eu realmente sou e acham que sou uma tola".

Você notou uma palavra frequentemente repetida em meu clamor a Deus? "Eu não sou", "Eu não consigo", "Eu sou uma tola".

Tudo girava em torno de mim e das minhas insuficiências até eu transformar essas declarações em: "Deus é", "Deus consegue", "Deus me chamou; portanto, eu estou equipada".

Se Deus está chamando você para algo que sente estar além das suas capacidades, saiba que você está em boa companhia. Deus tem um histórico de chamar pessoas para fazer coisas que estavam além delas mesmas. O pastor Rick Warren explicou isso da seguinte forma:

> Abraão era idoso, Jacó era inseguro, Lia não era atraente, José foi abusado, Moisés era gago, Gideão era pobre, Sansão era dependente, Raabe era imoral, Davi teve um caso e inúmeros problemas familiares, Elias teve pensamentos suicidas, Jeremias era deprimido, Jonas era relutante, Noemi era viúva, João Batista era excêntrico, para dizer o mínimo, Pedro era impulsivo e temperamental, Marta se preocupava demais, a mulher samaritana teve vários casamentos fracassados, Zaqueu era impopular, Tomé tinha dúvidas, Paulo tinha problemas de saúde, e Timóteo era tímido. Esse é um grupo e tanto de desajustados, mas Deus usou cada um deles em seu serviço. Ele também usará você.[2]

Não olhe para suas incapacidades nem se afunde em inseguranças. Olhe para o Deus todo-poderoso. Veja esse chamado como uma oportunidade para observar Ele agir em você e através de você. Se você responder sim à pergunta *Isso está além de mim?*, há grandes chances de que Deus esteja falando.

## O QUE ESTOU OUVINDO AGRADARIA A DEUS?

É fácil nos convencer de que não ouvimos a voz de Deus. Usamos qualquer desculpa para justificar que não foi Ele quem falou,

---

[2] WARREN, Rick. *The Purpose-Driven Life*. Grand Rapids, MI: Zondervan, 2002, p. 233. [Publicado no Brasil sob o título *Uma vida com propósitos*].

evitando assim agir. Mas há uma pergunta importante a fazer quando sentimos um impulso para fazer algo, uma pergunta que elimina nossas desculpas: *Isso agradaria a Deus?* Se o que você está fazendo agrada a Deus, mesmo que o que você ouviu não tenha sido diretamente a voz dele, você ainda estará agradando a Ele. Devemos sempre buscar errar pelo lado de agradar a Deus. Faça essa pergunta, e você saberá o que fazer.

Quanto mais praticamos ouvir a voz de Deus, mais isso se torna parte natural do nosso dia a dia. E aqui está a melhor notícia: Deus quer que você ouça a voz dele. Ele quer que sua fé cresça. Ele nos disse isso repetidamente nas Escrituras:

> Esta é a minha oração: que o amor de vocês aumente cada vez mais em conhecimento e em toda a percepção (Filipenses 1:9).

> O meu Pai é glorificado pelo fato de vocês darem muito fruto; e assim serão meus discípulos (João 15:8).

> Irmãos, devemos sempre dar graças a Deus por vocês, como é justo, porque a fé de vocês tem crescido cada vez mais, e o amor de todos vocês uns pelos outros tem transbordado (2Tessalonicenses 1:3).

> Por essa razão, empenhem-se para acrescentar à sua fé a virtude; à virtude, o conhecimento (2Pedro 1:5).

> Quanto ao mais, irmãos, vocês aprenderam de nós como devem viver e agradar a Deus e, de fato, estão vivendo assim. Agora pedimos e os encorajamos no Senhor Jesus que continuem crescendo nisso cada vez mais (1Tessalonicenses 4:1).

Minhas conversas com Deus são mais do que um exercício espiritual; elas são meu sustento. Na minha infância, eu não tive um pai muito presente. Eu ansiava saber que era amada. Lembro-me de observar outras meninas com seus pais e me perguntar o que havia de errado comigo para que o meu pai não me adorasse como os delas. Talvez fosse porque eu não era bonita o suficiente. Talvez eu não fosse inteligente. Talvez ele nunca tivesse me desejado.

Fui abençoada com outro homem que me adotou como sua filha quando minha mãe se casou novamente. Charles foi um pai maravilhoso, que me amou como se fosse sua própria filha. Contudo, não ter o amor e a aceitação do meu pai biológico deixou um vazio no meu coração. Muitas vezes, a autoestima de uma menina se baseia no amor do pai. E sua opinião sobre Deus frequentemente reflete a opinião que ela tem de seu pai terreno.

Ambos estavam distorcidos para mim. Minha autoestima era extremamente baixa. Eu me via como uma pessoa indesejada, sem valor, descartável. E via Deus como um governante distante e frio que, de alguma forma, me considerava indigna. Muitos anos depois, já adulta, comecei a enxergar um retrato diferente de Deus. Ele me conquistou e me amou até que eu finalmente entregasse meu coração a Ele. Então, um milagre aconteceu: Ele redefiniu minha identidade.

Eu não era mais uma criança descartada. Eu era uma filha santa e amada do Altíssimo. Tornei-me uma nova criação. Encontrei o amor e a aceitação que me faltaram tanto na infância. Aquela menina que eu era ansiava por passar tempo com o pai de quem sentiu falta por tanto tempo. Ele sussurrou ao meu coração que eu era bonita, especial, inteligente e, acima de tudo, amada.

Por causa dessa experiência, sempre tive um lugar especial no coração para crianças órfãs. Mas, após ter três filhas biológicas, deixei de lado a ideia de adoção. Isso até o dia em que minha família conheceu dois adolescentes da Libéria, na África. Esse encontro mudou minha família para sempre, quando Deus claramente sussurrou ao nosso coração que eles deveriam fazer parte da nossa família.

Assim que ouvi o sussurro dele, apliquei o filtro das cinco perguntas:

1. O que estou ouvindo está alinhado com as Escrituras?
2. É consistente com o caráter de Deus?
3. Está sendo confirmado por mensagens que ouço na igreja ou estudo nos meus momentos de quietude?
4. Está além de mim?
5. Isso agradaria a Deus?

Deus é muito claro nas Escrituras ao nos instruir a cuidar de viúvas e órfãos. Poucas semanas antes de conhecer os meninos, eu havia registrado este versículo no meu diário:

> A religião que Deus, o nosso Pai, aceita como pura e imaculada é esta: cuidar dos órfãos e das viúvas nas suas aflições e não se deixar corromper pelo mundo (Tiago 1:27).

Deus sabia o motivo de eu ter escrito esse versículo. Ele queria que eu estivesse familiarizada com a resposta à primeira pergunta do filtro. Sim, adotar os meninos estava absolutamente alinhado com as Escrituras. E, nesse mesmo versículo, Deus respondeu à segunda pergunta. Parte do caráter dele é ser "nosso Pai". Ele foi Pai para mim em meu momento de necessidade, e eu deveria estar disposta a ser isso para outros em necessidade.

As confirmações também eram inegáveis. Deus começou a trazer para minha vida amigos que haviam adotado crianças órfãs. Nunca imaginei que isso seria algo que meu marido aceitaria, mas Deus inclinou o coração dele à aceitação. Minhas filhas imploravam para que considerássemos a adoção e oravam frequentemente por irmãos mais velhos. Parecia que, onde quer que eu olhasse, o tema da adoção estava bem diante de mim. Sermões na igreja, versículos durante meus momentos de quietude, músicas no rádio e sussurros de Deus ao meu coração pareciam dizer a mesma coisa. Sim, adotar esses meninos estava sendo confirmado.

A quarta pergunta nem exigiu muita reflexão. Sim, isso estava totalmente além de mim. Ter filhos homens estava além de mim.

Eu cresci com irmãs e tive três filhas. Sentia-me completamente despreparada para ser mãe de meninos — especialmente adolescentes. Ter cinco filhos estava além de mim. Minha rotina já era uma loucura com três crianças. Como eu conseguiria adicionar mais duas? Financeiramente, isso parecia algo fora do nosso alcance. Sem mencionar o turbilhão de medos que inundavam minha mente. E se um dos meninos machucasse uma das minhas filhas ou a mim? E se eles trouxessem bagagens emocionais que causassem grande impacto na estabilidade da nossa família? Eu só estaria disposta a fazer isso se soubesse, sem sombra de dúvida, que era o plano de Deus e não o meu. Somente com a força dele isso seria possível.

A última pergunta tornou-se crucial na nossa decisão de adotar os meninos. Mais do que tudo, eu desejava agradar a Deus, mas a tentação de escolher um caminho mais fácil era enorme diante desse convite. A dúvida de que meus piores medos estariam esperando do outro lado desse passo de obediência me fazia querer fugir e me esconder. Mas o amor de Deus acalmou meu coração, e as constantes reafirmações dele me mantiveram firme no caminho.

Dissemos "sim" a Deus, não porque estávamos completamente confortáveis com a ideia da adoção, mas porque confiávamos completamente nele.

A voz dele era forte e gentil, dizendo:

> Não temas. Lembre-se de como enfrentei o diabo no deserto e de como o venci com a espada do Espírito, que é a Palavra de Deus. Você também tem uma resposta rápida para cada medo que o mal possa apresentar — uma resposta de fé e confiança em mim. Sempre que possível, diga isso em voz alta. A palavra falada tem poder. Não veja o medo como uma fraqueza sua por conta de doença ou preocupação, mas como uma tentação real que precisa ser enfrentada e vencida. O caminho parece cheio de pedras? Nenhuma pedra pode impedir seu progresso. Coragem. Enfrente o futuro, mas faça isso com um coração corajoso e alegre. Não tente ver o que está à

frente. Isso rouba da fé a doçura sublime. Apenas saiba que tudo está bem e que a fé, sem ver, mas crendo, é o que o levará em segurança sobre águas turbulentas.[3]

Deixamos a fé nos conduzir enquanto enfrentávamos o futuro da forma mais corajosa possível. Repetimos versículos da Bíblia várias vezes e lembramos a Deus que essa era a aventura dele, e que estávamos apenas dizendo "sim" enquanto confiávamos completamente nele. E sabe o que descobrimos? Pura alegria. Não necessariamente nas circunstâncias que enfrentávamos, mas na absoluta certeza de que estávamos obedecendo a Deus e caminhando no centro perfeito da vontade dele.

Posso dizer com sinceridade que, ao olhar para trás nesta grande aventura de adoção, não consigo imaginar minha vida sem meus meninos. Sou profundamente grata por ter seguido o plano perfeito de Deus em vez de ceder ao medo e à preocupação. Estamos com nossos meninos há três anos, e hoje estou mais convencida do que nunca de que, embora não tenham nascido do meu corpo, nasceram do meu coração. Talvez esse fosse o propósito daquele vazio no meu coração quando era mais jovem. Agora vejo que foi o canal pelo qual Deus trouxe meus meninos para casa.

Use este filtro de cinco perguntas como ponto de partida em suas conversas com Deus. Ouvir a voz de Deus e se comunicar com Ele nem sempre foi algo natural para mim. Até hoje, preciso buscar isso pedindo desejo, disciplina, discernimento, direção e deleite. Peço o desejo de querer Deus mais do que qualquer outra coisa. Peço a disciplina para fazer do meu relacionamento com Ele a prioridade máxima. Peço discernimento para distinguir entre meus próprios pensamentos e a voz de Deus. Peço direção clara em cada encruzilhada da minha vida. Peço que meu relacionamento com Deus seja marcado por puro deleite, e não apenas por senso de obrigação.

---

[3] RUSSELL, A. J. ed., *God Calling*. Grand Rapids, MI: Spire Books, 2005, p. 113.

Você já pediu esse tipo de relacionamento com Deus? Quando você pede essas coisas com ousadia e vive na expectativa de ouvir a Deus, você ouvirá. Em Jeremias 29:13, Deus promete: "Vocês me procurarão e me acharão quando me procurarem de todo o coração". Então, responda dizendo "sim" a Ele e caminhe com confiança, em dependência absoluta e obediência gloriosa.

Sim, com certeza. Eu amo ser uma mulher que diz "sim" para Deus.

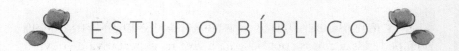

# ESTUDO BÍBLICO

Leia Romanos 12:1-2 na Nova Versão Internacional. Em seguida, escreva uma definição para os seguintes termos:

- Sacrifício vivo:
  _____

- Agradável a Deus:
  _____

- Não se amoldem:
  _____

- Padrão deste mundo:
  _____

- Transformados:
  _____

- Renovação da mente:
  _____

- Experimentar e comprovar a vontade de Deus:
  _____

Agora releia esses versículos e resuma o que você pode aprender sobre discernir a voz de Deus:
_____
_____
_____

## ESTUDO BÍBLICO

Liste algumas áreas da sua vida em que você atualmente honra a Deus:
___
___
___

Liste algumas áreas em que você sente que precisa sacrificar ou mudar:
___
___
___

Existem áreas da sua vida em que você tem se conformado ao padrão do mundo?
___
___
___

Como você pode renovar sua mente nessas áreas?
___
___
___

Encontre dois versículos bíblicos que possam ajudar você a renovar sua mente nessas áreas. Escreva-os aqui:
___
___
___
___

### ESTUDO BÍBLICO

Qual é a promessa desses versículos para aqueles que buscam ativamente ser transformados e renovados na maneira de pensar?

_____
_____
_____
_____
_____

Escreva as cinco perguntas para discernir a voz de Deus que você aprendeu neste capítulo:

1. _____

2. _____

3. _____

4. _____

5. _____

Lembre-se, este não é o único caminho para ouvir a voz de Deus. É apenas um ponto de partida. Qual dessas perguntas você acha mais desafiadora? Discuta isso em seu grupo de estudo bíblico. Se você não estiver participando de um grupo, encontre um amigo cristão e dediquem um tempo para discutir essas questões e procurar passagens bíblicas que ajudem a aprofundar sua compreensão.

Na versão *A Mensagem*, Romanos 9:25-26 diz: "Oseias deixa isso claro: Eu chamarei os sem nome e os nomearei; chamarei os desprezados e os farei amados; no lugar em que gritaram: 'Você não é ninguém!', eles chamam vocês de 'filhos do Deus vivo'".

Paulo continua:

## ESTUDO BÍBLICO

*Como resumir tudo isso? Todos os que não pareciam interessados no que Deus estava fazendo, na verdade abraçaram o que Deus fazia quando ele endireitou a vida deles. E Israel, que parecia tão interessado em ler e falar sobre o que Deus estava fazendo, distanciou-se de Deus. Como puderam se distanciar? Porque em vez desconfiar em Deus, eles assumiram o controle. Estavam envolvidos no que eles mesmos faziam, tão envolvidos nos seus "projetos de Deus" que não perceberam Deus à sua frente, como uma pedra no meio da estrada. Então tropeçaram nele e continuaram caindo. E Isaías de novo junta tudo isso numa metáfora: Cuidado! Pus uma pedra enorme no caminho para o monte Sião, uma pedra que você não pode contornar.*

*Mas eu sou a pedra! Se você me procura, me encontrará a caminho, não obstruindo o caminho*
*(Romanos 9:30-33, A Mensagem)*

Que forma perfeita de encerrar nosso estudo — entender que Deus quer que vivamos na expectativa de ouvir sua voz. Às vezes, ouviremos Ele nos dando direção ou nos apontando para um encontro divino. Outras vezes, aprenderemos com Ele sabedoria, correção ou encorajamento. Mas, acima de tudo, oro para que você ouça a gloriosa voz dele proclamando: "Você é alguém! Você é meu amado escolhido!".

CAPÍTULO 3

# Quando a obediência se torna radical

Deus deseja que estejamos dispostas a obedecer com todo o coração

Eu estava participando de uma grande conferência, onde o palestrante nos desafiou a orar e pedir que Deus nos usasse de uma maneira extraordinária para o seu reino. Algo despertou em meu coração, e comecei a orar. Quando voltei para o quarto do hotel naquela noite, não apenas continuei a orar para que Deus me usasse, mas também pedi que Ele me mostrasse o que exigia de mim. Sabia que não poderia alcançar novos patamares em minha jornada espiritual sem passar por um treinamento rigoroso para me preparar. Então, ajoelhei-me ao lado da cama do hotel e pedi a Deus que me revelasse o que fazer.

Depois de terminar a oração, peguei o controle remoto para ligar o noticiário da noite, mas duas palavras vieram subitamente à minha mente: obediência radical. *Obediência radical?* Questionei. *Sou obediente, Senhor. Leio a Bíblia, vou à igreja e tento ser uma boa pessoa.* Então, algo mais surgiu em minha mente: *Pare de assistir TV completamente e coloque sua casa à venda.*

*O quê?* Fiquei perplexa. *Deus, como posso saber que é o Senhor falando e não apenas uma ideia maluca na minha cabeça?*

Uma coisa eu sabia: estava em um ponto de decisão. Poderia ignorar esses pensamentos e dizer que não tinha certeza de que era Deus falando comigo, ou poderia seguir a direção dele. Coloquei o controle remoto de lado e caí de joelhos novamente. Queria fazer tudo o que Ele pedisse, mas não tinha certeza se conseguiria. Eu não duvidava de Deus. Duvidava da minha capacidade de discernir se era realmente Ele falando comigo. Duvidava da minha coragem.

Enquanto continuava orando, minha mente foi inundada com Escrituras que eram consistentes com o que eu sentia que Deus estava me pedindo. Algumas dessas passagens poderosas estavam em 1Pedro 1:13-16:

> Portanto, estejam com a mente preparada, prontos para agir; mantenham-se alertas e ponham toda a esperança na graça que será dada a vocês quando Jesus Cristo for revelado. Como filhos obedientes, não se deixem moldar pelos maus desejos de antes, quando viviam na ignorância. Mas, assim como é santo aquele que os chamou, sejam também santos em toda a sua conduta, pois está escrito: "Sejam santos, porque eu sou santo".

Decidi que devia ser Deus falando comigo e que eu deveria buscar sua confirmação nas semanas seguintes.

Também perguntei a Deus por que Ele havia escolhido essas duas ações específicas. Afinal, eu não era viciada em TV e nossa casa não nos fazia viver acima de nossas possibilidades. Enquanto orava, senti Deus me mostrando por que a TV tinha que sair. Eu gostava de me sentar, depois de um dia cansativo, e me entreter. Deus me mostrou que eu estava vulnerável e vazia nesses momentos. Não era que o que eu assistia fosse ruim — apenas não era o melhor de Deus. Eu estava me enchendo das perspectivas e influências do mundo, enquanto Ele queria ser minha força e me preencher com Ele mesmo. Sabia que seria difícil romper esse hábito, mas estava decidida a pedir a Deus força para fazê-lo. Orei para que meu desejo de agradá-lo fosse mais forte que meu desejo pela televisão.

## Quando a obediência se torna radical

Espero que você entenda que não estou dizendo que toda televisão é ruim, nem estou defendendo que todos os cristãos se livrem de seus aparelhos. O que estou dizendo é que Deus queria minha obediência nessa área por um determinado período. Na verdade, já havia sentido Ele me conduzindo a desligar a TV antes daquela noite no quarto do hotel, mas eu o ignorei e justifiquei minha desobediência a ponto de Deus precisar chamar minha atenção. Ele queria que eu escolhesse entre meu desejo e o dele. Fiz um sabático da televisão por dois anos e meio. Quando finalmente senti Deus me dando liberdade para ligá-la novamente, algo surpreendente havia acontecido. Eu já não era mais presa a ela. Não sentia mais a necessidade de gravar programas que havia perdido. Não tinha mais nenhum programa imperdível. Passei a discernir, de forma objetiva e cuidadosa, o que seria bom assistir e o que não seria. Descobri que estava muito mais seletiva do que jamais havia sido e muito menos disposta a fazer concessões em relação ao que era questionável. Deus pode não pedir que você desligue a TV — Ele pode pedir que faça outra coisa. O ponto é que pode haver um momento em sua vida em que você precisará decidir entre a sua vontade e a dele.

Uma coisa da qual você pode ter certeza é que Deus já organizou todos os detalhes do que sua obediência causará — e isso é bom. Não precisamos temer o que nossa obediência causará em nossa vida. Devemos temer apenas o que nossa desobediência nos fará perder. Quanto mais rápido essa verdade falar ao seu coração, mais cedo você poderá fazer as pazes com um comando de Deus que não entende completamente. Temos a tendência de querer ver o quadro completo com todos os detalhes antes de agir em obediência a Deus. Ansiamos por uma análise de custos em que possamos pesar o que estaríamos perdendo em comparação com o que ganharíamos e, então, decidir se a troca vale a pena.

Foi assim que me senti em relação ao pedido de Deus para vender nossa casa. Continuava pensando: *Minha casa é muito preciosa para mim. Não por sua riqueza financeira, mas pelas memórias preciosas que criamos ali. Por que Deus me pediria para deixá-la?* Pensei nas coisas que não poderíamos levar conosco se vendêssemos a casa: o batente da porta onde medimos o crescimento de nossas filhas desde que eram pequenas, as peças de cerâmica com os carimbos das nossas mãos que fizemos quando acrescentamos um banheiro na área de brincar, a Bíblia que enterramos na fundação quando construímos a casa. Por menores que fossem, essas coisas tornavam nossa casa um lar. Decidi que esperaria pela confirmação de Deus de que realmente deveríamos colocar a casa à venda.

Quando voltei da conferência, estava nervosa para mencionar vender a casa ao meu marido, Art, então disse muito pouco. Apenas continuei buscando e ouvindo a confirmação de Deus. Art havia acabado de concluir a construção de seu sonhado lago de pesca e vários projetos de paisagismo. Pedi a Deus que revelasse o momento perfeito para compartilhar meu coração com meu marido. Alguns dias depois, estávamos no quarto lendo quando Art levantou os olhos de seu livro e me contou sobre a devoção que acabara de estudar.

"Tem a ver com o fato de que, às vezes, trabalhamos tanto para construir um céu na terra que nossos corações se afastam do nosso verdadeiro lar com Deus", disse Art. Então, ele me olhou diretamente nos olhos e acrescentou: "Lysa, acho que deveríamos vender nossa casa".

Fiquei chocada. Mas, com lágrimas nos olhos e a confirmação de Deus no coração, disse a ele que ligaria para um corretor de imóveis naquele mesmo dia.

Quando chegamos à reunião com a corretora, ela fez todos os tipos de perguntas sobre a casa e o terreno. Quando o lago foi mencionado, os olhos de Art brilharam, e ele começou a detalhar tudo o que havia feito para torná-lo o lago perfeito para pesca de robalo. Ele falou e falou sobre o assunto, chegando ao ponto de dizer que, embora quiséssemos obedecer a Deus colocando a casa à venda, realmente não queríamos tentar vendê-la de forma agressiva.

Saímos da reunião e voltamos para casa. Quando chegamos à parte da entrada que contorna o lago, ficamos perplexos com o que

**Não precisamos temer** o que nossa **obediência** causará em nossa vida. Devemos temer apenas o que nossa desobediência nos fará perder.

vimos: 82 peixes mortos flutuando na água. Nunca havíamos visto sequer um peixe morto em nosso lago, então ver 82 nos paralisou. O que aconteceu em seguida foi uma cena que nunca esquecerei. Art saiu do carro e, com lágrimas escorrendo pelo rosto, ajoelhou-se ao lado do lago e pediu perdão a Deus. Deus havia deixado claro o que queria de nós, e havíamos dado a Ele uma resposta de coração dividido.

## UM CORAÇÃO INTEIRO E PURIFICADO

Deus não se interessa por metade do nosso coração. Ele quer tudo, e deseja remover aquilo que impede essa entrega.

— Vejam, eu enviarei o meu mensageiro, que preparará o caminho diante de mim. Então, de repente, o Senhor que vocês buscam virá ao seu templo; o mensageiro da aliança, aquele que vocês desejam, virá — diz o Senhor dos Exércitos.

Quem, porém, poderá suportar o dia da sua vinda? Quem ficará em pé quando ele aparecer? Porque ele será como o fogo do ourives e como o sabão do lavandeiro. Ele se assentará como um refinador e purificador de prata; purificará os levitas e os refinará como ouro e prata. Assim, trarão ao Senhor ofertas com justiça. (Malaquias 3:1-3).

O mensageiro mencionado nessa passagem refere-se a João Batista. Ele precederia Jesus e prepararia o caminho para a primeira vinda de Jesus. Hoje, nós somos os mensageiros chamados para preparar as pessoas para a segunda vinda de Jesus. Deus deseja purificar todo o nosso coração para que estejamos prontos e amadurecidos para o nosso chamado.

Deus eleva o calor do fogo do refinador para que nossas impurezas venham à superfície, onde possam ser removidas e descartadas. A *Life Application Study Bible* [Bíblia de Estudo Aplicação Pessoal] traz uma reflexão esclarecedora sobre essa passagem:

Sem esse aquecimento e derretimento, não haveria purificação. À medida que as impurezas são removidas do topo, a reflexão do trabalhador aparece na superfície lisa e pura. À medida que somos purificados por Deus, o reflexo dele em nossa vida se torna cada vez mais claro para aqueles ao nosso redor. Deus diz que os líderes (aqui, os levitas) devem ser especialmente abertos ao processo de purificação dele.[4]

A Bíblia também nos ensina que a herança dos levitas não seria uma terra, mas o próprio Deus (Números 18:20). Deus quer que o desejemos acima de todas as coisas.

Eu não queria mais dar respostas pela metade a Ele. Estava determinada que, quando Ele falasse ao meu coração, nunca mais precisaria gritar. Ao pedir que Art e eu colocássemos nossa casa à venda, Deus estava removendo a ganância de nossos corações. Art e eu estávamos segurando o que Deus nos havia dado com punhos fechados. Deus queria nos ensinar que, quando nos agarramos firmemente às coisas deste mundo, não apenas perdemos o desejo de dar, mas também a capacidade de receber mais.

Você percebeu isso? Se segurarmos tudo o que valorizamos com as mãos abertas e as palmas voltadas para cima, estamos dizendo a Deus que reconhecemos que tudo é dele e que oferecemos livremente a Ele. Deus pode ou não retirar o que lhe oferecemos, mas Ele continuará a encher nossas mãos abertas com bênçãos — suas bênçãos incríveis, e não as imitações baratas do mundo!

## OFERECENDO TUDO A DEUS

Ninguém compreendeu melhor o conceito de oferecer tudo a Deus do que Abraão (Gênesis 22). Quando Deus ordenou que Abraão colocasse seu único filho no altar da obediência, estou certa de que

---

[4] *Life Application Study Bible (NIV)*. Wheaton, IL: Tyndale House Publishers, 1988, p. 1632.

ele esperava realmente enfiar o punhal em Isaque. Seria o fim... A morte de um sonho. No entanto, Abraão estava disposto a entregar o filho que amava ao Deus que o amava ainda mais, e Deus o abençoou. Deus derramou sua compaixão e misericórdia nas mãos abertas de Abraão e poupou Isaque. Mas, mais do que isso, Deus abundou sua presença sobre Abraão, e ele saiu daquela experiência conhecendo Deus de uma maneira que poucos conhecem. Deus deseja saber se estamos dispostas a entregar aquilo que amamos a Ele, que nos ama mais. Ele quer que abramos nossos punhos e confiemos nele absolutamente em tudo.

Quando abri meu punho sobre nossa casa, senti Deus perfurando um pequeno canto escuro do meu coração. Meu egoísmo não podia refletir o coração generoso de Deus. Mas, ao deixar sua luz entrar, seu reflexo tornou-se mais claro em minha vida. Então, algo incrível aconteceu. Assim como Deus providenciou um carneiro para poupar Isaque, Ele não permitiu que nossa casa fosse vendida. Por mais de um ano, a caixa de chaves da corretora permaneceu em nossa porta da frente, como um belo lembrete de que somos administradores, não donos, desta casa. Curiosamente, na semana em que trouxemos nossos filhos para casa, a caixa desapareceu. Talvez a corretora tenha finalmente vindo buscá-la, ou talvez Deus a tenha removido para chamar nossa atenção. Mas não é interessante o momento em que isso aconteceu?

Sou muito grata por ter feito a conexão entre esses dois eventos, o que me ajudou a enfrentar a transição de uma família de três para cinco filhos de forma mais tranquila. Sempre fui um tanto exigente com minha casa. Gosto que ela tenha um cheiro agradável, seja silenciosa e transmita uma sensação de ordem. Ter três meninas pequenas que brincavam quietinhas se encaixava perfeitamente na minha ideia de como as coisas deveriam ser. Então, de repente, éramos cinco filhos, e as coisas deixaram de ser assim. Não que algum de nós fosse especialmente bagunceiro ou barulhento, mas essa é a natureza de sete pessoas vivendo sob o mesmo teto.

Houve momentos em que admito ter sentido amargura e ressentimento crescerem em meu coração em relação às crianças... todas as crianças. Cada vez que limpava algo que ficava sujo minutos depois, sentia uma pontada no coração. Cada vez que procurava um objeto em seu lugar e ele havia desaparecido misteriosamente, essa pontada aumentava. Cada vez que descobria algo quebrado ou destruído, parecia que essa pontada havia se transformado em uma videira sufocante na garganta. Percebi que estava gritando com as crianças e culpando-as por tudo que dava errado na casa.

Um dia, no meio de um desses desabafos irritados, um dos meus filhos me interrompeu com a pergunta mais estranha: "Mãe, você me ensina a dançar?"

Eu estava irritada e sem humor para dançar. Meus pensamentos corriam. *Dançar? Dançar? Estou tentando ensinar você a colocar as coisas no lugar e a não bagunçar minha casa, e você quer dançar?* Então, minha atenção voltou-se totalmente para ele, que levantava as mãos, sinalizando que queria dançar como se eu estivesse usando um vestido de princesa e ele um smoking. Seu olhar era tão sincero que, de repente, as tesouras perdidas que tanto me frustraram não importavam mais. Aqui estava esse lindo jovem levantando os braços desajeitadamente e pedindo para dançar. Esse menino, que meses antes estava em um orfanato esquecido do outro lado do mundo, sem esperança e sem motivos para dançar, estava agora na minha cozinha me pedindo para ensinar como fazer isso.

Peguei sua mão, envolvi meu braço em seu ombro e o ensinei a dar passos, deslizar, girar e até se inclinar. O mundo parecia desaparecer enquanto eu compreendia o privilégio daquele momento. Quão egoísta de minha parte chamar nossa casa de "minha casa". Quão ingrata eu devia parecer para Deus. Eu poderia ter uma casa arrumada e impecável, onde nada se perdesse, fosse deslocado ou quebrado, se não houvesse mais ninguém morando ali além de mim. Mas meu coração nunca quis apenas uma casa. Meu coração deseja um lar cheio de pessoas que amo. Quando paramos de dançar, elevei uma oração de gratidão a Deus. Louvei-o por me ensinar, finalmente, a deixar ir minha casa para que eu pudesse ter um lar de verdade.

Hoje, não vejo mais momentos como esse na minha vida como meras coincidências. Medito neles. Oro sobre eles. Busco a Deus e pergunto o que devo aprender com a experiência.

Suspeito que você também tenha momentos assim, onde as digitais de Deus estão por toda parte. Viva esperando experimentar Deus e ouvir sua voz. Registre esses momentos em um diário. Procure respostas às orações que você fez e entendimento sobre os passos de obediência que Ele lhe chamou a dar. Veja como Deus tece tudo de forma profunda, maravilhosa e surpreendente.

## HABITANDO NO DOCE LUGAR SECRETO

Posso compartilhar algo com você? Existe um lugar para onde fujo, onde minha alma pode respirar, descansar e refletir. É o lugar onde deixo de lado as coisas pesadas que o mundo me entrega e as troco pela plenitude de Deus. É um lugar onde Deus me tranquiliza, confirma que Ele tem tudo sob controle e me dá um novo filtro para processar a vida. A Bíblia o chama de lugar de permanência. Eu o chamo de meu doce lugar secreto.

João 15:4 diz: "Permaneçam em mim, e eu permanecerei em vocês. Como um ramo não pode dar fruto por si mesmo se não permanecer na videira, assim vocês também não podem dar fruto se não permanecerem em mim". Sejamos honestas. É difícil para uma alma bem-intencionada, que deseja uma obediência radical a Deus, viver em um corpo feito de carne. Nossa carne é atraída pelas distrações do mundo, seduzida a vender nossa alma por prazeres temporários e enganada pelos esquemas malignos de Satanás. Outras pessoas nos irritam, e imediatamente queremos dizer algo desagradável. A riqueza do mundo nos grita que, se fizermos mais para termos mais, alcançaremos a felicidade suprema. E nosso "direito de estar certa" parece superar o chamado sacrificial de Deus. Enquanto isso, Deus nos convida a afastar nossa alma do mundo e permanecer nele.

Permanecer nele e entrar no lugar secreto exige apenas que eu feche os olhos e escolha estar com Deus.

Às vezes, faço isso porque estou em um lugar de desespero. Oro:

> Deus, estou aqui e preciso de ti agora. Sinto-me atacada, invadida, pressionada e estressada. Encontra-me aqui e me ajuda a processar o que estou enfrentando com tua verdade. Nada mais e nada menos. Não quero que isso que estou enfrentando seja processado pela minha carne egoísta e insegura. Certamente agirei de forma desagradável e desonrosa se for deixada para lidar com isso sozinha. Bloqueia a reação natural da minha carne e me enche com teu Espírito. Tu cuidas disso por mim. Tu dizes o que precisa ser dito e me dás poder para segurar minha língua no que deve ser deixado em silêncio.

Outras vezes, preciso estar com Deus porque me sinto sendo puxada para algo que sei que não faz parte do melhor plano dele para mim. Talvez seja algo novo que eu não possa pagar. Como é fácil justificar o caminho até o caixa, pegar um cartão de crédito e decidir lidar com as consequências depois. Ou talvez seja um relacionamento que sabemos não estar na vontade de Deus. Ou um hábito alimentar que sabemos não ser saudável para nós.

Seja o que for, não precisamos nos sentir impotentes diante desse desejo. Podemos orar: "Deus, sei que tu és mais poderoso que essa tentação que sinto. Sei que isso que penso querer tanto só me dará prazer temporário. Sei que as consequências dessa escolha roubarão minha alegria e paz no futuro próximo. Por tua força, escolho me afastar. Encontro meu prazer em ti e espero ansiosa para sentir tua plenitude substituir o vazio que esse desejo está criando".

Ainda em outros momentos, simplesmente sei que preciso de um novo preenchimento do Espírito de Deus em mim. Vou para esse lugar secreto e apenas falo com Deus. Depois, ouço sua voz. Às vezes, Ele me dá direção e instrução sobre algo que precisa ser feito. Outras vezes, sinto que Ele me alerta sobre alguma coisa que está por vir. Em outros momentos, ainda, Ele simplesmente me enche com seu amor.

Amo dizer sim a Deus e ir ao lugar secreto com Ele. Deus nos diz claramente em João 15:4 que essa é a única maneira de dar frutos em nossa vida. É a única maneira de experimentar o que Gálatas 5:22-23 descreve como fruto: amor, alegria, paz, paciência, amabilidade, bondade, fidelidade, mansidão e domínio próprio. Oh, como desejo que essas sejam as características do meu coração e o legado da minha vida.

A obediência é a chave que destranca esse lugar secreto com Deus. João 15:10 explica isso: "Se vocês obedecerem aos meus mandamentos, permanecerão no meu amor". Quanto mais dizemos sim a Deus, mais viveremos esperando vê-lo. Quanto mais esperamos ver Deus, mais o veremos. Quanto mais o experimentarmos, mais confiaremos nele. Quanto mais confiarmos nele, mais abriremos nossas mãos em obediência absoluta.

A obediência torna-se radical quando dizemos: "Sim, Deus, seja o que for que tu queiras", e realmente queremos isso. Soltamos nosso apego a tudo o que amamos e o oferecemos de volta a Ele, que nos ama mais. É nessas mãos abertas que Deus derramará suas bênçãos — suas abundantes, inesperadas e radicais bênçãos. Em breve, dizer sim a Deus não será mais uma disciplina do coração, mas o deleite de nossa vida.

# ESTUDO BÍBLICO

Leia Tito 2:11-12
Para o que devemos dizer "não"?
_____
_____
_____

Refletindo no contexto da sua vida diária, quais aspectos ou comportamentos você percebe que são contrários a Deus e precisam ser rejeitados?
_____
_____

Tito 2:11-14 na versão *A Mensagem*:

> *A disposição de Deus para dar e perdoar agora é pública. A salvação está disponível a qualquer um! Estamos mostrando como virar as costas para uma existência permissiva e sem temor a Deus e como assumir uma vida repleta de Deus e honrosa para ele. Essa nova vida está começando exatamente agora e estimula nosso desejo pelo dia glorioso, quando nosso grande Deus e Salvador Jesus Cristo vai aparecer. Ele se ofereceu como sacrifício para nos levar de uma existência de trevas e de rebeldia para uma vida pura e boa, fazendo de nós um povo do qual possa se orgulhar, cheio de energia para fazer o bem.*

Virar as costas para uma vida sem Deus e indulgente está tirando ou acrescentando algo à nossa vida?
_____

## ESTUDO BÍBLICO

O que está tirando? O que está acrescentando?
_____
_____
_____

Há algo que mexeu com seu coração ao ler este capítulo, algo que Deus possa estar te guiando a abandonar, seja permanentemente ou por um período?
_____
_____
_____
_____

O que está te impedindo de fazer isso?
_____
_____
_____

Comente esta frase do capítulo:

*"Não precisamos temer o que nossa obediência causará em nossa vida. Devemos temer apenas o que nossa desobediência nos fará perder."*
_____
_____
_____
_____

Leia Isaías 41:13. Devemos abandonar algo apenas pela nossa própria força? Estamos caminhando sozinhas neste novo caminho de obediência mais profunda?
_____
_____
_____

## ESTUDO BÍBLICO

Que conforto é saber que Deus não nos aponta o caminho da obediência e simplesmente nos deixa sozinhas para lutar. Ele segura nossa mão, nos tranquiliza e nos dá muito mais do que entregamos.

João 15:4. Leia e registre o versículo aqui.
_____
_____
_____

Liste os frutos encontrados no lugar secreto da permanência com Deus.
_____
_____
_____
_____

Destaque três frutos para focar ao buscar o lugar secreto com Deus nesta semana:
1. _____
2. _____
3. _____

Pesquise passagens bíblicas que dão direção e instrução sobre como buscar esses frutos e registre abaixo.
_____
_____

Reflexão sobre esta frase: "Em breve, dizer sim a Deus não será mais uma disciplina do coração, mas o deleite da sua vida".
_____
_____
_____
_____

CAPÍTULO 4

# Você nunca sabe como Deus vai usá-la até que permita

Se Deus for nosso Senhor de fato, Ele precisa ser Senhor de tudo

Recebi uma carta incrível de Christine, do Colorado:

> Desde que me tornei cristã no ensino médio, o marco da minha fé sempre foi a obediência radical a Cristo. Eu amava a igreja e tudo o que a envolvia, e sempre me esforçava para seguir Jesus além das práticas cotidianas da fé. Sempre tive certeza de que havia mais no cristianismo do que apenas estudos bíblicos, tempos de comunhão e oração, e encontrei verdadeira alegria ao me envolver na vida das pessoas ao meu redor.
>
> Após os eventos do 11 de setembro, porém, me vi com novas perguntas, buscando a verdadeira direção de Deus. Encontrei-me desiludida com a igreja e desencantada com minha fé. Quando ouvi você falar sobre obediência radical em uma conferência para mulheres, foi como se meu coração estivesse sendo chamado de volta às raízes dessa obediência.
>
> Ao celebrar meu aniversário na semana passada, tive a chance de refletir sobre onde Deus tem me levado no último ano. E que

*Você nunca sabe como Deus vai usá-la até que permita*

jornada foi essa! Ele derrubou tudo o que eu prezava tanto sobre a igreja e o cristianismo. E, nesse processo, estou redescobrindo o Jesus que conheci quando me tornei cristã — o Jesus da justiça social, da misericórdia e da compaixão. O Jesus que não andava pela terra cegamente, sem sentir o sofrimento das pessoas ao seu redor. Ele e os discípulos não eram domesticados, seguros e bonzinhos. Eles não eram um clube social com uma graça diluída e requisitos de entrada que nada tinham a ver com o sagrado. Eles não trocavam o eterno pelo material.

Ao mesmo tempo, Deus reavivou em mim um coração de compaixão e misericórdia. Estou mais consciente do que nunca das necessidades dos outros e encontrei grande alegria em trabalhar com projetos sociais e em atos de compaixão na vida cotidiana. Vejo tanta dor e tanto sofrimento na vida das mulheres ao meu redor, e muitas vezes seus clamores não são ouvidos e suas necessidades passam despercebidas enquanto elas enfrentam sozinhas as provações da vida. Tenho realmente tentado me aproximar mais das pessoas ao meu redor e levá-las para mais perto do único que tem as respostas para as questões da vida.

Seja escrevendo uma nota encorajadora para uma amiga desanimada ou ajudando uma mãe sobrecarregada com as responsabilidades da vida, descobri que é tão simples trazer a luz de Deus para o nosso mundo cotidiano. São nos pequenos atos da vida que Ele pode ser refletido tão lindamente — levando uma refeição para uma nova mãe, convidando um novo vizinho para jantar ou até mesmo sorrindo para estranhos na rua. Quando paro para ajudar os outros, sou lembrada de que, assim como Jesus, somos chamados a notar as pessoas ao nosso redor e a levar um toque de esperança às suas vidas.

Olhando para trás, vejo agora que me desviei do caminho. Estava presa na mentalidade de clube que muitas vezes permeia a igreja e perdi de vista o que realmente importa. No entanto, a partir da minha quebrantação, vi o verdadeiro chamado de Cristo... Um chamado para amar nossos vizinhos de maneiras que podem parecer radicais em nossa cultura egoísta e cheia de pecado. Tem sido um verdadeiro despertar para mim, um desafio para abandonar o status quo e realmente fazer a diferença no meu mundo. Estou convencida de que essa é a verdadeira igreja... Não uma ligação forçada de família porque nos sentamos no mesmo prédio aos domingos, mas uma família verdadeira construída em um amor genuíno uns pelos outros. E, nesses relacionamentos, o amor de Cristo é tão evidente e tão pleno.

Ao seguir o caminho da obediência radical, provei o mistério da comunhão sagrada que se revela quando dois ou mais estão reunidos no nome de Deus, e isso trouxe uma riqueza à minha vida que nunca mais gostaria de viver sem. É uma riqueza que vai além da tradição da igreja para uma existência santa diante de um Deus perigoso e indomado. É um convite para viver de forma tremulamente alegre diante do Deus da obediência radical e da graça radical, o Deus que quero conhecer e servir todos os dias da minha vida.

Christine descobriu a alegria de um coração totalmente comprometido com Deus. Ela descobriu que não há limites para o que Deus pode fazer com você — se você o permitir.

## ONDE A VERDADEIRA TRANSFORMAÇÃO COMEÇA

Como Christine conseguiu? O que transformou sua caminhada de fé de algo comum para algo extraordinário?

Talvez a pergunta mais apropriada seja: Quem transformou sua caminhada de fé de comum para extraordinária? Quando respondemos a essa pergunta, encontramos a verdadeira fonte da obediência radical, e nossa alma transcende a lama e o peso que nos impedem de alcançar tudo o que Deus tem para nós.

A obediência radical não é apenas seguir uma lista de coisas certas a fazer. Não crentes também podem fazer isso e chamar de "bom". A obediência radical é escolher trocar o que é "certo" pela

Quando aceitamos Jesus Cristo como Senhor de nossa vida, trocamos nosso pecado sem valor pela incomensurável riqueza de sua justiça.

justiça de Deus. Somente a busca pela justiça de Deus nos leva ao melhor dele. E é aí que encontramos a fonte: "Deus tornou pecado por nós aquele que não tinha pecado, para que nele nos tornássemos justiça de Deus" (2Coríntios 5:21).

A resposta é simples e complicada ao mesmo tempo: é Jesus. Ele é nossa fonte. Ele deve ser o único objeto de nossa busca. Quando aceitamos Jesus Cristo como Senhor de nossa vida, trocamos nosso pecado sem valor pela incomensurável riqueza da justiça dele.

O apóstolo Pedro disse assim: "Antes, santifiquem Cristo como Senhor em seu coração" (1Pedro 3:15). Se Ele, de fato, for nosso Senhor, Ele precisa ser Senhor de tudo. Muitas pessoas conhecem Cristo como seu Salvador, mas a mulher que diz "sim" a Deus deseja conhecê-lo como Senhor. A pessoa que busca a obediência é capaz de pausar e alcançar aqueles que Ele diz que precisam do nosso tempo, apesar de agendas lotadas. A alma obediente redefine quem ela é através dos olhos de Deus, e qualquer hesitação para fazer o que Ele pede desaparece. Essa mulher de obediência radical percebe que é justa e que encontrará o melhor de Deus ao fazer escolhas certas que trazem glória a Ele.

## O AMOR QUE NOS IMPULSIONA

Sim, tornar-nos mulheres que dizem "sim" a Deus começa com Jesus, e é o seu amor incrível que nos impulsiona:

> Pois o amor de Cristo nos constrange, porque estamos convencidos de que um morreu por todos; logo, todos morreram. E Ele morreu por todos para que aqueles que vivem já não vivam para si mesmos, mas para aquele que por eles morreu e ressuscitou. Assim, de agora em diante, não consideramos ninguém do ponto de vista humano. Embora antes tenhamos considerado Cristo dessa forma, agora já não o consideramos assim. Portanto, se alguém está em Cristo, é nova criação. As coisas antigas já passaram; eis que surgiram coisas novas! Tudo isso provém de Deus, que nos reconciliou consigo

mesmo por meio de Cristo e nos deu o ministério da reconciliação (2Coríntios 5:14-18).

O amor de Cristo nos impulsiona a escolher a obediência. Ser obediente não é nossa forma de ganhar o favor de Deus; não é o caminho para uma vida mais próspera. O favor de Deus está com aqueles que amam Seu Filho, e nossa promessa de prosperidade reside no que nos espera em nosso lar eterno.

Jesus, cujo amor incrível nos impulsiona, disse: "Se vocês permanecerem firmes na minha palavra, verdadeiramente serão meus discípulos. E conhecerão a verdade, e a verdade os libertará" (João 8:31-32). A verdade é o nome de Jesus, que nos faz pausar e redefinir quem somos. A verdade é o amor que nos impulsiona a abraçar o chamado de ser embaixadoras de Jesus. A verdade é a liberdade de elevar-nos acima desta vida e aprender a viver além de nós mesmas e de nossas circunstâncias.

A verdadeira questão agora é: Queremos realmente essa liberdade, essa vida de ministério que está diante de nós? Queremos realmente ser interrompidas no meio de nossa vida ocupada para ver Deus, ouvir Deus e buscar Deus? Queremos realmente ser impulsionadas pelo amor de Cristo? Queremos realmente um Senhor de toda a nossa vida?

Sim, Jesus, nós queremos.

## O PODER DE OBEDECER

Se Cristo é a fonte da obediência radical, e é o Seu amor que nos impulsiona, então é o Seu poder que nos capacita a fazer o que fomos chamadas para fazer.

Saiba disto: Satanás fará tudo o que puder para convencê-la a dizer "não" a Deus. O próprio nome de Satanás significa "aquele que separa". Ele quer separá-la do melhor de Deus ao oferecer aquilo que parece "muito bom" sob uma perspectiva mundana. Ele quer que você negue o poder de Cristo em você. Ele quer distraí-la do propósito radical de Deus para sua vida.

O apóstolo João nos alertou sobre o plano estratégico de Satanás:

> Não amem o mundo nem o que nele há. Se alguém ama o mundo, o amor do Pai não está nele. Pois tudo o que há no mundo — a cobiça da carne, a cobiça dos olhos e a ostentação dos bens — não provém do Pai, mas do mundo (1João 2:15-16).

A *Life Application Bible* [Bíblia de Aplicação Pessoal] oferece esta reflexão:

> Algumas pessoas pensam que mundanismo está limitado ao comportamento externo — às pessoas com quem nos associamos, aos lugares que frequentamos e às atividades que desfrutamos. O mundanismo também é interno, pois começa no coração e é caracterizado por três atitudes: 1. A cobiça da carne — uma obsessão em satisfazer os desejos físicos; 2. A cobiça dos olhos — desejar e acumular coisas, idolatrando o deus do materialismo; e 3. A ostentação dos bens — uma obsessão com status ou importância... Em contraste, Deus valoriza o autocontrole, um espírito de generosidade e um compromisso com o serviço humilde. É possível dar a impressão de evitar prazeres mundanos enquanto ainda se mantém atitudes mundanas no coração.[5]

Tudo começou lá no paraíso, com nossa amiga amante de frutas, Eva. Ela tinha o melhor de Deus e trocou tudo porque Satanás a convenceu de que o bem mundano era mais atraente e valia a troca: "Quando a mulher viu que a fruta da árvore parecia saborosa [necessidade física: cobiça da carne], era agradável aos olhos [necessidade psicológica: cobiça dos olhos] e também desejável para dela se obter discernimento [necessidade emocional: ostentação dos bens], tomou do seu fruto, comeu e o deu ao marido, que

---

[5] *Life Application Study Bible (NIV)*. Wheaton, IL: Tyndale House Publishers, 1998, p. 2.277.

também comeu" (Gênesis 3:6). O restante de Gênesis 3 cobre a vergonha, o esconderijo, a culpa, o castigo e a expulsão do Jardim. Mas tenha coragem! Esta história não termina em Gênesis 3. Jesus veio, e tudo mudou. Ele enfrentou tentações, assim como Eva: "Então Jesus foi levado pelo Espírito ao deserto para ser tentado pelo diabo" (Mateus 4:1). E Ele foi tentado nas mesmas três áreas que Eva, mas com intensidades amplificadas. Eva estava em um jardim exuberante, cercada de comida deliciosa, uma companhia incrível e todo o conforto do paraíso. Jesus estava em um deserto havia quarenta dias, sem comida, sem companhia ou qualquer tipo de conforto.

Satanás tentou Jesus com comida fora do plano de Deus para alguém que estava jejuando (necessidade física: cobiça da carne), com a oportunidade de provar quem Ele era (necessidade emocional: ostentação dos bens) e com as riquezas do mundo (necessidade psicológica: cobiça dos olhos). Jesus resistiu às tentações porque, em vez de tirar os olhos de Deus, Ele intencionalmente manteve o foco em Deus e refutou cada tentação de Satanás citando a Palavra de Deus.

Satanás não tem truques novos em sua manga. Ele ainda usa as mesmas tentações mundanas — prazeres físicos, emocionais e psicológicos que estão fora da vontade de Deus — para desviar os corações do povo de Deus.

Para mim, a parte mais impressionante de observar a tentação de Eva em relação à tentação de Jesus é o que acontece a seguir na vida de cada um. Eva se afasta de Deus e diz "sim" às distrações mundanas. O próximo capítulo de sua vida é trágico: Eva tem dois filhos, um dos quais mata o outro. Jesus, por outro lado, volta-se para Deus e diz "sim" ao plano divino dele. O próximo capítulo de sua vida é triunfante: Jesus começa Seu ministério aqui na terra. Algo também acontecerá a seguir em nossa vida. O próximo capítulo será preenchido com dúvidas e distrações? Ou será preenchido com a descoberta das bênçãos de responder ao chamado de Deus em sua vida?

## NÃO IMPORTA O QUE ACONTEÇA

Há coisas que Deus quer que fixemos em nosso coração. Queremos correr atrás do vazio do mundo em vez da plenitude dele? Ou queremos que nossa vida seja caracterizada por um amor perfeito em vez de um desempenho perfeito? Muitas pessoas afirmam de forma superficial serem cristãs, acreditando que, porque nunca seremos perfeitos deste lado da eternidade, têm a desculpa de buscar aquilo que satisfaz os desejos humanos. Por que não ultrapassar os limites, viver o agora e se preocupar com a eternidade depois? O problema é que perdemos todo o sentido de nossa existência, o verdadeiro propósito para o qual fomos criadas. Deus nos fez para o relacionamento de seu amor perfeito. Embora não sejamos capazes de um desempenho perfeito deste lado da eternidade, somos capazes de um amor perfeito. Podemos decidir em nossos corações que escolheremos o amor de Deus e o relacionamento com Ele acima de tudo, independentemente do que vier ao nosso encontro.

O dia em que meu marido e eu tomamos essa decisão foi no hospital, com nossa filha do meio, que tinha seis semanas de vida. Ela parecia ser uma bebê perfeitamente saudável até que uma reação alérgica à proteína do meu leite materno a levou para a unidade de terapia intensiva. No quarto dia de internação, os médicos nos disseram que Ashley precisava de uma cirurgia de emergência e não esperavam que ela sobrevivesse. Eles nos deram cinco minutos para nos despedirmos de nossa filha.

Meu coração estava destroçado. Queria desesperadamente pegá-la no colo e fugir do hospital. Queria, de alguma forma, soprar minha vida dentro dela. Queria tomar o lugar dela. Eu poderia suportar minha própria morte muito mais facilmente do que a morte da minha filha. Art orou por Ashley, nós dois nos despedimos dela e, com lágrimas escorrendo pelo rosto, a deixamos ir.

Art me levou para fora, até o estacionamento do hospital, onde desabei em seus braços. Ele gentilmente segurou meu rosto em suas mãos e me lembrou de que Ashley era filha de Deus para dar e para

## Você nunca sabe como Deus vai usá-la até que permita

tomar de volta. "Lysa, Deus ama Ashley ainda mais do que nós", ele me disse com suavidade. "Precisamos confiar no plano dele."

Art então me pediu para fazer algo que mudou toda a minha perspectiva sobre meu relacionamento com Deus: "Precisamos decidir em nossos corações que amaremos a Deus, independentemente do resultado da cirurgia de Ashley", ele disse.

A princípio, resisti ao desejo de Art de amarmos a Deus dessa forma. Tinha medo de que isso pudesse dar a Ele a impressão de que estava tudo bem levar Ashley. Com todo o meu ser, queria segurar minha filha e recusar Deus. Ainda assim, embora meu coração estivesse partido, também senti a compaixão de Deus. Eu o senti me atraindo para perto e derramando sua misericórdia sobre mim. Deus conhecia a dor que estávamos sentindo porque Ele mesmo já a havia sentido.

Percebi que, no fim das contas, eu não tinha capacidade de controlar o futuro da minha filha. Com lágrimas escorrendo de nossos olhos, Art e eu entregamos nossa doce Ashley ao Senhor e prometemos amá-lo, não importa o que acontecesse.

Foi como se, quanto mais eu caía nos braços de Deus, menos a dor do momento consumia meu coração. Sentir o poder de Deus afastava o medo do desconhecido. Parei de pensar nos "e se" e deixei minha alma simplesmente dizer: "Ok. Deus, neste minuto escolho descansar em ti. Não deixarei minha mente pensar nos minutos que estão por vir. Simplesmente estarei neste momento e o enfrentarei com paz".

Nesse dia, selamos nosso amor por Deus não apenas para esta situação, mas para todo o sempre. Embora não estivéssemos felizes, uma cobertura gentil de alegria inexplicável tomou conta de nossos corações. Saber que Aquele que amava Ashley mais do que nós estava cuidando dela, e que seu plano para ela era perfeito, trouxe paz em meio ao desgosto.

O fim desse capítulo da vida de Ashley foi milagroso e maravilhoso. Embora os médicos não conseguissem explicar como, ela se recuperou completamente. Quem pode entender por que Deus responde às orações da maneira que faz? Só sabemos que somos gratos. E também sabemos que, independentemente da resposta de Deus, nossos corações estavam decididos a confiar e amá-lo. Esse tipo de obediência radical traz um nível de relacionamento com Deus que não pode ser alcançado de outra forma.

Nada na vida é certo. As circunstâncias vêm e vão como a maré do oceano. O desconhecido pode parecer tão assustador enquanto ponderamos todas as possibilidades trágicas que sabemos que podem e acontecem com as pessoas. Pegamo-nos imaginando o que a próxima página da vida pode conter. Não podemos parar ou controlar o que vem em nosso caminho, assim como não podemos deter a beira da água. Mas podemos fazer a escolha, minuto a minuto, de deixar nossa alma descansar em Deus.

> Descanse, sabendo que tudo está seguro em minhas mãos. Descanso é confiança. Atividade incessante é desconfiança. Sem o conhecimento de que eu estou trabalhando por você, você não descansa. A inação seria então fruto do desespero. Minha mão não está encolhida a ponto de não poder salvar. Saiba disso, repita isso, confie nisso, acolha esse conhecimento, deleite-se nele. Essa verdade é como uma esperança lançada a um homem que se afoga. Cada repetição dela é um puxão mais perto da segurança e da margem.[6]

## AQUI ESTÁ UMA MULHER QUE ENTENDEU!

Recentemente, fui apresentada a um blog escrito por uma mulher chamada Beverly. Ela é uma mãe que ensina seus filhos em casa e está enfrentando uma batalha contra o câncer. Enquanto lia os textos dessa mulher corajosa, não pude evitar dizer a mim mesma: "Aqui está uma mulher que entendeu!"

Ela é uma mulher que luta pela própria vida, mas que se recusa a se deixar levar pela amargura e ansiedade que, sem dúvida, batem à

---

[6] RUSSELL, A. J., ed., *God Calling*, 19 de maio.

porta de seu coração. Ela escolheu dizer "sim" a Deus todos os dias, de maneiras grandes e pequenas. Alguns textos em seu blog tratam sobre o câncer, mas, para minha surpresa, a maioria não. Encontrei suas postagens repletas de aventuras com Deus. O que mais gostei na seguinte entrada foi o fato de ela não terminar com uma solução doce e perfeita, como "é claro, Deus nos deu todas as respostas e tudo ficou bem". Ela simplesmente encontrou propósito e paz em sua escolha de experimentar Deus.

O estacionamento de um KFC (Kentucky Fried Chicken). Não exatamente onde planejávamos passar a primeira noite de nossas férias. O dia havia sido ótimo. Passamos a manhã na piscina, fomos ao Walmart comprar mantimentos para a semana e, depois, seguimos para Pensacola Beach. A praia estava maravilhosa: areia branca, águas lindas e tranquilas para os meus meninos, e temperaturas amenas para julho, na Flórida. Mas, ao sairmos do estacionamento da praia, nossa van morreu. Greg conseguiu fazê-la funcionar novamente, e seguimos até o KFC. Enquanto eu entrava no restaurante para comprar nosso jantar, pedi a Greg que não desligasse o motor, caso houvesse algo errado. Quando voltei com a comida, a van estava desligada e não ligava mais. Assim começou nossa espera de duas horas e meia. Já eram 20h30, e ninguém comia desde o almoço.

Greg, sendo muito habilidoso com mecânica, estava certo de que poderia consertar. Havia uma loja automotiva ao lado, e ele comprou algo, mas não funcionou. Então, imaginou que talvez o marcador de combustível estivesse quebrado e que estivéssemos sem gasolina. Comprou um galão e encheu, mas também não era isso. Enquanto isso, distribuí os biscoitos do jantar para acalmar as crianças. Finalmente, aceitamos carona de uma funcionária do restaurante até o hotel, em turnos, já que todos não caberiam no carro. Jantamos às 23h30, e, a essa altura, o frango já não parecia tão apetitoso.

No dia seguinte, conseguimos um mecânico para ir até a van com Greg. Ele confirmou que o problema era a bomba de combustível. A van foi rebocada para a oficina, e ficamos no hotel orando. Quanto custaria o conserto? Ele conseguiria arrumar? O que faríamos sem um veículo? Mas também nos consolamos: Deus devia ter um plano. Imaginamos qual poderia ser. Talvez Deus quisesse que compartilhássemos Cristo com o mecânico, e ele entregaria seu coração ao Senhor. Talvez víssemos a provisão divina com o mecânico consertando a van de graça. Tínhamos certeza de que haveria algum sinal evidente de que tudo fazia parte do plano de Deus. Enquanto isso, as crianças estavam felizes no hotel, com piscina e TV a cabo, e tínhamos bastante comida.

Dois dias depois, nossa van foi consertada. Até onde sabemos, o mecânico não aceitou o Senhor, cobrou o preço cheio e ainda exigiu pagamento em dinheiro. Em outras palavras, não vimos nenhuma evidência clara de que o Senhor fez algo através da nossa dificuldade com a van. Estávamos mais pobres, mas não mais sábios. Por que, Senhor, permitiste isso?

Seria maravilhoso se a vida viesse sempre bem embrulhada, não seria? Cada vez que enfrentássemos problemas, veríamos o bem que surgiu deles. Muitas vezes, claramente vemos a mão de Deus em circunstâncias difíceis, mas outras vezes, em sua soberania, Deus não abre nossos olhos para o que está fazendo. Ele quer que confiemos nele, não importa o que aconteça.

A Bíblia garante que sempre veremos o que Deus está fazendo? Não. *"Vivemos por fé, e não pelo que vemos"* (2Coríntios 5:7). Hebreus 11, frequentemente chamado de "galeria da fé", descreve muitas vidas de pessoas que permaneceram na Palavra de Deus apesar de circunstâncias difíceis. Os versículos 39-40 dizem: "Todos estes receberam bom testemunho por meio da fé; no entanto, nenhum deles recebeu o que havia sido prometido, pois Deus havia planejado algo melhor para nós, para que conosco fossem aperfeiçoados". Essas pessoas viveram aguardando um Salvador, mas nunca o viram em suas vidas. Ainda assim, creram. Nós também precisamos acreditar, mesmo sem sempre enxergar o que Deus está fazendo.

*Você nunca sabe como Deus vai usá-la até que permita*

Um dia, Deus pode abrir nossos olhos espirituais para entender o que estava fazendo durante o problema com a van. Talvez quisesse nos ensinar a sermos contentes apesar das circunstâncias. Talvez quisesse que soubéssemos como outros se sentem ao passar pelo mesmo. Ou talvez apenas precisemos entender que vivemos em um mundo caído, e vans quebram em um mundo caído. Eu não sei. Mas sei que Deus é Deus, e posso confiar nele, não importa o que aconteça neste mundo.[7]

Lendo sobre a experiência de Beverly, pensei em como é difícil manter-se piedosa quando as coisas dão errado. A história dela me fez refletir sobre como eu reagiria no lugar dela. A situação que ela enfrentou não era uma questão de vida ou morte, mas certamente foi uma interrupção em sua vida. Para mim, às vezes, é muito mais difícil passar pelos pequenos testes da vida do que pelos grandes.

Posso imaginar meus próprios pensamentos: *Isto deveria ser uma pausa nas dificuldades e injustiças da vida. A van não pode quebrar agora!* Nossa carne nos puxa para gritar, reclamar e exigir que as coisas sigam como planejamos. Não queremos inconvenientes. Não queremos ser testadas. Não estamos nem mesmo no clima para testemunhar sobre nosso drama inesperado. Queremos apenas entrar no carro, voltar ao hotel, jantar, colocar as crianças na cama e relaxar na varanda ouvindo os sons do oceano. Mas temos um grande inimigo da paz que ansiamos, um que ama interromper nossa vida nos momentos mais inesperados. Satanás quer nos pegar desprevenidas e usar nossas reações contra nós. Ele sussurra: *Se você não consegue permanecer piedosa e obediente nos pequenos contratempos da vida, como acha que conseguirá passar pelos testes e provações maiores?* Nos momentos de silêncio, ponderamos nossas reações às situações da vida. E, se achamos nossa atitude insatisfatória, rotulamo-nos como incapazes: "Eu não sou qualificada para ser uma mulher que diz sim

---

[7] DAFFRON, Beverly. "I Wonder Why", blog, 18 de julho de 2006. Usado com permissão.

a Deus. Olhe como agi: impaciente, insensível, emotiva, zangada, instável e irracional".

Então, fechamos o livro e o colocamos no alto da pilha de outras leituras inacabadas. Sei disso porque fiz isso por muito tempo na minha vida. Mas, quando finalmente estabeleci o incrível amor de Deus no meu coração, entendi o que Lamentações 3 quer dizer ao afirmar: "Suas misericórdias se renovam a cada manhã". Na verdade, as misericórdias de Deus estão disponíveis a cada minuto, passo, decisão e reação. Não precisamos nos prender e nos rotular como incapazes. Só precisamos pedir perdão a Deus e seguir em frente.

Eu não sou uma mulher incapaz. Eu sou uma mulher em uma jornada de aprendizado, buscando garantir que minhas reações não neguem a presença de Cristo em mim. Eu sou uma mulher que diz sim a Deus, não porque minhas emoções e reações sejam sempre perfeitas, mas porque Ele é perfeitamente capaz de me perdoar, amar, lembrar, desafiar e me mostrar como passar pelas provações de maneira que prove que Seu Espírito habita em mim. Frequentemente me lembro de que as pessoas não querem conhecer meu Jesus até que encontrem a realidade de Jesus em minha vida.

Jó foi um homem que viveu dessa forma. Ele foi testado e provado de maneiras que a maioria de nós nem consegue imaginar. Ele experimentou tudo o que temia: "Se tão somente a minha aflição fosse pesada e a minha desgraça fosse colocada na balança! Sem dúvida, pesariam mais que a areia dos mares" (Jó 6:2). Até mesmo sua esposa disse: "Ainda manténs a tua integridade? Amaldiçoe a Deus e morra!" (Jó 2:9). Mas Jó havia decidido em seu coração confiar em Deus: "Você fala como uma insensata. Aceitaremos o bem dado por Deus, e não o mal?" (Jó 2:10). Por causa dessa obediência radical, Jó experimentou uma bênção radical: "Meus ouvidos já tinham ouvido a teu respeito, mas agora os meus olhos te viram" (Jó 42:5). Jó conhecia a Deus, mas foi através de suas provações e obediência que ele o experimentou pessoalmente.

O salmista Davi também descobriu essa bênção radical ao decidir amar a Deus, não importasse o que acontecesse:

Minha vida é consumida pela angústia, e os meus anos pelo gemido; minha força se esvai por causa da minha aflição, e os meus ossos enfraquecem... Mas eu confio em ti, Senhor. E digo: "Tu és o meu Deus." O meu futuro está nas tuas mãos; livra-me dos meus inimigos e daqueles que me perseguem. Faze resplandecer o teu rosto sobre o teu servo; salva-me pelo teu amor leal... Como é grande a tua bondade, que reservaste para aqueles que te temem, e que, à vista dos homens, concedes àqueles que se refugiam em ti!... Bendito seja o Senhor, pois mostrou o seu maravilhoso amor para comigo (Salmos 31:10, 14-16, 19, 21).

Com o incrível amor de Deus firmado em nossos corações, temos o poder de manter nossa fé estável e experimentar uma alegria e esperança duradouras, independentemente das circunstâncias. É verdade, Deus quer tudo isso. E é na troca do que queremos pelo que Deus quer que experimentamos a aventura, a liberdade e o poder de dizer sim a Ele. Deus está usando todas as suas experiências — boas e ruins — para moldar seu caráter de acordo com o chamado que Ele tem para você.

Afinal, querida amiga, você nunca sabe como Deus vai usá-la até permitir que Ele o faça.

# ESTUDO BÍBLICO

Leia 1Pedro 3:15 e registre aqui.
_____
_____
_____
_____

Como devemos santificar Cristo?
_____
_____
_____
_____

O que significa para Ele ser Senhor?
_____
_____
_____
_____

Senhor sobre o quê em nossa vida?
_____
_____
_____
_____

Leia Jeremias 12:2. Descreva a pessoa mencionada neste versículo.
_____
_____
_____
_____

## ESTUDO BÍBLICO

Onde devemos santificar Cristo?
___
___

Leia Jeremias 11:7-8. O que significa ter um coração teimoso?
___
___

Leia Provérbios 13:25 e escreva a palavra que descreve a condição do coração daqueles que fazem escolhas corretas que honram a Deus.
___
___
___

Leia o Salmo 84. Veja os versículos 1-2 e o versículo 10:

> *Quão amáveis são os teus tabernáculos, Senhor dos Exércitos! A minha alma anseia, e até desfalece, pelos átrios do Senhor; o meu coração e a minha carne clamam pelo Deus vivo... Melhor é um dia nos teus átrios do que mil em outro lugar; prefiro ficar à porta da casa do meu Deus a habitar nas tendas dos ímpios.*

Essa é uma pessoa que decidiu não buscar o vazio do mundo, mas sim a plenitude de Deus. Quanto mais você está satisfeita com Deus, mais você deseja passar tempo com Ele. Você já sentiu que seu tempo com o Senhor é vazio e feito apenas como mais uma tarefa a riscar de sua interminável lista de afazeres?
___
___

## ESTUDO BÍBLICO

Escreva uma oração pedindo a Deus que torne seu tempo com Ele mais significativo. Peça a Deus que lhe dê um profundo desejo por Ele.
_____
_____
_____

Leia Salmos 84:4. Qual é uma característica comum daqueles que habitam com o Senhor?
_____
_____
_____

É uma prática comum para você louvar o Senhor? Como você poderia incorporar mais louvor em seu relacionamento diário com Deus?
_____
_____
_____

De acordo com o versículo 5, de onde tiramos nossa força? Onde nossos corações devem estar fixados? Que tipo de peregrinação estamos fazendo?
_____
_____
_____

Como Salmos 84:9 lhe encoraja?
_____
_____
_____

O que certamente está reservado para uma mulher que diz sim a Deus?
_____
_____
_____

CAPÍTULO 5

# O que nos impede de dizer "sim" a Deus

Seja o que for que adorarmos, isso obedeceremos

Eu conseguia ver na expressão cruzada no rosto dela e na urgência de seus passos. A mulher que se aproximava de mim tinha algumas coisas em mente.

Como esperado, essa mulher na minha classe de estudo bíblico achava que eu estava levando minha fé a sério demais e a Bíblia muito literalmente. Depois de despejar suas preocupações sobre mim, ela sorriu e me incentivou a pegar leve. "Querida", disse ela, "eu não gostaria de ver você levar essa coisa de obediência longe demais".

Essa, minha amiga, é uma pessimista. Se você escolher uma vida de obediência radical, vai encontrar pessoas assim. Elas não te entendem. Não querem te entender. E, muitas vezes, o que você está fazendo as faz se sentirem incomodadas. Se alguém é rápido para criticar algo bom que outra pessoa está fazendo, geralmente essa pessoa está presa em uma perspectiva egocêntrica. Os pessimistas se sentem melhores rebaixando os outros. Paulo advertiu Timóteo sobre pessoas assim:

> Saiba disto: nos últimos dias sobrevirão tempos terríveis. Os homens serão egoístas, avarentos, presunçosos, arrogantes, blasfemadores,

desobedientes aos pais, ingratos, ímpios, sem amor pela família, irreconciliáveis, caluniadores, sem domínio próprio, cruéis, inimigos do bem, traidores, precipitados, soberbos, mais amantes dos prazeres do que amigos de Deus, tendo aparência de piedade, mas negando o seu poder. Afaste-se desses também (2Timóteo 3:1-5).

Tornar-se uma mulher que diz "sim" a Deus sem vergonha vai te tornar diferente de muitos membros da sua família e amigos. Você examinará as circunstâncias da vida com uma perspectiva diferente. Você entenderá que, só porque a vida é corrida, não significa que você precise viver sem Deus. Você entende que sua responsabilidade é obedecer a Deus, e Ele cuidará do resultado. Quando você começar a se preocupar, saberá como ser envolvida pela segurança de Deus em vez de ser levada pelo medo. Você se apoiará em uma força e um poder que simplesmente não fazem sentido para a maioria das pessoas.

Embora nem todos os seus amigos e familiares sejam pessimistas, alguns serão. A diferença que eles vêm em você os levará a te confrontar quando Cristo age em você, às vezes, pisa nos calos da consciência deles. Enquanto os pessimistas podem ter uma aparência de cristãos, negam Cristo em suas atitudes e ações. Em vez de permitir que esses sentimentos de convicção produzam boas mudanças neles, buscam te desencorajar na esperança de calar Cristo em você.

Não é fácil impedir que a negatividade deles te desanime, mas como meu marido sempre me lembra: "Lysa, considere a fonte". Eu me pergunto: "Essa pessoa que está me criticando está ativa em buscar um relacionamento com o Senhor? Essa pessoa está respondendo ao chamado de Deus em sua vida, produzindo evidências do fruto de Cristo? Ela tem meus melhores interesses em mente?" As respostas geralmente são não. Então procuro qualquer verdade no que essa pessoa disse, perdoo qualquer dor que ela possa ter causado e deixo o resto ir.

Mas e quando a pessoa que causa dor e se torna uma fonte de desânimo é uma forte crente? Mesmo crentes fortes podem ser puxados para atitudes que não são de Deus. Se ao menos as pessoas tivessem sinais piscantes sobre suas cabeças avisando quando estão

O que nos impede de dizer "sim" a Deus

operando na carne em vez do Espírito. Uma amiga sábia uma vez me deu um conselho valioso no qual penso com frequência. Ela me advertiu enquanto eu me preparava para dizer "sim" a Deus em todas as coisas: "Nunca deixe os elogios dos outros subirem à sua cabeça, nem suas críticas descerem ao seu coração".

Autor Rick Warren, em seu livro *The Purpose-Driven* Life [*Uma vida com propósitos*], comenta sobre pessimistas:

> Você descobrirá que pessoas que não entendem sua forma de ministrar irão criticá-lo e tentar convencê-lo a fazer o que elas acham que você deveria fazer. Ignore-as. Paulo frequentemente lidava com críticos que mal interpretavam e denegriam seu serviço. Sua resposta era sempre a mesma: Evite comparações, resista a exageros e busque apenas a aprovação de Deus.[8]

Rick então prossegue citando John Bunyan: "Se minha vida não produz frutos, não importa quem me elogia, e se minha vida produz frutos, não importa quem me critica". Isso é muito verdadeiro! Mas eu sei, por experiência própria, o quão difícil é viver essa verdade.

## OS INIMIGOS DA GRAÇA

A graça para a jornada — todos nós precisamos dela. Deus é o único por quem devemos viver, e precisamos de sua graça para lidar com os sucessos e os fracassos, os aplausos e as críticas e tudo mais. Às vezes nossos esforços serão frutíferos e, outras vezes, infrutíferos. Mas, enquanto agradarmos a Deus, tudo será para o bem.

Contudo, a graça tem dois inimigos ferozes: aceitação e rejeição. Imagine, por um momento, um grande muro com portões. Poças de lama pontilham o terreno árido e desgastado. É evidente que muitos permaneceram ali. Dois guardiões desejam te deter. Eles querem te

---

[8] WARREN, Rick. *The Purpose-Driven Life*. Grand Rapids, MI: Zondervan, 2002, p. 254.

segurar pela mão e te manter fora do muro. Enquanto isso, Jesus está do outro lado, em um campo aberto cheio de beleza e aventura. Poucos passaram por esses guardiões para alcançar esse campo, e as flores permanecem intocadas.

O primeiro guardião é Aceitação. Ele exige muito de mim. Parece tão sedutor com seus elogios e promessas grandiosas. Mas, embora seja divertido por um momento, logo minha mente se enche de preocupações sobre como continuar o impressionando. Rapidamente fico sobrecarregada tentando manter as aparências e me comparando com os outros.

O segundo guardião é Rejeição. Ele também exige muito de mim. Parece atraente porque me dá permissão para me afastar do meu verdadeiro chamado. Mas ele exige que eu recue e me afaste da obediência pela qual minha alma anseia. Suas perguntas sussurradas — "E se...?" e "O que eles pensam de você?" — permanecem na minha mente, influenciando minhas ações e reações.

Como negar o apelo desses dois guardiões da graça? Mesmo sabendo que seus frutos são envenenados, minha carne ainda deseja os elogios de Aceitação e as desculpas de Rejeição. Assim segue a batalha em meu coração. Honestamente, me enoja que eu ainda ceda a esses agentes sugadores de vida de Satanás. Mas, ali está Jesus, além desses dois guardiões. Seus braços estão abertos, esperando para me envolver na segurança de sua verdade: "Você é preciosa e aceita, não importa o que aconteça. Meu amor não se baseia em sua performance, mas na minha entrega perfeita na cruz".

## A GRANDE DANÇA

Buscar a obediência e dizer sim a Deus tem sido a mais gratificante aventura da minha vida. Contudo, a jornada não tem sido sem desafios. Eu seria negligente ao abordar o que nos impede de ter uma obediência radical se não falasse sobre a grande dança entre o desejo da nossa carne e o desejo do Espírito de Deus em nós. Nossa carne busca a aprovação dos outros, é influenciada pela voz de condenação de Satanás e procura o caminho mais confortável.

"Você é preciosa e aceita, não importa o que aconteça. Meu amor não se baseia em sua performance, mas na minha entrega perfeita na cruz."

Já o Espírito de Deus em nós se opõe a Satanás e aos caminhos do mundo e oferece uma paz inexplicável que transcende as circunstâncias ao nosso redor.

Essa dança se manifesta em vozes sutis na minha mente. Existe a tensão entre condenação e convicção. Se estou ouvindo pensamentos de condenação, esses vêm apenas de Satanás. Não há condenação em Jesus, apenas convicção. É importante que saibamos a diferença. A condenação nos deixa sem esperança e sem valor. A convicção nos convida a fazer mudanças positivas em nossa vida.

Também às vezes me pego presa ao meu próprio cansaço e reclamando sobre os lugares vazios na minha vida. Esses são todos os lugares que corroem minha satisfação, que me fazem pensar que estou sendo privada de algo de alguma forma. No ano passado, fizemos uma reforma na casa. As coisas estavam novas e perfeitas por alguns dias. Mas não demorou muito, com cinco filhos e um cachorro, para o carpete ficar manchado e as madeiras arranhadas. Meu carro tem amassados em cada uma das portas da frente e um arranhão na porta do motorista, e isso às vezes me incomoda. Nem vou falar sobre como está o interior do veículo que carrega meus filhos! Com todas as suas grandes qualidades, meus filhos às vezes fazem birra, reclamam e choramingam, e, adivinhe, isso me incomoda. Meu marido e eu somos loucos um pelo outro, mas ainda encontramos maneiras de nos irritar às vezes, e isso me incomoda. Luto para tentar fazer muitas coisas em pouco tempo e frequentemente me atraso — o que realmente me incomoda. Quando essas pequenas coisas se acumulam em cima de coisas maiores, eu posso acabar me sentindo para baixo.

Há coisas na minha vida, grandes e pequenas, que não atendem às minhas expectativas e causam sentimentos de irritação no meu coração. Você também já percebe lugares vazios na sua vida?

Geralmente isso acontece comigo quando a correria da vida tem sufocado meus tempos de quietude com Jesus. Quando não passo tempo suficiente permitindo que o Senhor me reabasteça e me renove, esqueço que esta não é minha casa real. Quando minha alma está abatida, esses lugares podem ser distrativos e difíceis. E, às vezes, a realidade é que nos sentimos magoados e desencorajados.

## A ESCOLHA ENTRE PREOCUPAÇÃO E ADORAÇÃO

Quando nos encontramos nesses lugares difíceis, fazemos a escolha entre preocupação e adoração. Quando nos preocupamos, sentimos que precisamos elaborar justificativas e explicações cuidadosas para os pessimistas. Quando nos preocupamos, ouvimos as vozes de Aceitação e Rejeição. Quando nos preocupamos, ficamos acordadas à noite ponderando as mentiras de Satanás. Quando nos preocupamos, fazemos festas de autopiedade onde os convidados de honra são Pensamentos Negativos, Dúvida e Resignação.

Mas podemos fazer a escolha de adorar. Quando adoramos nesses lugares difíceis, lembramos que nada disso é sobre nós — é tudo sobre Deus. Tiramos o foco de nós mesmas e o colocamos novamente em Deus todo-poderoso. Deus pode usar os lugares vazios em sua vida para atrair seu coração para Ele. Ele é o grande amor da sua vida que nunca te decepcionará. Ele está construindo sua casa eterna, que nunca será quebrada, suja ou precisará ser redecorada. Ele está preparando um lugar de comunhão eterna perfeita onde ninguém será pessimista. E o céu não estará limitado por cronogramas humanos, então ninguém jamais se atrasará — nem mesmo eu!

Nosso coração foi feito para a perfeição no Jardim do Éden, mas quando o pecado entrou em cena, traços de imperfeição começaram a lançar um tom sombrio. No entanto, quando conhecemos Cristo, sabemos que isso não é tudo o que existe. Perceber que esta vida é temporária me ajuda a viver além deste momento e a me alegrar com o que está por vir. Cada vez que sinto meu coração sendo puxado para o poço da ingratidão e das reclamações, reconheço isso como um chamado para me aproximar do Senhor. Eu o agradeço pelos lugares vazios, pois eles me lembram de que somente Ele tem a capacidade de me preencher completamente. Na minha adoração a Ele, minha alma está segura, confortada, tranquilizada e em paz.

Todos adoramos algo. Devemos escolher quem — ou o que — adoraremos. Serão as opiniões dos outros, nossos medos ou até mesmo nosso próprio conforto? Ou será Aquele que criou nossas almas para adorar? Seja o que for que adorarmos, isso obedeceremos. Ao escolhermos ser radicalmente obedientes e dizer sim ao Senhor, devemos ser radicais ao escolher adorá-lo e somente a Ele.

## PAZ COMO UM RIO

Qual é o resultado de escolher adorar a Deus e obedecer somente a Ele? "A paz é o fruto de uma vida obediente e justa."[9] Se eu quiser encontrar paz apesar dos críticos, dos ataques de Satanás e do meu próprio cansaço, será apenas porque escolho, diariamente, caminhar em obediência absoluta aos comandos do Senhor, momento a momento, dia após dia, tarefa após tarefa.

O profeta Isaías escreve: "Se você tivesse prestado atenção às minhas ordens, a sua paz seria como um rio, a sua retidão como as ondas do mar" (Isaías 48:18). Percebeu o tesouro escondido aqui? Uma das bênçãos mais radicais para a mulher que diz "sim" a Deus é a paz que invade a alma daquelas que estão atentas às ordens do Senhor.

Deus escolheu uma palavra tão única para descrever sua paz: um rio! Um rio não é calmo nem desprovido de atividade. Ele é ativo, purificador e confiante em sua direção. Não se deixa prender pelas pedras em seu caminho. Ele flui por cima e ao redor delas, ao mesmo tempo alisando suas bordas irregulares e permitindo que elas contribuam para sua beleza, em vez de tirá-la. Um rio é algo maravilhoso de se contemplar. Beth Moore diz:

> Ter paz como um rio é ter segurança e tranquilidade enquanto enfrentamos os muitos obstáculos e curvas inesperadas na jornada da vida. A paz é submissão a uma Autoridade confiável, não resignação à inatividade.[10]

---

[9] MOORE, Beth. *Living Free*. Nashville, TN: LifeWay Press, 2001, p. 82.
[10] Ibidem, p. 77.

## O que nos impede de dizer "sim" a Deus

Jesus nos diz que sua paz é diferente da paz do mundo: "Deixo-lhes a paz; a minha paz lhes dou. Não a dou como o mundo a dá. Não se perturbe o seu coração, nem tenham medo" (João 14:27). O caminho do mundo para a paz me faria recuar para tornar a vida mais fácil para mim, minhas circunstâncias e minha família. O problema com isso é que não estamos aqui para sermos centradas em nós mesmas — estamos aqui para sermos centradas em Deus. Devemos morrer para nosso egoísmo, para que possamos ter mais de Cristo em nossos corações e mentes. Jesus nos diz claramente para focarmos nele, em seus caminhos e em seu exemplo, e sua paz estará conosco. O foco de nossos corações e mentes moldará nossas decisões e ações: "Tu, Senhor, guardarás em perfeita paz aquele cujo propósito está firme, porque em ti confia" (Isaías 26:3).

Quando focamos nossas mentes e fixamos nossa atenção em Cristo, Ele é engrandecido e se torna maior em nossa vida. Quando focamos nossas mentes e fixamos nossa atenção nos obstáculos da vida, eles são ampliados de forma equivocada, parecendo maiores do que realmente são. Nossa atenção é como uma lupa — o que colocamos sob sua lente se torna maior e consome mais do nosso tempo e energia. Queremos focar somente em Cristo, mas às vezes outras coisas parecem maiores, e, sem perceber, mudamos nosso foco: "Pois a carne deseja o que é contrário ao Espírito; e o Espírito, o que é contrário à carne. Eles estão em conflito um com o outro, de modo que vocês não fazem o que desejam" (Gálatas 5:17). Antes que percebamos, somos atraídas para o lodo e a lama nas margens externas do rio da paz de Jesus.

Mas, às vezes, é estando com o rosto na lama, em completa humildade (e, às vezes, até humilhação!), que encontramos uma verdade doce e terna. É dessa posição que podemos dizer:

> Jesus, eu te amo e te quero mais do que qualquer outra coisa. Eu te amo e te quero mais do que a aprovação de meus colegas, família e amigos, e até mesmo daqueles que me criticam. Eu te amo e te quero mais do que os confortos e as armadilhas deste mundo. Eu te amo e escolho acreditar em tua verdade acima das mentiras

de Satanás. Eu te amo e escolho te adorar e somente a ti. Jesus, eu te amo e quero vir a ti de mãos vazias, oferecendo minha vida em completa rendição.

Dizer "sim" a Deus tem muito mais a ver com ser do que fazer. Trata-se de escolher quem vou adorar e, em seguida, depender de Deus para me dar força para perseverar. Quando minha alma olha para cima, para fora do lodo da vida, e corrige o foco de sua atenção, eu me vejo mergulhando novamente no rio, onde a paz de Jesus flui sobre mim, renovando, purificando e fortalecendo.

## A DANÇA DE UMA MENININHA

Meu toque sempre trouxe conforto para minha filha mais nova, Brooke. Lembro-me de quando ela era bebê e eu precisava resolver coisas na rua, mesmo sabendo que já deveríamos estar em casa há uma hora para sua soneca. Mas, sabendo que havia coisas que precisavam ser feitas, eu continuava, torcendo pelo melhor. Ela começava a ficar inquieta, o que fazia com que todos no carro perdessem a paciência. Uma das minhas filhas mais velhas, sentindo-se muito sábia aos cinco anos, disse: "Mãe, só diz para ela parar de chorar. Diz que ela vai ficar de castigo se não parar".

Bem, isso pode até funcionar com uma criança pequena que não quer perder o episódio de algum desenho animado à tarde, mas definitivamente não funcionava com um bebê. Brooke queria sair daquele carro e queria garantir que todos soubessem disso. O que começou como alguns gemidos e resmungos logo se transformou em um colapso completo, com lágrimas, choros e gritos.

Eu não podia fazer muito para confortá-la enquanto dirigia, mas estendi meu braço para o banco de trás e comecei a acariciar sua perna suavemente. Levou alguns minutos, mas eventualmente ela se acalmou e estendeu sua pequena mão para segurar a minha.

Todos os meus filhos gostam de um abraço, de um tapinha no ombro ou de uma mão confortadora nas costas, mas, para Brooke, esses toques gentis parecem um verdadeiro fio de vida. Talvez o toque seja sua linguagem de amor. Como Gary Chapman explica em *The Five Love Languages* [As cinco linguagens do amor], o toque pode ser a maneira como Brooke expressa e entende o amor. Seja como for, meu toque é importante para ela.

Um dia, ela teve uma apresentação com o grupo de dança de louvor da escola. Todas as meninas estavam especialmente bonitas naquele dia, vestidas de branco, com os cabelos presos delicadamente para trás, e cada uma delas parecia ter um passo mais gracioso. Eu mal podia esperar para ver Brooke apresentar as danças em que vinha trabalhando e falando há semanas. Ela adora subir no palco, então eu esperava vê-la cheia de sorrisos e risadas. Mas, poucos minutos antes do início da apresentação, uma Brooke muito aflita veio até a plateia me procurar. Com lágrimas escorrendo pelo rosto, explicou que a professora a havia mudado da fila da frente para a de trás, e ela não sabia a coreografia da nova posição. Eu a assegurei de que tudo ficaria bem. Sussurrei: "Filha, apenas suba lá, olhe para as outras meninas para pegar os sinais e siga os passos. Você conhece essa dança, Brooke. Vai dar tudo certo".

Ela soluçou de volta: "Não vai dar certo se eu errar, e eu sei que vou errar".

Foi então que percebi: ela precisaria do meu toque para superar aquilo. Mas nós duas sabíamos que meu braço não alcançaria o palco. Então, sussurrei rapidamente: "Brooke, fixe seus olhos nos meus, e a mamãe vai te tocar com o meu sorriso. Não olhe para ninguém nem para mais nada. Nem mesmo olhe para as outras meninas dançando. Não importa se você errar. O que importa é que mantenha seus olhos em mim o tempo todo. Vamos fazer isso juntas".

Silenciosamente, ela perguntou: "O tempo todo, mamãe?"

"O tempo todo, Brooke", respondi, enquanto observava minha valente menina caminhar para seu lugar na fila.

Várias vezes durante a dança, Brooke perdeu o ritmo. Seus braços abaixaram quando o resto da fila os levantou. Ela foi para a esquerda e esbarrou nas outras que iam para a direita. Ela sabia que seus passos não estavam perfeitos, e seus olhos se enchiam de lágrimas. No entanto, as lágrimas não caíram. Com os olhos fixos no meu sorriso, ela dançou. Dançou quando os passos eram fáceis. Dançou quando se atrapalhava. Dançou mesmo quando suas emoções pediam que desistisse. Ela dançou até o fim. Dançou, e eu sorri.

Sorri quando seus passos estavam corretos. Sorri quando não estavam. Meu sorriso não dependia do desempenho dela. Ele nascia de um amor incrível por essa menina preciosa e corajosa. À medida que ela mantinha sua atenção fixada no meu sorriso e no toque do meu olhar, era como se o mundo lentamente desaparecesse e fôssemos apenas nós duas na sala.

É assim que Deus quer que eu dance pela vida. Embora eu não possa vê-lo fisicamente, minha alma o imagina tão claramente. Em minha mente, Ele está lá. O toque do olhar dele me envolve, conforta, assegura e faz o mundo parecer estranhamente pequeno. Enquanto meus olhos estão fixos nele, eu danço e Ele sorri. As zombarias e críticas dos outros desaparecem. Mesmo que eu ouça suas intenções cortantes, elas não conseguem atingir meu coração ou distrair meu foco. Até mesmo meus tropeços não causam o mesmo sentimento de derrota. Meus passos frequentemente traem o desejo do meu coração, mas não é meu desempenho perfeito que chama a atenção dele. É minha total dependência nele que Ele nota.

Então Ele sussurra: "Apegue-se a mim e ao que eu digo sobre você. Pois minhas palavras são a verdade sobre quem você é e a essência do que foi criada para ser". Então imagino Ele pausando e, com lágrimas nos olhos e um nó na voz, acrescentando: "Então vocês conhecerão a verdade, e a verdade os libertará" (João 8:32). A verdade dele me liberta das correntes da dúvida e do desespero. A verdade dele me liberta de me sentir incapaz e inadequada para buscar a Deus de todo o coração.

A verdade dele me envolve enquanto eu, hesitante, sussurro: "Quero ser uma mulher que diz sim a Deus". E naquele momento, com meus olhos fixos nele, eu sou.

# ESTUDO BÍBLICO

Quando enfrentamos a escolha entre preocupar-nos ou adorar, qual passagem da Escritura será um poderoso lembrete da ajuda certa de Deus?

_____
_____
_____
_____

Leia Mateus 6:26-27. Que benefício a preocupação traz?

_____
_____
_____
_____

Leia Mateus 6:30-32. O que Deus promete em relação à nossa provisão?

_____
_____
_____
_____

Leia Mateus 6:34. Como podemos abrir mão das preocupações com o futuro?

_____
_____
_____
_____

Leia Marcos 13:10-11. Talvez você não seja presa por pregar o evangelho, mas pode se encontrar em situações em que fica preocupada sobre como falar. Como essas palavras te confortam?

## ESTUDO BÍBLICO

_____
_____
_____
_____

Em vez de nos preocuparmos, o marco de nossa vida deveria ser a adoração. A adoração substitui a ansiedade causada pelo medo por uma paz inexplicável que só pode vir ao focarmos em Deus.

*Mas os meus olhos estão fixos em ti, Soberano Senhor; em ti me refugio; não entregues a minha vida à morte (Salmos 141:8).*

Lembre-se da história que compartilhei sobre Brooke, que fixou seus olhos em mim quando enfrentava o medo? O que significa "fixos" neste versículo? O que significa "refugiar-se no Senhor"? Como podemos fixar nossos olhos no Senhor?

_____
_____
_____
_____

Leia Isaías 30:21. Que voz está sendo mencionada aqui?

_____
_____
_____
_____

Que direção essa voz nos dará?

_____
_____
_____
_____

## ESTUDO BÍBLICO

Como isso acalma suas preocupações?
_____
_____
_____
_____

> *"Fixemos os olhos em Jesus, autor e consumador da nossa fé, que, pela alegria que lhe fora proposta, suportou a cruz, desprezando a vergonha, e assentou-se à direita do trono de Deus" (Hebreus 12:2).*

O que significa que Jesus é o autor da nossa fé? O que significa que Jesus é o consumador da nossa fé? Como este versículo te conforta e encoraja?
_____
_____
_____
_____
_____

A maioria das pessoas acredita que Patrício era da Irlanda. Na verdade, ele foi sequestrado ainda adolescente de sua terra natal, a Grã-Bretanha, e forçado à escravidão por seis anos na Irlanda. Durante o cativeiro, ele cuidava de ovelhas. Passava muitas horas por dia em oração. Quando escapou de volta para a Grã-Bretanha, já não era mais um jovem aristocrata egocêntrico. Ele havia se tornado um homem totalmente comprometido com a causa de Cristo. Anos depois, retornou como missionário à Irlanda e viveu sua vida ganhando aquele país para Cristo. Suas circunstâncias de vida poderiam frequentemente ter gerado muita preocupação. Em vez disso, ele escolheu adorar a Deus e confiar em seu plano. Pensei que sua oração constante poderia inspirar você:

## ESTUDO BÍBLICO

*Cristo, protege-me neste dia:*
*Cristo comigo,*
*Cristo à minha frente,*
*Cristo atrás de mim,*
*Cristo em mim,*
*Cristo abaixo de mim,*
*Cristo acima de mim,*
*Cristo à minha direita,*
*Cristo à minha esquerda,*
*Cristo quando me deito,*
*Cristo quando me levanto,*
*Cristo no coração de cada pessoa que pensa em mim,*
*Cristo em cada olhar que me vê,*
*Cristo em cada ouvido que me ouve.*

CAPÍTULO 6

# Se fosse fácil, não valeria a pena fazer
A obediência radical nasce do deleite, não do dever

Estava desanimada. Em dois meses, minha vida passou de maravilhosamente gratificante e fluindo bem para completamente de cabeça para baixo. Senti-me presa em um turbilhão de emoções. Meu computador deu problema e alguns documentos muito importantes desapareceram. Um grande contrato de livro que me animava foi cancelado. Nosso poço quebrou, e ficamos vários dias sem água. Um diamante caiu da minha aliança de casamento.

Então, além de uma série de outras interrupções e acontecimentos desordenados, meu marido sofreu uma lesão grave no joelho e precisou de uma cirurgia reconstrutiva de grande porte, ficando acamado por quase cinco semanas. Eu não sabia se ria ou chorava. Uma amiga minha acertou em cheio quando disse: "Lysa, acho que, quando você vai para um novo nível com Deus, você enfrenta um novo desafio".

Não tenho certeza da precisão teológica dessa afirmação, mas sei que Satanás odeia a alma radicalmente obediente. Ele odeia quando uma pessoa salta do muro da complacência e se lança no centro da vontade de Deus. Há uma batalha espiritual acontecendo ao nosso redor e, por isso, a vida pode ser difícil. Embora dizer sim a Deus traga bênçãos, isso não é fácil.

Se nosso desejo de obediência nasce apenas do dever, podemos desistir rapidamente. Contudo, se nosso desejo nasce do deleite, de um relacionamento de amor que arde profundamente em nossa alma, ele não será apagado — não importa o custo.

## PROPÓSITO, PERSPECTIVA, PERSISTÊNCIA

Uma das minhas histórias de amor favoritas na Bíblia é a de Jacó e Raquel. O amor de Jacó por Raquel deu a ele propósito e perspectiva, o que resultou em uma incrível persistência. Ele serviu ao pai de Raquel por muitos anos para conquistar o direito de se casar com ela, porque a amava tanto: "Assim, Jacó trabalhou sete anos por Raquel, mas lhe pareceram poucos dias, pelo tanto que a amava" (Gênesis 29:20).

Você percebe o que o amor pode fazer com a visão de alguém sobre as circunstâncias? Quando você está loucamente apaixonada por alguém, faz qualquer coisa por ele — e faz isso com o mais alto nível de pura alegria. Quero estar tão loucamente apaixonada por Jesus que, além de servi-lo, eu faça isso com absoluto deleite.

Um verdadeiro sinal de maturidade espiritual é buscar em Deus não conforto e conveniência, mas propósito e perspectiva. Conforto e conveniência levam à complacência. Quando chegam os problemas, a pessoa complacente torna-se crítica de tudo e de todos, incluindo Deus. Por outro lado, propósito e perspectiva conduzem à perseverança, que é evidente naqueles que vivem uma vida verdadeiramente devota. A pessoa persistente busca enfrentar provas e lutas de uma maneira que honra a Deus e permite o crescimento pessoal.

Porque amamos Deus, buscamos e confiamos em seu propósito em todas as coisas. A pessoa persistente entende o significado de Romanos 8:28: "Sabemos que Deus age em todas as coisas para o bem daqueles que o amam, dos que foram chamados de acordo com

Um verdadeiro sinal de **maturidade espiritual** é buscar em Deus não conforto e conveniência, mas **propósito e perspectiva**.

o seu propósito". Isso não significa que tudo o que acontece conosco será bom, mas que Deus trabalhará em cada situação para trazer algo bom dela. E não devemos ignorar as últimas quatro palavras desse versículo, onde somos lembradas de que tudo é "de acordo com o seu propósito". Deus tem um propósito, e seus planos para realizá-lo são perfeitos. Confiar no bom propósito de Deus e buscar entender que Ele pega todos os eventos de nossa vida e orquestra o bem a partir deles nos leva a uma perspectiva transformada.

## VENDO DEUS EM TUDO

Nossa perspectiva transformada nos ajuda a ver Deus em todas as coisas. Estou convencida de que Satanás quer manter minha perspectiva em um lugar onde meu coração fique desanimado e minha mente questione Deus. No entanto, a Palavra de Deus me chama a uma ação diferente: "Não só isso, mas também nos gloriamos nas tribulações, porque sabemos que a tribulação produz perseverança; a perseverança, um caráter aprovado; e o caráter aprovado, esperança" (Romanos 5:3-4). A Palavra de Deus me chama a me alegrar! Não que eu me alegre nas coisas ruins — isso seria forçado. Mas posso me alegrar no que Deus está fazendo em mim através dos tempos difíceis.

Quando Art machucou o joelho, oramos e oramos para que fosse uma lesão leve e que não precisasse de cirurgia. Tínhamos certeza de que Deus iria à nossa frente e tornaria tudo mais fácil. No entanto, quando os resultados dos exames chegaram, estávamos diante do pior cenário possível. Não apenas Art precisaria de cirurgia, mas era uma das piores lesões de joelho que o médico já havia visto. Simplesmente olhando para as circunstâncias e o relatório médico, poderíamos ter sido tentados a acreditar nas mentiras de Satanás, de que Deus não havia respondido nossas orações, que Ele não era confiável. Contudo, a verdade é que Deus é fiel e verdadeiro, e sua Palavra nos promete: "Não desprezou nem repudiou o sofrimento do aflito; não escondeu dele o rosto, mas ouviu o seu clamor por socorro" (Salmos 22:24).

Então, o que fazemos com o fato de que meu marido, tão ativo, está incapacitado por vários meses? O que ele faz ao perder muitas semanas de trabalho e ver sua vida totalmente interrompida? O que eu faço com meus sentimentos de estar sobrecarregada e frustrada porque preciso de sua ajuda com as crianças? O que faço com o fato de que ele não pode dirigir, está em extrema dor e precisa do meu amor e apoio incondicional — mesmo nos dias em que estou cansada demais para oferecer isso?

"Tá bom, Deus, onde você está?", clamei. Havia muitos detalhes e muito estresse. Nossa vida cotidiana já era ocupada demais, e agora isso. Para ser completamente honesta, comecei a ficar um pouco frustrada com Deus. Satanás estava se divertindo com a situação.

## PROVISÃO, PROTEÇÃO, PROCESSO

O que você faz quando sente que Deus não está ouvindo seus clamores por ajuda? Ou, pior ainda, que Ele está dizendo não?

Não tem sido fácil, e Deus precisou me lembrar várias vezes, mas aqui está o que eu sei: Deus sempre me ouve quando clamo a Ele, e, quando Ele diz não, é para minha provisão, minha proteção, e faz parte do processo de me moldar mais à semelhança de Cristo.

### *Provisão*

Em um dos meus dias de "Ai de mim, meu marido ainda está na cama e eu ainda estou fazendo tudo sozinha", levei meus filhos e o filho de uma amiga para almoçar fora. Estava determinada a manter uma boa atitude, mas, com cada resposta chorosa e cada briga entre irmãos, sentia minha pressão subir. Estava no balcão tentando fazer meu pedido e manter os olhos nas crianças sentadas na mesa do outro lado do restaurante, quando uma senhora se aproximou e colocou suavemente a mão no meu ombro. "Eu peguei seus guardanapos e canudos", ela disse, "e vou colocá-los na sua mesa". Fiquei chocada. Quem era essa doce estranha?

Depois que voltei para minha mesa, a vi sentada com sua família e fui até lá para agradecê-la. Quando o fiz, ela me contou que, ao entrar no restaurante, Deus disse a ela para me ajudar. Ela não sabia quem eu era até eu me virar para falar com ela no balcão, e então ela me reconheceu como a palestrante de uma conferência de mulheres que ela havia assistido na primavera passada. Ela continuou me perguntando se poderia preparar uma refeição para minha família. Contei a ela que meu marido tinha acabado de passar por uma cirurgia e que uma refeição seria maravilhosa.

Voltei para minha mesa com lágrimas nos olhos. Naquela mesma manhã, eu tinha clamado a Deus para preencher as lacunas onde me sentia cansada e fraca. Pedi a Ele que fosse minha porção, tudo o que eu precisava para cuidar da minha família naquele dia. Deus estava respondendo minha oração! Minha perspectiva mudou completamente. Deus estava fazendo algo bom com a cirurgia de Art. Ele tinha dito não ao pedido de não precisarmos da cirurgia, mas não nos deixou naquele lugar difícil. Ele estava nos ensinando sobre sua provisão.

Como Ele pode ser nosso Provedor Supremo se nunca estivermos em falta ou necessidade? Fiquei profundamente tocada pela obediência dessa senhora ao chamado de Deus para me ajudar. Fiquei maravilhada com a maneira tão pessoal e prática com que Deus respondeu aos meus clamores por ajuda, apesar da minha má atitude.

*Proteção*

Meu marido é um corredor apaixonado e costuma ser visto correndo pelas estradas do interior perto de nossa casa. Após a lesão no joelho, ele ficou muito desapontado, para dizer o mínimo, quando o médico disse que poderia levar até um ano para ele voltar a correr — e que algumas pessoas com esse tipo de lesão precisam desistir de correr para sempre. Sempre que temos que fazer uma pausa em algo que realmente gostamos, é difícil. Mas a ideia de desistir de correr para sempre parecia impossível de aceitar.

Então veio a ligação de um amigo que conhecia um homem que se machucou jogando futebol americano sem contato na mesma semana em que Art se lesionou. Só que os médicos estavam dizendo que ele nunca mais andaria. Ele agora estava paralisado da cintura para baixo. Depois, recebi outra ligação de uma amiga me contando que leu no jornal sobre um homem que andava de bicicleta nas mesmas estradas onde meu marido costuma correr. Esse homem foi atropelado por um carro e morreu.

Art e eu havíamos sido tão rápidos em fazer uma festa de autocomiseração por nossas circunstâncias, mas agora estávamos percebendo que Deus o tinha protegido de situações que poderiam ter sido muito piores.

Confesso que nem sempre entendo os caminhos de Deus nessas circunstâncias — por que Art precisaria apenas de uma cirurgia, enquanto outro homem ficou paralisado e outro foi morto. Muitos têm passado por circunstâncias severas e dores inimagináveis, e minha própria família não é exceção. Já experimentamos tragédias. Mas eu sei que Deus trouxe algo bom em cada uma dessas situações. Quando olho para trás e reflito sobre nossos momentos difíceis, consigo ver como Ele nos protegeu.

## *Parte do processo*

No fim das contas, nosso tempo aqui na terra tem um único propósito: crescermos cada vez mais à semelhança de Cristo. Cada uma de nós chega a um ponto em sua jornada cristã em que precisa decidir se fará parte desse processo ou não. Escrevi um poema para expressar esse momento de decisão:

>Um homem caminhava em uma estrada
>Que o fez refletir e ponderar:
>Deveria seguir o caminho amplo e claro?
>Ou deveria ousar subir pelo outro lugar?
>
>A estrada ampla era mais percorrida,
>Nivelada, fácil e clara.
>A estreita parecia apenas uma trilha,
>Com muitas poucas pegadas marcadas.

Seus sentidos diziam para escolher o fácil
E andar onde muitos já vagaram.
Mas o mapa que ele segurava na mão
Mostrava que a estreita levava a algo mais grandioso.

Na vida, todas nós chegaremos a um ponto
Em que uma decisão terá de ser tomada.
Escolheremos andar guiadas pelo conforto?
Ou trilharemos a estreita senda que Deus nos é mandada?

Queremos viver uma vida totalmente entregue a Cristo, mas há outras coisas nos puxando, nos atraindo, nos chamando — causando nossa indecisão. Brent Curtis e John Eldredge expressaram bem essa luta em seu livro *The Sacred Romance* [O romance sagrado]:

> Em algum momento de nossa jornada cristã, todas nós nos encontramos à beira daquelas geografias onde nosso coração tem sido satisfeito por amantes menos selvagens, sejam elas as da competência e ordem ou as da indulgência. Se escutarmos nosso coração novamente, talvez pela primeira vez em muito tempo, ele nos dirá o quanto está cansado do familiar e do indulgente. Encontramo-nos mais uma vez no cruzamento com a estrada que é o caminho do coração. Olhamos para ela mais uma vez e vemos o que parece ser um abismo imenso entre os amantes que conhecemos e o chamado misterioso de Cristo.[11]

Nos momentos em que a estrada se divide à nossa frente, podemos nos afastar de Deus ou nos aproximar dele. Durante o longo processo de recuperação de Art, ele decidiu se aproximar de Deus e agradecê-lo humildemente por permitir que a lesão acontecesse. Ele escolheu buscar oportunidades todos os dias para se alegrar

---

[11] CURTIS, Brent; ELDREDGE, John. *The Sacred Romance*. Nashville, TN: Thomas Nelson, 1997, p. 137-38.

nessa prova e aproveitar o tempo de quietude e calma. Mergulhou na Palavra de Deus e passou horas orando, lendo e escrevendo notas sobre tudo o que Deus estava ensinando a ele.

O Natal caiu bem no meio do processo de recuperação de Art. Toda manhã de Natal, temos um café da manhã especial com Jesus, onde damos a Ele um presente do nosso coração. Eu me perguntava qual seria o presente de Art naquele ano. Quando chegou sua vez, ele disse que queria encontrar uma maneira de servir ou dar algo a alguém em nome de Cristo todos os dias do próximo ano. No Natal seguinte, ele saberia que 365 vidas foram melhoradas por causa de Cristo nele.

Nos meses seguintes, nossas conversas no jantar se concentraram nas "aventuras com Deus" que o papai havia vivido naquele dia. Logo, todos nós estávamos compartilhando nossas próprias maneiras de ouvir Deus. Meu doce marido escolheu se alegrar no processo de crescer mais à semelhança de Cristo, e que diferença isso fez não apenas na vida dele, mas também na vida de outros.

Tenho visto especialmente uma diferença em meus filhos. É bom falar sobre nossa fé e fazer da ida à igreja uma prioridade, mas quando seus filhos participam de aventuras com Deus e veem a verdade vivida diante de seus olhos, Ele se torna real demais para ser negado. Que alegria é para mim ouvir meus filhos falando sobre Deus os chamando para ajudar alguém. Como meu coração se ilumina ao ouvi-los contar histórias de boas decisões que tomaram, mesmo quando a escolha errada parecia mais atraente. Que conforto há em ver a prova de que meus filhos estão buscando seu próprio relacionamento com Deus, e não apenas aceitando a fé como uma tradição familiar.

A lesão de meu marido e o tempo de recuperação acabaram se tornando uma bênção. O que ganhamos como família durante esse período foi mais do que uma nova perspectiva; foi um presente de Deus. Esse tempo de buscar maneiras de servir a Deus como nunca antes preparou nossos corações para a noite em que conhecemos nossos meninos em agosto daquele ano. Estávamos tão sintonizados em dizer sim a Deus nas pequenas coisas que, quando essa grande coisa chegou, encaramos sem pestanejar. Não fugimos, deixando para trás uma trilha de boas desculpas como poeira em uma estrada de terra. Não, olhamos para a oportunidade à nossa frente, pedimos que a vontade de Deus fosse feita e saltamos para o desconhecido com nada além das doces confirmações de Deus.

Tem sido completamente fácil e sem desafios? Não. Tivemos dias em que meu marido e eu olhamos um para o outro, atordoados, pensando: Como chegamos aqui? Como chegamos a este lugar onde cinco (CINCO!) crianças precisam de algo de nós? Este lugar é bagunçado e barulhento, cheio de escolhas irresponsáveis. Este lugar onde as coisas nunca estão onde deveriam estar — as tesouras estão perdidas, o controle remoto, desaparecido, e o telefone, cheio de estática depois de cair na água.

Mas este lugar também está cheio de vida. Este lugar está cheio de alegria. Este lugar está cheio de cinco jovens incríveis que Deus criou e desenhou para um propósito glorioso. Que privilégio é sermos os que têm a chance de ver o que Deus está fazendo para atrair seus corações para Ele. Três dos meus filhos nasceram do meu ventre e dois do meu coração, mas, de qualquer forma, esta jornada de criar filhos é um desdobramento lindo de uma história eterna. Um sinal acima da minha cama reflete esse pensamento: "Tudo porque duas pessoas se apaixonaram". Duas pessoas se apaixonaram, não apenas uma pela outra, mas também pelo Deus que as uniu.

Veja tudo o que poderia ter sido perdido se Deus tivesse respondido nossas orações sobre o joelho de Art da maneira que queríamos. Queríamos uma cura rápida e fácil, para que a vida pudesse seguir em frente. Deus queria que a vida fosse interrompida. Deus queria nossa atenção. Deus queria nos dar uma grande bênção embrulhada em um pacote mais improvável.

O profeta Jeremias escreveu: "Graças ao grande amor do Senhor é que não somos consumidos, pois suas misericórdias são inesgotáveis. Renovam-se cada manhã; grande é a tua fidelidade! Digo a mim mesmo: 'A minha porção é o Senhor; portanto, nele porei a minha esperança'" (Lamentações 3:22-24). Deus é nossa porção de proteção e paz. Ele é nossa porção de provisão e segurança. Ele é nossa porção de toda a alegria e paciência de que precisamos no processo de nos tornarmos mais semelhantes a Cristo. Ele é nossa porção de tudo o que precisamos, quando precisamos — se apenas nos lembrarmos de sua bondade e pedirmos a Ele.

Não vai ser fácil. Mas temos Jesus e seu poder, e esse poder é capaz de transformar completamente nossa visão da vida. É assim que encontramos o tipo de alegria que o apóstolo Pedro menciona: "Mesmo não o tendo visto, vocês o amam; e apesar de não o verem agora, creem nele e exultam com uma alegria indizível e gloriosa" (1Pedro 1:8). Esta é uma bênção radical para quem é radicalmente obediente — a capacidade de ter uma perspectiva radicalmente diferente. Somos humanos. Sabemos que nem sempre vamos gostar das nossas circunstâncias.

Só porque sou uma mulher que diz sim a Deus, não significa que sempre gosto das coisas que acontecem em meu dia. Não gosto de algumas coisas que meu marido faz. Às vezes me sinto irritada e incomodada porque ele processa as coisas de maneira diferente e vê o mundo de forma muito preto no branco. Misture isso com minhas visões emocionais e respostas hormonais, e o resultado é o que chamamos carinhosamente de "oportunidades de crescimento". Enfrentei muitas coisas só nesta semana das quais não gosto nem um pouco. Já mencionei as tesouras, o controle remoto e o telefone. Além disso, as meninas balançaram o balanço com força demais e ele quebrou. Meu filho queimou minha panela favorita. De alguma forma, a maioria dos meus garfos bonitos desapareceu. Embora não tenhamos tido chuva suficiente para manter a grama verde, os matos estão prosperando. E formigas fizeram morada na minha cozinha e banheiro. Talvez ainda estejam procurando restos de um experimento científico que deu errado, que causou um cheiro em nossa casa que só criaturas nascidas de larvas poderiam achar atraente.

Não acordo pensando: *Alegria, alegria, alegria. Amo coisas perdidas e quebradas. Amo colocar a mesa com facas de aço inoxidável e garfos de plástico. Amo telefones com estática. Amo matos e formigas com cheiros confusos*. Não, eu acordo e digo: "Deus, eu te amo e escolho aceitar as tarefas que colocas diante de mim com uma atitude que reflete a verdade de que vives em mim. Sei que não farei isso perfeitamente e admito minha incapacidade de fazer isso com minha força. Então, digo sim a ti hoje. Digo sim ao teu desejo de invadir minhas respostas carnais naturais. Digo sim ao teu perdão quando eu errar. Digo sim a perseverar, mesmo quando quero desistir. Digo sim ao teu convite para ser obediente, mesmo quando outros caminhos parecem mais atraentes. Digo sim, mesmo quando meus lábios desejam dizer mil vezes: 'Eu não consigo.' Digo sim a te amar mais".

## SEM MAIS "EU NÃO CONSIGO"

"Eu não consigo." Essas três palavras podem parecer bastante inocentes e reflexivas de algumas verdades óbvias. Eu não consigo voar pelo ar como o Super- Homem. Eu não consigo fazer com que meu couro cabeludo comece, de repente, a crescer o cabelo liso e sedoso de uma modelo que balança suas madeixas nas páginas de um anúncio de revista. Eu não consigo cultivar uma árvore no meu quintal que produza notas de dinheiro. Essas afirmações são verdades baseadas em fatos frios e duros, e não na minha própria preguiça ou medo.

Outras afirmações de "eu não consigo" frequentemente nascem da preguiça ou do medo. São suposições que têm estado por aí há tanto tempo que parecem verdadeiras. No último verão, decidi fazer uma avaliação honesta de alguns desses "eu não consigo" em minha vida. Ao enfrentar cada um desses gigantes, perguntei a mim mesma: O que seria necessário para derrubar esse gigante na minha vida? Na maioria das vezes, a resposta era tão simples quanto uma decisão: "Decida que você deve, pode e vai".

Compartilhei esse sentimento com uma amiga que estava lutando com seu próprio "Eu não consigo". Ela sabia que Deus a estava chamando para ser palestrante e escritora e tinha se inscrito em uma conferência que nosso ministério oferece todos os anos chamada

*She Speaks* [Ela Fala]. Então as dúvidas e os medos começaram a dominá-la. Ela me escreveu dizendo:

> Querida Lysa,
> Estou aguardando a próxima conferência com um grande medo e tremor. Sinto-me uma idiota me inscrevendo na trilha para escritores porque escrevi tão pouco desde a faculdade. Tenho medo de responder à agenda de compromissos porque temo parecer ridícula diante das pessoas que espero impressionar. Você tem alguma sugestão para mim? Terei uma proposta de livro, mas me sinto como uma aluna da terceira série sendo convidada a apresentar um trabalho de conclusão do ensino médio. Mal consigo contar a amigos e familiares para onde estou indo. Eles certamente se perguntarão: Por que ela está indo para uma conferência como essa? Entro em livrarias cristãs e estou convencida de que tudo já foi escrito.
>
> Qual é o meu problema? No outono passado, eu sabia sem sombra de dúvida que o Senhor queria que eu escrevesse. Agora parece que estou indo atrás de um sonho impossível. Tenho a sensação incômoda de que deveria desistir e voltar à jardinagem.

Comecei rapidamente a escrever uma resposta para ela:

> Amo sua honestidade. Também amo seu coração. Embora você esteja com medo, está trilhando aquele caminho estreito da obediência absoluta. Deus está satisfeito. Agora, sobre suas perguntas e medos. Antes de tudo, você não é uma idiota de forma alguma. Você deu um passo em direção a um sonho que Deus colocou em seu coração. Isso faz de você obediente, não idiota. Estou tão orgulhosa de você por fazer mais do que 90% das pessoas que permanecem nas sombras de seus sonhos, mas nunca se comprometem intencionalmente com eles.

Antes que eu pudesse continuar, senti aquele sutil empurrão no coração que aprendi a reconhecer como a voz de Deus. Ele me trouxe à mente uma outra conversa que tive com essa amiga, na qual ela compartilhou que corria várias vezes por semana com um grupo de mulheres do bairro. Ela estava ficando em ótima forma e se sentindo bem. Apenas sorri e concordei, pensando: "Eu nunca conseguiria correr tanto ou ser tão disciplinada".

Estou convencida de que Deus trouxe essa conversa à minha mente para me desafiar. Como poderia pedir a ela que saísse da zona de conforto e entrasse em um mundo onde me sinto confortável, o de palestras e escrita, se eu mesma não estava disposta a fazer o mesmo? Meu conselho e encorajamento significariam muito mais para ela se eu entrasse em sua zona de conforto e enfrentasse meus próprios medos. Era hora de calçar meus tênis e correr.

Correr mais de um ou dois quilômetros era um grande "Eu não consigo" em minha vida. Mas senti Deus me dizendo para sair e correr até não aguentar mais. Cada vez que meu corpo quisesse parar, eu deveria orar por minha amiga. Corri e corri. Quando finalmente parei, entrei imediatamente no carro e medi a distância. Fiquei chocada ao ver o hodômetro marcando pouco mais de três quilômetros. Eu tinha conseguido. Levantei as mãos em vitória, pronta para aposentar meus tênis para sempre. Até que, alguns dias depois, Deus me cutucou novamente para correr. Continuei correndo várias vezes por semana durante o mês seguinte, orando por minha amiga toda vez que meu lado doía, minha respiração ficava difícil e minhas pernas imploravam para parar. Superei o "Eu não consigo". Então, no dia anterior à conferência, levantei as mãos e exclamei vitoriosamente: "Eu consigo!" Naquele dia, corri 8,6 quilômetros.

Minha amiga também foi vitoriosa naquele fim de semana, ao participar da conferência, encontrar-se com editoras e decidir perseverar em seu chamado. E pode ter certeza de que encontramos tempo, uma manhã cedo durante a conferência, para correr juntas. Em ambas as situações, não havia nada nos impedindo além de nossas próprias mentes repetindo as palavras que drenam vidas e seguram tantas pessoas: "Eu não consigo".

Posso garantir que, do outro lado de cada desculpa de "eu não consigo," há uma aventura gloriosa com Deus esperando para acontecer. E tenha certeza: a vitória não está no desempenho. Está no simples ato de dar o primeiro passo com Deus. Uma alegria como nunca antes estará lá. Quando escolhemos dizer: "Com Deus, eu consigo," podemos esperar que Ele se manifeste como nossa porção diária de tudo o que precisamos. Não tenha medo do resultado; isso está nas mãos de Deus. Apenas descanse na delícia de caminhar com Ele dessa maneira, pois é para isso que sua alma foi criada. Quanto mais você experimentar Deus, mais esperará vê-lo e ouvi--lo todos os dias. A obediência deixa de ser uma obrigação e começa a se tornar um deleite que você anseia.

Quando uma mulher diz sim a Deus, ela descobre uma forma emocionante de viver.

# ESTUDO BÍBLICO

Escreva suas reflexões sobre esta declaração do capítulo:

Se nosso desejo de obediência nasce apenas do dever, podemos desistir rapidamente. Contudo, se nosso desejo nasce do deleite, de um relacionamento de amor que arde profundamente em nossa alma, ele não será apagado — não importa o custo.

Como é servir a Deus por dever?
_____
_____
_____

Como é servir a Deus por deleite?
_____
_____
_____

Salmos 37:3-4 diz:

> *Confie no Senhor e faça o bem; assim você habitará na terra e desfrutará segurança. Deleite-se no Senhor, e Ele atenderá aos desejos do seu coração.*

Onde encontramos segurança?
_____
_____

O que receberemos como resultado de nos deleitarmos no Senhor?
_____
_____

ESTUDO BÍBLICO

Como os desejos do nosso coração mudam como resultado de um relacionamento de amor com Deus?
_____
_____
_____

Pense em uma situação difícil que você enfrentou recentemente. Escreva um breve relato dessa experiência e identifique as três coisas que aprendemos quando Deus diz não:

Provisão
_____
_____

Proteção
_____
_____

Processo
_____
_____

Quais são alguns dos "eu não consigo" em sua vida agora?
_____
_____
_____

2Coríntios 12:8-10 diz:

> Três vezes roguei ao Senhor que o tirasse de mim. Mas ele me disse: "Minha graça é suficiente para você, pois o meu poder se aperfeiçoa na fraqueza." Portanto, eu me gloriarei ainda mais alegremente em minhas fraquezas, para que o poder de Cristo repouse em mim. Por isso, por

## ESTUDO BÍBLICO

> *amor de Cristo, regozijo-me nas fraquezas, nos insultos, nas necessidades, nas perseguições, nas angústias. Porque, quando sou fraco, então é que sou forte.*

Esses versículos te dão uma desculpa para permanecer fraca e sujeita ao "Eu não consigo"? Ou eles mostram onde você pode encontrar força?
___
___
___

Como alcançamos a força do Senhor e a usamos para nos ajudar?
___
___
___

Romanos 8:14-16 diz:

> *Porque todos os que são guiados pelo Espírito de Deus são filhos de Deus. Pois vocês não receberam um espírito que os escravize para novamente temerem, mas receberam o Espírito que os adota como filhos, por meio do qual clamamos: "Aba, Pai". O próprio Espírito testemunha ao nosso espírito que somos filhos de Deus.*

Como é ser guiada pelo Espírito?
___
___
___

Qual é a promessa desses versículos e como ela te encoraja?
___
___
___

CAPÍTULO 7

# Mantendo a visão clara
Nossa vida seguirá o foco da nossa visão

Meu marido e eu fomos abençoados com um pouco de dinheiro extra certa vez, e eu comecei a sonhar com novas cortinas para a cozinha. Fiquei na cozinha imaginando um lindo tecido *toile* caindo em cascata ao redor das minhas janelas. Supliquei ao meu marido, que estava pouco entusiasmado com as cortinas, para entender que o lar de uma mulher é uma expressão de quem ela é e que cortinas são importantes para a felicidade geral que sinto em minha casa. Cheguei até a citar alguns textos direto de Provérbios 31! Mostrei ao Art como essa mulher bíblica fazia cobertas para sua cama, e tinha certeza de que ela também fazia cortinas combinando para as janelas.

Art ainda não estava convencido. Ele continuava dizendo, gentilmente, que sentia que deveríamos dar o dinheiro para o ministério.

Ministério! Nossa vida inteira já era dedicada ao ministério! "Querido," retruquei, "eu terei muito mais a oferecer se me sentir completa e renovada em nossa casa. Mencionei que o lar é a maneira como uma mulher expressa sua criatividade dada por Deus?"

Meus argumentos, no entanto, não estavam funcionando. Eventualmente, minha expressão ficou amarga e minhas palavras, frias e secas em relação ao meu marido.

"Olha, Lysa," Art finalmente disse, exasperado, "se isso é tão importante, vamos comprar as cortinas".

Eu tinha vencido! Você pensaria que eu estaria radiante de alegria, mas peguei um vislumbre do meu rosto no espelho do banheiro. Não estava feliz. Estava duro e tenso. Mas eu não me deixaria abater. Só precisava de um pouco de maquiagem e tudo ficaria bem. Estendi a mão para pegar meu estojo de maquiagem embaixo da pia, mas ela tinha desaparecido. Foi então que senti Deus falar ao meu coração. Ele me disse que nenhum tanto de maquiagem iria ajudar no que estava errado comigo, e que Ele não permitiria que eu encontrasse minha maquiagem até que voltasse para o caminho certo.

*O quê?* Perguntei a Ele, incrédula. *O Senhor não tem terroristas para capturar? Ou algum criminoso endurecido para convencer?* Era ridículo pensar que Deus esconderia minha maquiagem, então me determinei a provar o quão louco isso era, só precisava encontrar meu estojo. Procurei em toda a casa e nos dois carros. Procurei em todos os cantos, mas minha maquiagem não estava em lugar algum.

Durante essa grande brincadeira de esconde-esconde, continuei ouvindo a voz mansa e suave de Deus falando comigo. Enquanto Ele me puxava, cutucava e me convencia, percebi que minha expressão facial dura refletia algo feio no meu coração. Meu desejo sobre o que fazer com o dinheiro era tudo sobre mim, mim, mim! Nem uma vez parei para orar. Em vez disso, insisti na minha vontade. Nem uma vez parei para considerar a coisa linda que Deus estava fazendo no coração do meu marido ao dar-lhe o desejo de compartilhar mais generosamente. Nem uma vez recuei para considerar a situação por completo e o plano de Deus.

Havia algo errado em querer cortinas novas? Não. Havia algo errado no meu coração? Ah, sim. Eu havia fechado meu coração ao que Deus queria, ao chamado dele. Limitei minha visão a novas cortinas e, se tivesse ficado ali, isso poderia ter sido tudo o que eu seria abençoada em receber. Mas, se eu abraçasse a visão dele, o Senhor me lembrou gentilmente, quanto mais minha vida seria abençoada?

Naquela noite, quando Art chegou do trabalho, fui humildemente até ele e disse o quanto estava errada por ter sido tão egoísta. Com lágrimas nos olhos, pedi desculpas por não ter parado tempo suficiente para considerar o que ele e Deus queriam. Art aceitou meu pedido de desculpas, e, de repente, soube onde minha maquiagem estava. Apesar de já ter procurado no carro de Art, pedi que ele olhasse mais uma vez. Quando ele foi, encontrou o estojo no chão do passageiro — bem à vista.

## A VISÃO MAIOR E MAIS GRANDIOSA DE DEUS

Por que é tão fácil sermos míopes quando se trata dos planos de Deus para nós? Por que deixamos o que está bem diante de nós nos distrair da visão maior e mais grandiosa que Deus tem em mente?

Ser radicalmente obediente é manter a visão de Deus claramente diante de nós, estar tão ocupada olhando para o que Ele quer, olhando para Ele, que tudo o mais se torna menos importante. C. S. Lewis descreve isso como olhar para "algo além":

> Acho que todos os cristãos concordariam comigo se eu dissesse que, embora o cristianismo pareça a princípio ser tudo sobre moralidade, deveres, culpa e virtude, ele nos leva além de tudo isso, para algo além. Temos um vislumbre de um país onde eles não falam dessas coisas, exceto talvez como uma piada. Todos lá estão cheios de luz. Mas eles não chamam isso de bondade. Eles não chamam de nada. Eles não estão pensando nisso. Estão ocupados demais olhando para a fonte de onde isso vem.[12]

*Ó Senhor, dá-me o desejo de estar ocupada demais olhando para ti para considerar qualquer coisa além do teu plano! Remove minha visão curta e limitada para que eu veja a maravilhosa aventura de ser*

---

[12] LEWIS, C. S. *Mere Christianity*. San Francisco, CA: HarperCollins Publishers, 1952, p. 149-50. [Publicado no Brasil sob o título *Cristianismo puro e simples* ou *Mero cristianismo*].

*verdadeiramente tua seguidora. Ajuda-me a ser como teus discípulos, que seguiram imediatamente e plenamente, em vez de ser como aqueles que simplesmente brincavam ao pé da tua cruz.*

Como é fácil obedecer parcialmente. Apenas obedecer ao suficiente para parecer uma boa cristã não é a obediência que Deus deseja. Ele olha além das aparências externas e intenções equivocadas diretamente para o coração. Ele quer nossa atenção plena e devoção absoluta. Mas isso não significa parecer um bando de robôs falando cristianês e repetindo as regras de Deus. Não, mulheres que dizem sim a Deus são únicas em sua abordagem à vida entregue a Cristo, como pedras encontradas às margens de um riacho. Todas fomos moldadas e polidas de maneiras diferentes, mas temos algo em comum: sabemos que descansamos na poderosa mão de Deus. Agora podemos ser apenas uma pedra comum, mas a qualquer momento Deus pode nos usar para derrubar os maiores gigantes. Vivemos em antecipação e expectativa de Deus se manifestar e mostrar como Ele está sempre perto.

Há alguns meses, eu orava especificamente para que Deus revelasse sua atividade na vida de cada um dos meus filhos. Eu sabia que eles eram cristãos, mas queria ver que cada um tinha seu próprio relacionamento pessoal com Ele. Queria que Deus fosse menos sobre uma tradição familiar e mais sobre a experiência deles com Ele. Aos poucos, comecei a ver evidências da atividade de Deus e do discipulado ganhando vida em cada um dos meus filhos. Mas o que realmente capturou meu coração e deixou uma marca duradoura em minha alma foi com minha filha Ashley.

Eu estava palestrando em uma conferência de Ruth Graham e Amigos na Califórnia. Enquanto organizava minha mesa de livros no saguão da igreja, Ashley me ligou no celular. Imediatamente percebi a emoção pesada em seu tom quando ela, com lágrimas na voz, disse: "Mãe, preciso que você ore por mim". Parei o que estava fazendo e saí. Assegurei-lhe que oraria por ela ao longo do fim de semana, mas que adoraria orar com ela naquele momento. Então perguntei o que a estava preocupando. Sua resposta me surpreendeu.

Ser radicalmente obediente é manter a visão de Deus claramente diante de nós, **estar tão ocupada olhando para o que Ele quer**, olhando para Ele, que tudo o mais se torna menos importante.

Ela pediu que eu orasse para que tivesse força para continuar um jejum que havia começado naquela manhã. Dois meninos de sua escola haviam perdido o pai para o câncer recentemente. Ela me contou que Deus havia falado claramente ao seu coração naquela manhã, desafiando-a a orar e jejuar por aquela família o dia todo. Ela fez exatamente o que Deus lhe disse, mas agora seu estômago estava doendo e ela estava tendo dificuldades.

Olhei para o relógio e calculei que já seriam por volta das 21h no horário da costa leste. Encorajei-a, dizendo que às vezes Deus pretende que um jejum seja do nascer ao pôr do sol, e que eu tinha certeza de que Ele não se importaria se ela comesse algo antes de dormir. Ela respondeu: "Mãe, sei exatamente o que Deus me disse para fazer e quero ser obediente. Não te liguei para me desencorajar disso. Só preciso que ore para que eu tenha força para continuar".

Era exatamente o que eu estava orando. Ashley entendeu! Ela estava mais preocupada em manter a visão de Deus claramente diante dela. Estava tão ocupada olhando para o que Ele queria, olhando para *Ele*, que tudo o mais se tornou menos importante.

Quando voltei para a conferência, estava um desastre. Meu cabelo estava bagunçado pelo vento, minha maquiagem borrada de lágrimas, e minha expressão, cheia de emoção. Mas minha alma estava transbordando com o alegre conhecimento de que minha preciosa filha estava se tornando uma verdadeira discípula, uma jovem que diz sim a Deus!

## DISCÍPULOS VERDADEIROS *VERSUS* AQUELES QUE APENAS JOGAM O JOGO

Dois relatos do Novo Testamento sobre a vida de Jesus contrastam os verdadeiros discípulos com aqueles que apenas jogam o jogo. Primeiro, encontramos Simão Pedro:

> Viu à beira do lago dois barcos, deixados ali pelos pescadores, que estavam lavando as suas redes. Entrou num dos barcos, o que

pertencia a Simão, e pediu-lhe que o afastasse um pouco da praia. Então sentou-se e do barco ensinava o povo. Tendo acabado de falar, disse a Simão: "Vá para onde as águas são mais fundas, e a todos lancem as redes para a pesca" (Lucas 5:2-4).

Você percebeu que havia dois barcos na margem naquele dia, e Jesus escolheu especificamente o barco de Simão Pedro? Por quê? Porque Jesus sabia que Simão Pedro tinha um coração radicalmente obediente e estaria disposto a fazer o que Ele pedisse — mesmo quando não fizesse sentido. Gosto da resposta de Pedro ao pedido de Jesus: "Mestre, esforçamo-nos a noite inteira e não pegamos nada. Mas, porque és tu quem está dizendo isso, vou lançar as redes" (versículo 5). Você ouve o que Pedro está dizendo? "Embora eu esteja cansado de trabalhar a noite toda, embora eu ache que tu não entendes muito de pesca, Jesus, embora isso não faça nenhum sentido humano... porque tu disseste, eu farei."

Quantas vezes me encontrei na posição de Pedro e não respondi em obediência como ele fez? Meu coração se entristece ao lembrar as ocasiões em que ignorei o chamado de Jesus para minha obediência radical porque estava cansada, ou porque não acreditava realmente que Jesus trabalharia milagrosamente em determinada situação, ou, principalmente, porque o pedido do Senhor não fazia sentido em termos humanos.

Fico me perguntando agora as bênçãos que perdi por causa da minha falta de obediência. Veja o que aconteceu a Pedro por causa de sua obediência:

> Quando o fizeram, pegaram tal quantidade de peixes que as redes começaram a rasgar-se. Então fizeram sinais a seus companheiros no outro barco para que viessem ajudá-los, e eles vieram e encheram ambos os barcos, a ponto de começarem a afundar. Quando Simão Pedro viu isso, prostrou-se aos pés de Jesus e disse: "Afasta-te de mim, Senhor, porque sou um homem pecador!". Pois ele e todos os seus companheiros estavam perplexos com a pesca que

haviam feito, como também Tiago e João, os filhos de Zebedeu, sócios de Simão (Lucas 5:6-10).

Mas a bênção de Pedro naquele dia não terminou com uma grande quantidade de peixes. Sua obediência radical ao simples pedido de Jesus resultou, no final, em ele descobrir seu chamado na vida:

> Então Jesus disse a Simão: "Não tenha medo; de agora em diante você será pescador de homens". Eles então arrastaram seus barcos para a praia, deixaram tudo e o seguiram (Lucas 5:10-11).

Precisamos lembrar que Simão Pedro não sabia que algo tão mundano quanto lançar sua rede na água mudaria sua vida — mas mudou! E é assim que pode ser para nós. Nosso chamado é revelado à medida que caminhamos em obediência diária a Cristo nas pequenas coisas.

Isso é o que é notável sobre a obediência radical. Você não sabe aonde ela levará. Você não sabe como Deus a usará. Isso é o que amo na história de Pedro. Ela nos ensina muito sobre a vida radicalmente obediente.

Primeiro, como Pedro descobriu, nosso chamado à obediência pode desafiar nosso orgulho. Deus odeia uma atitude orgulhosa (Tiago 4:6). Muitas vezes, os pequenos passos que levam aos maiores em nosso chamado serão testes que ajudam a esculpir o orgulho fora do nosso coração. Pedro, por exemplo, poderia facilmente ter questionado o conhecimento de Jesus sobre pesca — afinal, Pedro era um pescador profissional e Jesus era um carpinteiro. Mas Pedro escolheu engolir seu orgulho e dar o pequeno passo de obediência.

Segundo, Deus usa nossas experiências para nos equipar para o chamado. Deus não desperdiça nossas experiências de vida. Sei que, na minha própria vida, Deus foi capaz de entrelaçar tudo para formar uma bela tapeçaria de experiências boas, ruins, dolorosas, alegres, trabalhos profissionais, ministérios e tudo mais para me preparar para o trabalho que Ele está revelando em minha vida.

O mesmo era verdade para Simão Pedro. Ontem ele pescava peixes; hoje, pescaria pessoas.

Terceiro, nossa obediência pode inspirar outros a responder. Que bênção radical! À medida que respondemos em obediência, outros captam a visão e respondem ao chamado de Deus em suas próprias vidas. Pense nisso. Não foi apenas a vida de Pedro que mudou naquele dia. A vida de seus parceiros de pesca, Tiago e João, também nunca mais foi a mesma. E tudo começou com Pedro dizendo sim a Jesus.

Uma advertência aqui. Precisamos tomar cuidado para não cair na armadilha de pensar que nossas bênçãos por obediência radical encherão nossos bolsos ou beneficiarão nossas contas bancárias. Sim, Pedro pegou um barco cheio de peixes como resultado de sua obediência, mas observe o que ele fez: "Eles então arrastaram seus barcos para a praia, deixaram tudo e o seguiram" (Lucas 5:11). Eles não celebraram o grande dia de pesca. Não consideraram os peixes uma justa recompensa por todo o seu trabalho. Não venderam os peixes e usaram o dinheiro para comprar mais barcos e expandir a frota. Não, eles estavam pensando apenas na pessoa que tornou aquilo possível — e deixaram tudo para segui-lo. Parece muito com a citação de C. S. Lewis: "Eles não chamam isso de nada. Não estão pensando nisso. Estão ocupados demais olhando para a fonte de onde isso vem".

## ONDE FOCAMOS NOSSA VISÃO

Agora, contraste a história de Pedro com outro incidente registrado em Lucas:

> Jesus disse: "Pai, perdoa-lhes, pois não sabem o que estão fazendo.\"?
> Então eles dividiram as roupas dele, tirando sortes (Lucas 23:34).

É difícil imaginar alguém jogando aos pés da cruz enquanto o Salvador do mundo sofria uma dor excruciante. Ele estava morrendo pelos pecados deles, e eles estavam morrendo por uma boa jogada de dados. Eles nem mesmo ouviram seu clamor a Deus pedindo perdão por eles. Perderam sua oferta de significado eterno porque estavam distraídos demais por trapos terrenos. Eles não tinham visão além do momento. Max Lucado escreve sobre essa cena:

> Não somos tão diferentes desses soldados. Nós também jogamos aos pés da cruz. Competimos por membros. Disputamos status. Distribuímos julgamentos e condenações. Competição. Egoísmo. Ganho pessoal. Está tudo ali... tão perto da madeira, mas tão longe do sangue.[13]

Somos como Pedro? Ou somos como esses soldados aos pés da cruz? Nossa vida seguirá o foco que escolhemos dar à nossa visão. Se realmente levamos a sério a obediência radical, se desejamos ter uma visão inspirada por Deus, então devemos manter nosso foco em Cristo. Quando Cristo fala, devemos ouvir. Quando Ele nos direciona a agir, devemos agir. Quando Ele nos move a doar, devemos fazê-lo livremente. Quando Ele nos lembra de superar questões triviais, devemos deixar nosso orgulho de lado. Quando Ele nos convida a deixar o mundo para trás, devemos segui-lo.

Para Pedro, foi uma rede cheia de peixes. Para mim, foram aquelas cortinas da cozinha. Você provavelmente ficará feliz em saber que, eventualmente, consegui novas cortinas para a cozinha. Mas elas não são as cortinas femininas e adoráveis que eu sempre achei que queria.

Alguns anos antes de adotarmos nossos filhos da África, Art foi convidado para participar de uma expedição de caça dos sonhos. Ele e vários amigos viajaram para a África do Sul para caçar animais selvagens com arco e flecha. Preciso admitir que não fiquei feliz com essa pequena aventura, mas sabia que Art queria muito

---

[13] LUCADO, Max. *No Wonder They Call Him the Savior*. Sisters, OR: Multnomah Publishers, 1986, p. 126. Publicado no Brasil sob o título *Por isso o chama Salvador*.

ir. Deus me suavizou, sussurrando uma promessa ao meu coração de que, se permitisse que Art fosse nessa excursão masculina, seria uma forma significativa de eu demonstrar o respeito que ele precisava da esposa. Enviei meu marido aventureiro e o recebi de volta duas semanas depois, um homem mudado.

Ele trouxe para mim algumas cartas de amor lindamente escritas — mal podia acreditar que ele mesmo as havia escrito. Trouxe também fotos do prêmio que havia conquistado: um javali africano, além de outros animais que eu nunca tinha ouvido falar na vida. Então, anunciou orgulhosamente que vários desses troféus seriam exibidos em nossa casa como montagens. Não preciso dizer que minha decoração floral, *toile* e xadrez delicado logo deu lugar a um tema mais próximo do *Survivor*. Tons de rosa, verde, azul e amarelo cederam espaço aos tons terrosos, e as tradicionais molduras brancas de madeira foram substituídas ou revestidas com detalhes em cedro e pedra.

Aquelas adoráveis cortinas *toile* da cozinha, pelas quais lutei, agonizei e me senti tão privada por não conseguir, teriam sido um desperdício completo. Elas estariam acumulando poeira no sótão ou dentro de um saco para venda de garagem, ocupando espaço no depósito. As cortinas rústicas marrons que adornam minha cozinha agora não são nada do que eu havia imaginado, mas são o toque perfeito para minha cozinha mais natural. Preciso admitir que quase não percebo as cortinas da cozinha, mas quando o faço, eu sorrio. Não por causa do apelo decorativo delas, embora eu realmente goste, mas pelo jeito engraçado que até mesmo algo tão simples como cortinas para sua casa pode ser uma forma de você experimentar Deus. Isso, se você escolher. De fato, uma mulher que diz sim a Deus sabe que sua vida seguirá onde ela permanece focada.

# ESTUDO BÍBLICO

Pense em um dos pontos-chave deste capítulo: "Sua vida seguirá onde ela foca sua visão". Como essa declaração te desafia pessoalmente?

_____
_____
_____
_____

Você às vezes é culpada de sacrificar o que mais deseja pelo que deseja agora? Por exemplo: Quero um ótimo relacionamento com Deus, mas quero dormir mais agora. Então, mais uma vez, sacrifico meu tempo com o Senhor por mais alguns minutos de sono. Ou, quero perder peso, mas quero esse pedaço de bolo de chocolate mais agora. Então, mais uma vez, satisfaço meu paladar e sacrifico meu desejo de ser mais saudável. Escreva aqui seus pensamentos.

_____
_____
_____
_____

Neste capítulo, descobrimos três verdades sobre a obediência.

A primeira verdade: *Nosso chamado à obediência pode desafiar nosso* _____ (páginas 118-119).

> *"Vocês estão tentando passar a perna em Deus. Se tudo que querem é benefício próprio e enganar os outros, acabarão inimigos de Deus. E acham que Deus não liga? Pois ele mesmo diz: "Tenho muito ciúme de quem amo". A verdade é que o amor*

ESTUDO BÍBLICO

> *de Deus é simplesmente incomparável. E Deus ainda acrescenta: "Eu condeno o coração orgulhoso, mas a minha graça abençoa o coração humilde" (Tiago 4:4-6, A Mensagem).*

Defina "coração orgulhoso" e dê um exemplo de algo pelo qual você pode estar obstinadamente orgulhosa em sua vida agora.
_____
_____
_____
_____

Defina "coração humilde" e dê um exemplo de algo pelo qual você pode estar disposta a ser humilde em sua vida agora.
_____
_____
_____
_____

A segunda verdade: *Deus usa nossas* _____ *para nos equipar para nosso chamado* (página 119-120).

> *"Façam tudo pronta e alegremente — nada de brigas ou apelações! Apresentem-se imaculados para o mundo, como um sopro de ar fresco nesta sociedade poluída. Deem às pessoas um vislumbre de uma vida boa e do Deus vivo. Levem a Mensagem portadora de luz noite adentro, para que eu possa me orgulhar de vocês no dia em que Cristo voltar. Vocês serão a prova viva de que não trabalhei em vão" (Filipenses 2:14-16,* A Mensagem*).*

Como as experiências de sua vida podem ajudar a oferecer às pessoas vislumbres de Deus?

## ESTUDO BÍBLICO

_____
_____
_____
_____

A terceira verdade: *Nossa obediência pode inspirar* _____ *a responder* (página 126).

Leia Lucas 5:11. Quem respondeu naquele dia?
_____
_____
_____
_____

Como a resposta deles te inspira?
_____
_____
_____

CAPÍTULO 8

# Abrindo mão do que nunca foi nosso
Somos administradoras, não donas, dos recursos de Deus

Estava passando por um drive-thru de fast-food um dia quando percebi que não tinha dinheiro suficiente comigo para pagar o almoço que havia pedido para minha filha Hope e para mim. Eu sabia que Hope, que tinha acabado de comemorar seu nono aniversário, havia recebido uma nota de dez dólares como presente de sua tia. Pedi a Hope se eu poderia pegar emprestado apenas alguns dólares para cobrir o que faltava, prometendo que pagaria de volta. Ela recusou, explicando que veria algumas amigas naquela tarde e queria mostrar a elas sua nota de dez dólares. Não seria a mesma coisa mostrar uma nota de cinco e algumas de um.

Não, ela insistiu, precisava guardar sua nota de dez dólares para si mesma.

Perguntei se ela confiava que eu a pagaria de volta. Ela disse que confiava, mas que talvez eu não a pagasse com uma nota de dez dólares. Ela não queria duas de cinco. Ela não queria dez de um. Não queria nenhuma combinação de notas. Queria uma nota de dez. Afinal, uma nota de dez dólares seria muito mais impressionante para suas amigas. Como minha vez no drive-thru estava chegando, fui mais agressiva com minha oferta. Disse a ela que não só daria o troco da nota de dez dólares, o que seria cerca de sete dólares, mas que também lhe daria outra nota de dez dólares mais tarde. Nem mesmo essa oferta foi suficiente para que ela soltasse sua querida nota. Ela não queria uma nota de dez dólares depois, porque poderia perder a chance de exibi-la para suas amigas naquele dia.

Será que minha doce filha não percebia que eu tinha a capacidade de abençoá-la com muitas notas de dez dólares? Será que ela não apreciava o fato de que eu tinha acabado de gastar o equivalente a mais de dez notas de dez dólares em sua festa de aniversário? Será que ela sequer tinha noção de quantas notas de dez dólares já gastei com ela ao longo de sua vida? Sem mencionar o fato de que seu almoço era parte do motivo de eu estar gastando essa nota de dez dólares naquele momento.

Finalmente, quando chegamos à janela, Hope, a contragosto, me deu o dinheiro. Como me decepcionou o fato de ela não soltar a nota de dez dólares de forma voluntária.

Como deve ser decepcionante para Deus quando fazemos exatamente a mesma coisa.

Veja, eu tinha um conhecimento especial que Hope não tinha. Eu sabia que, esperando em nossa caixa de correio em casa, havia outro cartão de aniversário — um da avó dela contendo incríveis cinquenta dólares! Sua nota de dez dólares pareceria insignificante em comparação.

Da mesma forma, Deus tem conhecimento especial em nossa vida. Ele tem bênçãos para quem é radicalmente obediente que fazem as coisas pequenas às quais nos agarramos parecerem insignificantes. A questão é: confiamos nele? Confiamos que Ele nos abençoará? Confiamos que as bênçãos dele são infinitamente melhores do que aquilo que Ele pode nos pedir para abrir mão primeiro?

## AS COMPORTAS DAS BÊNÇÃOS

Confiança. Não é esse o motivo pelo qual tantas de nós não oferecemos tudo o que temos a Deus? Não confiamos que Ele realmente abrirá as comportas das bênçãos em troca.

## Abrindo mão do que nunca foi nosso

Tragam o dízimo integral ao depósito do templo, para que haja alimento em minha casa. Ponham-me à prova, diz o Senhor dos Exércitos, e vejam se não vou abrir as comportas dos céus e derramar sobre vocês tantas bênçãos que nem terão onde guardá-las (Malaquias 3:10).

Dar sacrificialmente é uma das poucas vezes em que Deus nos pede para testá-lo. Contudo, por muitos anos, eu me vi relutante em aceitar esse desafio. Estava disposta a dizimar, mas não a ir além do que eu sentia ser confortável dar. No entanto, é exatamente fora de nossa zona de conforto que Deus nos chama. Ele quer que nos aventuremos a dar de forma verdadeiramente abundante. Quer que deixemos para trás nosso egoísmo com nossos bens e aceitemos Seu convite para sermos radicalmente obedientes com o que possuímos. Então, não só Ele nos abençoará, mas nos concederá bênção sobre bênção.

Vi isso de perto quando estava economizando dinheiro para um novo conjunto de roupas. Comecei esse "cofrinho para roupas novas" por causa de uma situação constrangedora que vivi durante uma palestra em um clube de campo. Estava vestindo o que achava ser uma roupa muito bonita. Quando cheguei ao evento, no entanto, percebi rapidamente que, além de minha roupa estar um pouco fora de moda, meus sapatos brancos comprados em uma loja popular eram o único calçado claro de todo o prédio. (Sem ser uma especialista em moda, eu não sabia da regra de que sapatos brancos só podem ser usados após o feriado de Memorial Day em algumas partes do país.) Todos usavam sapatos escuros, então, a cada passo que eu dava, sentia como se meus pés gritassem: "Sapatos brancos! Todos olhem para meus chocantes sapatos brancos!".

Fico feliz em dizer que nem mesmo os sapatos brancos me impediram de compartilhar sobre Jesus com aquele grupo adorável de mulheres, mas pode acreditar que eu estava determinada a atualizar e melhorar meu guarda-roupa.

Demorou um pouco, mas consegui economizar cem dólares no meu "cofrinho para roupas novas," então marquei uma data para fazer compras com algumas amigas entendidas de moda. Poucos dias antes de ir às compras, outra querida amiga me ligou pedindo que eu orasse pela situação financeira de sua família. Eles não conseguiam pagar as contas e precisavam urgentemente de cem dólares. Enquanto ela só me pedia oração, sabia que Deus estava esperando uma resposta minha que o honrasse. Orei por minha amiga e obedeci ao chamado de Deus, dando a ela o dinheiro que eu havia economizado.

O dia da minha ida às compras chegou, e preciso admitir que, em vez de estar animada, senti uma pontada de desânimo. Sabia que, porque havia dado meu dinheiro, só poderia olhar e não comprar nada. Não queria que minhas amigas achassem que eu estava desperdiçando o tempo delas, então decidi que colocaria qualquer roupa que escolhessem para mim em reserva e oraria para que Deus providenciasse os meios para voltar depois e comprá-las.

Enquanto eu lamentava e montava estratégias, Deus estava trabalhando no coração das minhas amigas. Depois de experimentar três lindos conjuntos completos com sapatos e acessórios, voltei ao provador para decidir qual deles reservar. Enquanto me trocava, minhas amigas levaram tudo ao caixa e me presentearam com uma compra de setecentos dólares! Fiquei chocada e constrangida ao ver como Deus tomou o pequeno presente que dei à minha amiga e o devolveu sete vezes mais por meio de outras amigas.

## A VIDA QUE É VERDADEIRAMENTE VIDA

O apóstolo Paulo escreveu:

> Ordene aos que são ricos no presente mundo que não sejam arrogantes nem ponham sua esperança na riqueza, que é tão incerta, mas em Deus, que de tudo nos provê ricamente para nossa satisfação. Ordene-lhes que pratiquem o bem, sejam ricos em boas obras, generosos e prontos a repartir. Assim, acumularão para si um tesouro como firme fundamento para a era futura, a fim de apoderarem-se da verdadeira vida (1Timóteo 6:17-19).

Neste país, acho que podemos concordar que a maioria de nós é "rica" e que esta passagem se aplica a nós. Então, o que nos motiva a nos aventurar na área de dar sacrificialmente — uma área que, para muitos de nós, é um verdadeiro desafio? Há duas bênçãos radicais escondidas nas palavras de Paulo aqui.

A primeira, que também é mencionada em Mateus 6, fala sobre acumular tesouros no céu — enviar para frente aquilo que não podemos levar conosco, onde poderemos desfrutá-lo e nos beneficiar dele na eternidade. Se você soubesse que poderia desfrutar de um tesouro imediatamente por um dia ou desfrutá-lo para sempre se esperasse um pouco, o que escolheria? Sob essa perspectiva, o caminho eterno faz muito mais sentido.

A segunda bênção anda de mãos dadas com a primeira. Deus conhece nossa humanidade e nosso desejo por gratificação instantânea. Ele atende a isso também. Não só somos abençoadas para a eternidade quando damos, mas somos abençoadas para hoje também: "A fim de apoderarem-se da verdadeira vida".

Viver a vida que é "verdadeiramente vida" é viver abundantemente no aqui e agora. Em seu livro *The Treasure Principle [O princípio do tesouro]*, Randy Alcorn escreveu:

> O ato de dar é um lembrete vívido de que tudo é sobre Deus, e não sobre nós. É dizer: eu não sou o ponto principal, Ele é o ponto principal. Ele não existe para mim. Eu existo para Ele. O dinheiro de Deus tem um propósito maior do que minha prosperidade. Dar é uma rendição alegre a uma pessoa maior e a um propósito maior. Dar afirma a soberania de Cristo. Destrona-me e exalta a Ele. Quebra as correntes de Mamom que me escravizariam. Enquanto eu ainda tenho algo, acredito que sou dono disso. Mas quando dou, abro mão de controle, poder e prestígio. No momento da liberação, a luz se acende. O feitiço mágico é quebrado. Minha mente clareia. Reconheço Deus como dono, eu como serva, e outros como os beneficiários pretendidos do que Deus me confiou.[14]

---

[14] ALCORN, Randy. *The Treasure Principle*. Sisters, OR: Multnomah, 2001, p. 57.

Se escolhermos obedecer e dar de nossos recursos em abundância, uma sensação de satisfação incrível seguirá. A bênção radical de ser capaz de tomar posse de uma vida verdadeira — uma vida plena e satisfeita que não podemos encontrar de nenhuma outra maneira — será nossa.

## SÓ ME DÊ CINCO MINUTOS

Dane e Kema Kovach são nossos amigos que, há alguns anos, pareciam estar no caminho rápido para o sonho americano. Dane era um ortodontista com uma prática em pleno crescimento. Ele era um homem de família dedicado, líder em nossa igreja e amante de atividades ao ar livre. Kema era uma mãe incrível de quatro preciosos filhos adotivos e estava ocupada fazendo planos para construir a casa dos sonhos. Eles tinham um terreno, projetos arquitetônicos e lindos planos de decoração. Apenas alguns meses antes de começarem a construção, nossa igreja iniciou uma campanha de construção que nos permitiria sair de nosso espaço temporário em um auditório de escola e nos mudar para um prédio próprio.

Durante essa campanha, muitas histórias incríveis de sacrifício começaram a surgir entre as famílias de nossa igreja. Os Kovach não foram exceção. Deus começou a mexer nos corações de Dane e Kema individualmente. Ambos estavam nervosos em compartilhar com o outro a direção absolutamente radical que sentiam Deus os conduzindo. Poucas semanas antes da cerimônia de compromisso, onde os líderes da igreja ofereceriam as primícias para o edifício, eles abordaram, cautelosamente, uma conversa que precisavam ter. Imagine o choque ao perceberem que Deus estava falando com ambos sobre sacrificar o dinheiro que haviam economizado para a casa dos sonhos.

Com alegria, colocaram seus sonhos nas mãos de Deus e investiram suas finanças na eternidade.

Esse ato incendiou seus corações por Deus. Nunca mais vi Dane e Kema sem que a alegria do Senhor transbordasse deles.

Não demorou muito para que Dane fosse em uma viagem missionária e voltasse com outra revelação chocante de Deus: Dane e Kema sentiam que estavam sendo chamados para o campo missionário.

Pouco antes de partirem, eles se apresentaram diante de nossa congregação e compartilharam algumas percepções da incrível aventura com Deus durante os anos que antecederam sua partida para Papua-Nova Guiné.

Dane foi rápido em responder às perguntas que circulavam durante o período de preparação para a partida. "Quando as pessoas me perguntam por que estou fazendo tudo isso — vendendo minha clínica em pleno crescimento, levando minha família de seis pessoas para o campo missionário por quatro anos, desistindo do que a maioria considera o sonho americano — tenho que apontar para a alegria esmagadora e o cumprimento que sinto neste momento em minha vida, no meu relacionamento com o Senhor. Eu só queria poder colocar meu coração dentro da pessoa que me questiona e deixá-la experimentar essa alegria que sinto por apenas cinco minutos."

Tenho a sensação de que, se Dane pudesse fazer isso, nosso mundo pareceria um lugar dramaticamente diferente. Nosso pensamento está tão de cabeça para baixo. Temos medo de que dar sacrificialmente nos esvazie, quando, na realidade, é reter que leva ao vazio. Dar, soltar, entregar-se a Deus dessa maneira é o que conduz a mais realização do que jamais sonhamos ser possível.

## VENDO ALÉM DA NOSSA PRÓPRIA CAIXA DE CORREIO

Preciso admitir que, às vezes, sou tentada a me consumir com todas as oportunidades de ministério que existem apenas dentro das paredes do lar dos TerKeurst. Ter cinco filhos pode ser uma tarefa encantadora, mas desafiadora em alguns momentos. Ainda assim, enquanto minha família é meu principal ministério, ela não é meu único ministério.

Deus colocou o desejo no meu coração de olhar além da minha caixa de correio, além de mim mesma, e buscar oportunidades de viver uma vida sacrificial que toque outras pessoas para Cristo. Embora Deus não tenha me chamado para o campo missionário em terras estrangeiras, Ele me chamou para uma vida de trabalho missionário no lugar onde estou agora. Às vezes, esses "outros" a quem sou chamada a alcançar são completos desconhecidos, a quem toco por um momento e oro para que Deus use esse instante para aproximá-los dele. Outras vezes, as oportunidades que sou abençoada em ter são com pessoas que conheço e com quem mantenho contato suficiente para ver o plano maior de Deus se desenrolar após eu cumprir meu pequeno papel. Foi o caso com minha querida amiga Genia certa noite, enquanto nos reuníamos com alguns amigos próximos para jantar.

Genia e eu fazemos parte de um pequeno grupo de amigos muito próximos. Chamamos nosso grupo de "ASAP," que significa *Apoio mútuo, Sonhando juntos, Abrindo o coração e Por meio da oração.* Uma noite, durante nossa reunião, Genia estava compartilhando um momento difícil que estava vivendo. Enquanto ela descrevia sua situação, lembrei-me de uma música no meu CD favorito. O artista cristão que cantava descrevia perfeitamente como é estar entre a vida antes de realmente viver para Cristo e a vida que você sente Deus conduzindo. Esse desejo de voltar e, ao mesmo tempo, o anseio de avançar em um relacionamento mais profundo com Cristo era exatamente o lugar onde minha amiga se encontrava. Sabia que precisava fazer Genia ouvir essa música.

Depois do jantar, pedi que Genia fosse até o meu carro comigo para ouvir o CD. Eu estava no meio de uma explicação sobre como tinha esse CD no modo de reprodução contínua no meu carro porque gostava muito dele, quando Deus interrompeu meus pensamentos e me disse para dar o CD para Genia.

Enquanto a música tocava, Genia tinha lágrimas nos olhos e me disse que descrevia perfeitamente como ela estava se sentindo. Apertei o botão de ejetar, coloquei o CD no estojo de plástico e o

Tememos que dar sacrificialmente vá nos esvaziar, mas, na realidade, **reter é o que leva ao vazio**.

entreguei para ela. Disse que Deus queria que ela tivesse aquele CD, então agora ele era dela. Em vez de ouvir música enquanto voltava para casa naquela noite, sentei-me em oração silenciosa por minha amiga. Foi uma viagem linda.

No dia seguinte, Genia me ligou com tanta empolgação na voz que mal podia se conter. Disse que tinha ouvido o CD várias vezes e o tocado para o marido, que concordou que ele descrevia perfeitamente a situação deles. Então, ela se lembrou de algo que a levou de joelhos. Três semanas antes, ela tinha participado de um culto especial de oração, onde uma mulher que Genia não conhecia foi até ela e orou com ela. A mulher disse que Deus a amava, que Ele entendia onde ela estava, prometia não a deixar e que Ele daria uma canção para ministrar ao coração dela. "Uma canção, Lysa, uma canção!", ela exclamou. "Deus me prometeu uma canção, e Ele usou suas mãos para entregá-la na noite passada."

Lágrimas encheram meus olhos enquanto percebia que o que eu pensava ser um presente simples havia, na verdade, sido um evento perfeitamente sincronizado por Deus na vida da minha amiga! Mas a bênção não terminou ali. Mais tarde naquele mesmo dia, a vice-presidente de um grande ministério me ligou no celular. Disse que Deus a havia uma ideia para retiros especiais a fim de alcançar mulheres por todo o país. Ela disse a Deus que anotaria qualquer nome que viesse à sua mente como possíveis líderes para esses retiros. Pegou um pedaço de papel e imediatamente três nomes vieram à sua mente. Ela escreveu o próprio nome no topo. Depois escreveu outros dois nomes que estavam realmente em seu coração: o meu e o do artista cristão do CD que eu havia dado para Genia.

Tudo o que fiz foi dar um CD.

## AS BÊNÇÃOS DE UMA VIDA SACRIFICIAL

Entender e descobrir as belas oportunidades de uma vida de sacrifício é tão oposto ao que o mundo nos diz, e ainda assim é o único caminho para encontrar a felicidade e a alegria que nossos corações desejam. O apóstolo João expressou isso da seguinte forma:

Filhinhos, não amemos de palavra nem de boca, mas em ação e em verdade. Assim saberemos que somos da verdade; e tranquilizaremos o nosso coração diante dele (1João 3:18-19).

Estou convencida de que existe um tesouro na vida que poucos encontram: um coração em paz na presença dele. E como encontramos esse coração em paz? Por meio de ações e na verdade. Devo confessar que tenho momentos em que meu coração está em paz na presença dele, mas esses momentos são interrompidos por tropeços e crises de autocomiseração. Às vezes, simplesmente quero ser egoísta. Mas, quando escolho o egoísmo, posso ficar feliz por um momento, mas sou miserável a longo prazo.

Ainda assim, meu Senhor, com sua incrível paciência, não me deixa na minha miséria. Clamo a Ele em arrependimento e, como um jogo de ligar os pontos, Jesus preenche os espaços entre os pontos para revelar uma bela imagem dele em minha vida. E se houvesse menos e menos espaço entre meus pontos, revelando uma imagem ainda mais clara de Cristo em minha vida em todos os momentos? Ah, que assim seja. Se ao menos eu pudesse aprender a praticar a presença de Cristo a cada momento, em cada decisão, com todos com quem tenho contato. Colocar meu coração em paz na presença dele dessa maneira vem com prática e maturidade. Quanto mais eu praticar a presença dele, mais experimentarei sua presença, e mais madura me tornarei.

Elizabeth George descreve o processo de maturidade de uma maneira bela:

> O termo do Antigo Testamento para a palavra gentileza, *anah*, descreve um feixe maduro e amadurecido de grãos com sua cabeça inclinada e abaixada. Pense por um momento na beleza dessa imagem. À medida que o trigo cresce, os brotos jovens se erguem acima dos demais. Suas cabeças se elevam porque nenhum grão ainda se formou. Na sua imaturidade, pouco ou nenhum fruto apareceu. Mas, com o passar do tempo e o estabelecimento da maturidade,

o fruto aparece — tanto fruto que o caule carregado se curva e sua cabeça se inclina cada vez mais — e, quanto mais baixa a cabeça, maior a quantidade de fruto.[15]

*Senhor, ajuda-me a abaixar minha cabeça além do meu egoísmo e orgulho, além de desejar que os outros me sirvam para servir aos outros, além de querer mais para dar mais, além de mim em busca de ti. Ajuda-me a sempre desejar a cabeça abaixada, cheia do teu fruto e consumida com tua presença. Ajuda-me a estar sempre consciente do meu ministério em casa, assim como das oportunidades de ministério que esperam além da minha própria caixa de correio.*

Deus é dono de tudo. Somos simplesmente administradoras de seus recursos. Quando buscamos as belas oportunidades de uma vida de sacrifício, reconhecemos essa verdade livremente e colhemos as bênçãos. Quando entendemos que estamos abrindo mão do que nunca foi nosso desde o início, estamos caminhando em obediência radical.

---

[15] GEORGE, Elizabeth. *A Woman's Walk with God* (Eugene, OR: Harvest House Publishers, 2000, p. 172.

# ESTUDO BÍBLICO

Leia Salmos 81:8-16. Agora vamos analisar alguns dos versículos para descobrir os ricos tesouros contidos neles. Primeiro, observe o versículo 9:

*Não tenha nenhum deus estrangeiro entre vocês;*
*não se prostrem perante nenhum deus estranho.*

Embora nossos corações não sejam frequentemente tentados a se prostrar diante de estátuas ou deuses de outras religiões, muitas vezes somos tentados a nos curvar diante de outras coisas. Escreva algumas coisas que nos tentam a tirar nosso foco de Deus.

_____
_____
_____
_____

Embora não nos prostremos fisicamente no chão diante dessas coisas, quando lhes damos tanta atenção que elas passam a ter prioridade sobre as coisas de Deus em nossa vida, isso se torna algo problemático. Além disso, quando nos apegamos a essas coisas de forma tão intensa que, ao sermos convidados a renunciá-las, sentimos grande tumulto em nosso espírito, isso é um sinal de problema. Não se engane: essas coisas em si podem não ser ruins. Podem até ser boas. Mas, como Jim Collins aponta em seu livro de negócios *Good to Great*, às vezes o inimigo do grande é se contentar com o que é apenas bom. Escreva uma descrição do que muitos consideram ser a "boa vida".

_____
_____
_____
_____

# ESTUDO BÍBLICO

Agora, contraste isso com o que Deus definiria como a "vida grandiosa".

Leia o versículo 10 do Salmo 81:

> *Eu sou o Senhor, o seu Deus, que o tirei da terra do Egito. Abra bem a sua boca, e eu o sustentarei.*

Há três pontos-chave neste versículo.
Primeiro, *uma lembrança do fato de que o Senhor é nosso Deus.* Por que é importante manter isso em mente constantemente?

Segundo, *Ele é nosso Deus, que tem sido fiel em toda a nossa jornada e nos libertou.* O que isso significa para você pessoalmente?

Terceiro, *se nos abrirmos completamente para Ele, Ele nos preencherá.* O que significa se abrir completamente para Ele?

Com o que Deus nos preencherá?

## ESTUDO BÍBLICO

O versículo 16 diz:

> *Eu o sustentaria com o melhor trigo;*
> *com o mel da rocha eu o satisfaria.*

Como é a satisfação temporária?
_____
_____
_____
_____

Como é a verdadeira satisfação?
_____
_____
_____
_____

Você acredita que Deus é capaz de realmente satisfazê-la?
_____
_____

Os versículos 11 e 12 nos alertam sobre sermos centrados em nós mesmos, de coração fechado e teimoso:

> *Mas o meu povo não quis ouvir-me; Israel não quis*
> *obedecer-me. Por isso, os entreguei ao seu coração*
> *obstinado, para seguirem os seus próprios planos.*

Quais foram as consequências para os israelitas por não ouvirem a Deus, não confiarem nele e estarem constantemente reclamando dele? Encontre um exemplo no Antigo Testamento de Israel seguindo seus próprios planos e sofrendo por isso. Se tiver dificuldade em saber por onde começar, leia Números 11:1, 4; 14:1-4; ou 20:2-3.

## ESTUDO BÍBLICO

Liste a reclamação, o pecado e a consequência deles.
_____
_____
_____
_____

Neste capítulo, lemos:

> *Filhinhos, não amemos de palavra nem de boca, mas em ação e em verdade. Assim saberemos que somos da verdade; e tranquilizaremos o nosso coração diante dele (1João 3:18-19).*

Como você planeja aplicar este versículo à sua vida?
_____
_____
_____
_____

Qual é a promessa reservada para quem aplica essa verdade?
_____
_____
_____
_____

CAPÍTULO 9

# Radicalmente abençoada
As bênçãos da obediência
radical são infinitas

Outro dia, eu estava dirigindo por uma rua movimentada quando me deparei com um semáforo que estava tanto verde quanto vermelho ao mesmo tempo. Diminuí a velocidade, sem saber o que deveria fazer, assim como outros carros que vinham de todas as direções. Era uma situação confusa e perigosa. Algumas pessoas pararam, outras avançaram o sinal e ainda outras encostaram ao lado do cruzamento.

Finalmente, consegui atravessar o cruzamento e pensei sobre esse acontecimento incomum. Era como se Deus estivesse me mostrando uma imagem visual de como é quando uma pessoa é indecisa em sua obediência a Ele. Não podemos buscar seguir Deus de todo o coração se parte do nosso coração está sendo puxada em uma direção diferente. Não podemos seguir a vida de obediência radical e ainda flertar com a desobediência em certas áreas da nossa vida. Não podemos ser tanto vermelho quanto verde para Deus ao mesmo tempo. Isso não nos leva a lugar algum. É confuso. É perigoso.

Este livro foi seu convite para se tornar uma mulher que diz sim a Deus e vislumbra as bênçãos que estão à frente. Agora é hora de responder.

Não tenha medo, minha amiga. Sei que sua mente pode estar inundada com as mesmas perguntas que inundaram a minha quando eu estava respondendo a esse convite.

- "E se eu não me sentir capaz de fazer tal compromisso?"
- "E se eu disser sim e depois errar?"
- "E se eu tiver momentos em que simplesmente não sinto vontade de ser obediente?"

Voltemos ao sábio conselho do meu marido: Considere a fonte. Quem está fazendo essas perguntas? Essa não é sua voz semeando sementes de dúvida; é a voz de Satanás. Ele quer mantê-la em dúvida e confusão. Ele quer que você encoste ao lado do cruzamento e permaneça ineficaz. Ele quer que você não cumpra os propósitos que Deus tem para você e frustre o impacto positivo que você poderia causar na vida de tantas pessoas.

Você não se sente capaz? Ótimo! O poder de Cristo se aperfeiçoa na fraqueza (2Coríntios 12:9). Peça a Deus força para perseverar todos os dias. Peça a Deus o desejo de permanecer radicalmente obediente e olhos espirituais para ver as bênçãos radicais que Ele derramará sobre você.

E se você errar? Graça! "Deus se opõe aos orgulhosos, mas concede graça aos humildes. Portanto, submetam-se a Deus. Resistam ao diabo, e ele fugirá de vocês. Aproximem-se de Deus, e Ele se aproximará de vocês... Humilhem-se diante do Senhor, e Ele os exaltará" (Tiago 4:6-8, 10). Por favor, não pense que eu caminho nesta jornada de obediência radical com perfeição, porque não caminho. É provável que você também não caminhe. Mas Deus não espera perfeição de nós — Ele espera uma pessoa humilde o suficiente para admitir suas fraquezas e comprometida o suficiente para perseverar e seguir em frente. Ele nos guiará além das dúvidas e medos e nos levantará para cumprir nosso chamado.

E se você acordar de mau humor e simplesmente não sentir vontade de ser obediente? Escolha! Obedeça com base na sua decisão de obedecer, não nos seus sentimentos sempre mutáveis. Eu não sinto vontade de dar. Eu não sinto vontade de sorrir. Eu não sinto vontade de ouvir a Deus. Mas aqui está o que Deus tem a dizer sobre isso: "Pois é Deus quem efetua em vocês tanto o querer quanto o realizar, de acordo com a boa vontade dele" (Filipenses 2:13, ênfase adicionada). Quando pedimos a Deus que continuamente nos dê o desejo de permanecer obedientes, Ele dá. Ele nos ajudará a querer obedecê-lo e nos dará o seu poder para fazê-lo.

## PREPARE-SE!

Se sua resposta à obediência radical é não, então que seja não. Apenas peço que faça uma coisa enquanto permanece no sinal vermelho: ore para que Deus lhe dê o desejo de dizer sim. Deixe-me desafiá-la a, pelos próximos 30 dias, orar e pedir que Deus se revele a você e a encha com um desejo por Ele como nunca antes. Lembre-se de que a obediência duradoura deve nascer do desejo, não do dever. Escolha ser uma mulher que diz sim a Deus começando com esta oração simples. Custará apenas um minuto do seu tempo todos os dias, mas a abençoará por toda a vida!

Se sua resposta a este convite for sim, então prepare-se. Você não apenas embarcou na jornada mais incrível que pode imaginar, mas também deu a Deus o sinal verde para derramar suas bênçãos radicais em sua vida! O que estou descrevendo aqui é apenas um vislumbre de como Deus pode abençoá-la. Ele é capaz de muito mais!

### *Relacionamento mais profundo com Deus*

Você começará a viver esperando ouvir Deus todos os dias. Passará a entender melhor o caráter dele e a buscar ser mais parecida com Ele. Descobrirá uma profundidade de amor que o Pai tem por você que nem imaginava ser possível. Isso lhe dará uma sensação de aceitação e significado que não encontrará de outra forma.

Muitas pessoas passam a vida inteira perseguindo coisas que acham que as farão se sentir aceitas e significativas. Mas a verdade é que este mundo só tem pacotes cheios de promessas vazias para oferecer. A nova casa, o carro mais sofisticado, o eletrônico mais recente, o computador mais rápido, as últimas tendências da moda — tudo isso parece tentador, mas não dura. Eles se desgastam, quebram, tornam-se obsoletos.

Em contraste, cada investimento em nosso relacionamento com Deus só servirá para render frutos preciosos agora e na eternidade. Nenhum tempo gasto experimentando Deus será desperdiçado.

## *Vida mais aventureira*

A Bíblia diz que cada dia é um presente de Deus que devemos celebrar (Salmos 118:24). Aventuras diárias com Deus acrescentam uma empolgação à vida que muda toda a perspectiva. Sua rotina deixa de ser apenas uma sequência monótona de tarefas e passa a ser uma série de encontros divinos e tesouros escondidos esperando para serem descobertos.

Enxergar a vida dessa forma abre os celeiros de alegria de Deus. A marca de uma mulher verdadeiramente piedosa não está tanto no que ela faz, mas no que ela é. Ela abriu o baú de tesouros de alegria de Deus e encheu seu coração de gratidão e amor de tal maneira que estar perto dela já é inspirador. Ela realiza as tarefas mais simples, seus deveres diários e até mesmo os momentos difíceis da vida com tanta graça que você sente vontade de imitá-la. Ela está cheia de aventura, mas não exausta da jornada.

## *Profundidade de paz interior*

Em um mundo de turbulência e incertezas, não há nada mais precioso do que a paz. Quando dizemos sim a Deus, sabemos que nossa vida e a vida daqueles que amamos estão seguras na certeza do amor imutável dele por nós. Embora não possamos controlar as circunstâncias que enfrentamos, podemos escolher como reagir a elas. Se você decidiu em seu coração dizer sim a Deus e confiar completamente nele, então não precisa se preocupar com o futuro. Você não é responsável pelo resultado, apenas pela obediência.

Será abençoada com a paz de saber que Deus tem um plano perfeito e mantém tudo sob seu controle perfeito. Que liberdade isso traz!

## *Satisfação pessoal*

Pessoas radicalmente obedientes não precisam mais criar estratégias ou manipular as coisas para que aconteçam. Em vez disso, elas são abençoadas com oportunidades que trazem verdadeira satisfação de acordo com o design perfeito de Deus para elas. Quando meu marido e eu adotamos nossos filhos da Libéria, pensei que a responsabilidade de adicionar mais crianças significaria o fim do meu ministério. Mas isso não aconteceu. Deus fez o ministério crescer, enviou mais pessoas para ajudar a administrá-lo e nos abençoou com as oportunidades mais incríveis para contar nossa história de adoção. Tivemos a liberdade de falar sobre ouvir e obedecer a Deus em programas como *Good Morning America* e *The Oprah Winfrey Show*. Deus tomou nossa obediência e maximizou o impacto do nosso ministério.

## *Melhores relacionamentos com as pessoas*

Em todos os relacionamentos, você encontrará coisas que ama e, sendo honesta, coisas que a irritam. A pessoa radicalmente obediente é abençoada com a capacidade de apreciar a semelhança de Cristo nos outros e de oferecer graça à humanidade deles. Seja uma pessoa crente ou não, ela ainda foi criada à imagem de Deus, e Deus é loucamente apaixonado por ela. Quando você se compromete com a obediência radical, passa a enxergar todos com os olhos de amor de Deus.

## *Significado e propósito na vida*

O autor Bruce Wilkinson escreveu:

> Quando o Senhor alimenta seu filho por meio de devoções íntimas, Ele começa a chamá-lo de forma mais incisiva para uma obediência mais profunda. Nesse ponto, o crente deseja tanto mais do Senhor

que está mais do que disposto a fazer o que o Senhor requer... A obediência para essa pessoa deixa de ser um fardo, assumido apenas porque a Bíblia diz que deve fazer algo. Em vez disso, a obediência se torna uma alegria, porque seu amigo mais próximo e Senhor mais compassivo o chama para ser como Ele.[16]

Nossos corações buscam um significado mais profundo na vida, e pessoas radicalmente obedientes o encontram ao amar o Senhor, ao amar os outros que Ele coloca em nosso caminho e ao buscar continuamente se tornar mais parecidas com Jesus.

## Perspectiva eterna

A vida é muito mais do que o aqui e o agora, e a pessoa radicalmente obediente vive à luz dessa perspectiva. A vida não se trata de estar confortável e escolher o caminho mais fácil. Trata-se de viver para entregar nossa vida e fazer um impacto real neste mundo. Não se trata de servir por dever religioso, mas de se deleitar tanto em nosso relacionamento com Deus que desejamos servir a partir de um transbordar de amor e gratidão. Nosso tempo aqui é apenas um pequeno ponto em uma linha eterna. O que fazemos agora, neste breve momento, determinará nosso destino para a eternidade. A pessoa radicalmente obediente é abençoada com uma perspectiva eterna.

## UM EXEMPLO DE OBEDIÊNCIA RADICAL

Sou profundamente tocada pela história de uma mulher do Novo Testamento que foi radicalmente obediente — Maria, a irmã de Lázaro. Fico emocionada com o amor avassalador de Maria por Jesus. Ela era uma mulher que compreendia a essência da obediência radical. Sabia quando ouvir e quando agir. Sabia quando simplesmente

---

[16] WILKINSON, Bruce. *Set Apart*. Sisters, OR: Multnomah, 1998, p. 175.

A pessoa radicalmente **obediente** é abençoada com uma **perspectiva eterna**.

sentar aos pés do Mestre e quando derramar tudo o que tinha em um amor extravagante por seu Senhor (Mateus 26:6-13).

Jesus havia acabado de anunciar que seria crucificado. Maria pegou o que provavelmente era sua posse mais preciosa, o perfume de seu vaso de alabastro, e o derramou sobre Ele. Normalmente, o perfume seria usado para ungir um corpo morto, mas Maria ungiu Jesus enquanto Ele ainda estava vivo. Acredito que foi para que Ele pudesse levar consigo o aroma de seu amor até a cruz.

Maria foi repreendida por alguns dos discípulos por seu ato de extravagância (os críticos de sempre!), mas Jesus rapidamente saiu em sua defesa. O que outros viram como desperdício, Jesus viu como a forma mais pura de viver a mensagem do evangelho. Ela estava disposta a amá-lo sem reservas, sem se preocupar com o que os outros poderiam pensar ou mesmo consigo mesma. Maria demonstrou um amor sem restrições por meio desse ato e, sem dúvida, Jesus foi rápido em retribuir Seu amor por ela.

"Eu lhes asseguro," disse Jesus, "que em qualquer lugar do mundo onde este evangelho for pregado, o que ela fez também será contado, em sua memória" (Mateus 26:13).

Não é incrível que um ato tão pequeno de obediência possa ter efeitos tão duradouros? Isso também pode acontecer em nossa vida. De fato, Maria foi radicalmente obediente e radicalmente abençoada — e você também pode ser.

## COMO TERMINA

Bem, toda essa aventura começou com Deus me dizendo para dar minha Bíblia, então, é surpresa que termine da mesma forma? No último fim de semana, eu estava voando para a região de Washington, DC, para uma palestra. O homem ao meu lado no avião estava ocupado trabalhando no computador e não parecia estar com humor para ser interrompido. Meu coração continuava sentindo o desejo de compartilhar o evangelho com ele, mas não parecia apropriado forçar uma conversa. Então, orei.

Orei para que Deus o levasse a começar a falar comigo. E ele falou. Não demorou muito para que ele guardasse o computador e começasse a me fazer todos os tipos de perguntas sobre minha carreira. Como escrevo e falo sobre Jesus, foi uma oportunidade perfeita para falar tudo sobre meu Chefe! Quando começamos a falar sobre Deus, ele disse que estava estudando o Alcorão e vários outros escritos religiosos, mas não a Bíblia. No entanto, ele havia ligado para o amigo que estava indo visitar e perguntado se poderiam comprar uma Bíblia naquele fim de semana para completar sua coleção.

Eu quase caí da cadeira. De todos os voos indo para Washington naquele dia e de todas as pessoas que poderiam estar sentadas juntas, Deus providenciou que um homem que precisava de uma Bíblia se sentasse ao lado de uma mulher que adora dar Bíblias de presente! Compartilhei com meu novo amigo minha paixão por dar Bíblias e prometi que enviaria uma para ele na próxima semana. Ele ficou atônito. Quando finalmente falou novamente, disse que sabia que isso era mais do que uma mera coincidência. Ele sabia que Deus estava alcançando-o.

Oh, minha amiga, não precisamos procurar criar oportunidades para dizer sim a Deus. Deus já foi à nossa frente e as estabeleceu. Nós simplesmente precisamos responder.

Minha oração é que o final deste livro não seja o fim de sua jornada. Espero sinceramente que este seja apenas o ponto de partida, o ponto de inspiração e expressão para você viver uma vida radicalmente obediente e radicalmente abençoada. O que acontece quando mulheres dizem sim a Deus? O mundo é transformado.

# ESTUDO BÍBLICO

Para este estudo bíblico final, faremos algo um pouco diferente. A Palavra de Deus tem muito a dizer sobre dizer sim a Ele e as incríveis bênçãos que seguem. Escolha dez destes versículos-chave, procure-os você mesma e descubra o que Deus quer que você saiba sobre o chamado dele para sua vida. Resumi os versículos abaixo, mas será muito mais poderoso mergulhar na Palavra de Deus e registrar as promessas poderosas você mesma.

**Deuteronômio 28:1**
*A obediência abre os celeiros de bênçãos de Deus.*

**2Crônicas 16:9**
*Deus fortalecerá o coração da pessoa obediente.*

**Ester 4:14**
*Deus a chamou para obedecer neste momento específico.*

**Salmo 15**
*Pessoas obedientes habitam na presença e na paz de Deus.*

**Salmo 24**
*Obediência no que você diz, faz e pensa leva à santidade e às bênçãos de Deus.*

**Isaías 55:1-3**
*A obediência traz satisfação para sua alma, deleite e nova vida.*

## ESTUDO BÍBLICO

**Oseias 10:12**
*A obediência colhe o fruto do amor infalível e traz chuvas de justiça.*

**Malaquias 3:8**
*Ser obediente no dar abrirá os celeiros de bênçãos de Deus.*

**Malaquias 3:16**
*Pessoas radicalmente obedientes são tesouros para Deus.*

**Mateus 26:12**
*Mesmo pequenos atos de obediência têm efeitos amplos.*

**Romanos 1:5**
*A obediência vem da fé.*

**Romanos 6:15**
*A obediência leva à justiça.*

**Romanos 8:5-6**
*Aqueles que andam em obediência têm suas mentes fixadas nos desejos de Deus.*

**2Coríntios 9:6**
*A medida que semeamos em obediência determinará a medida que colheremos em bênçãos.*

**2Coríntios 9:13**
*Os homens louvarão a Deus pela obediência que acompanha nossa fé.*

## ESTUDO BÍBLICO

**Efésios 4:24**
*Fomos criadas para ser como Deus. Vivemos isso em obediência que leva à santidade.*

**Filipenses 2:13**
*É Deus trabalhando em nós que nos impulsiona a obedecer e cumprir o bom propósito dele.*

**Filipenses 4:9**
*O que você aprendeu, ouviu ou viu de Deus, viva em obediência e será abençoada com paz.*

**2Timóteo 2:20**
*Deus é capaz de usar a pessoa obediente para seus propósitos mais nobres.*

**Hebreus 11**
*Uma lista de pessoas radicalmente obedientes e radicalmente abençoadas.*

**1Pedro 1:13**
*Prepare sua mente para a obediência, que leva à santidade.*

**1Pedro 2:21**
*Aqueles que andam em obediência andam nos passos de Jesus.*

**1João 2:3-6**
*A obediência torna o amor de Deus completo em nós e nos permite andar como Jesus andou.*

O que acontece quando as **mulheres caminham pela fé**

# Introdução

Nos próximos capítulos, quero conversar com você sobre as cinco fases que identifiquei na Bíblia comuns às pessoas que deram passos de fé com Deus em busca de seus sonhos. Ao longo deste livro, veremos como diferentes personagens bíblicos enfrentaram essas cinco fases e aprenderemos a reconhecer essas etapas em nossa própria caminhada de fé. Também compartilharei muitas das minhas aventuras enquanto passei por essas etapas inúmeras vezes. Espero que, ao entender melhor essas fases da fé, você consiga evitar o desânimo e a derrota que muitos de nós enfrentamos ao longo do caminho. Assim, será capaz de perseverar, caminhar com confiança e não duvidar de Deus.

As cinco fases da fé andam de mãos dadas com cinco verdades fundamentais sobre Deus:

1. Deus tem um plano para mim.
2. Deus está comigo.
3. Deus abrirá o caminho.
4. Deus não é surpreendido pela morte.
5. Deus traz sonhos à vida.

Manter essas cinco verdades em mente será essencial para sustentá-la enquanto você atravessa as fases da fé. Como logo verá, Satanás se oporá a você no momento em que começar a realizar seu sonho. Ele sugerirá algumas mentiras que são diretamente opostas às verdades acima:

1. Deus não se importa com você.
2. Deus está ocupado demais com pessoas importantes para se preocupar com alguém insignificante como você.

3. Deus não é confiável.
4. A morte significa derrota.
5. Sonhos só acontecem por acaso.

Essas são as mentiras que Satanás usará para matar seu sonho. Quanto melhor entendermos a diferença entre verdade e mentira, mais livres seremos para caminhar com Deus através das fases da fé, sem nos desviar.

Estas são as cinco fases da fé pelas quais você passará para alcançar seu sonho:

1. *Deixar:* Para alcançar um novo nível de fé com Deus, você precisará deixar o que é antigo para trás.
2. *Fome:* Nesse novo lugar, você perceberá que sua zona de conforto desapareceu e aprenderá a depender de Deus como nunca antes.
3. *Crer:* Você sempre quis realmente acreditar em Deus, mas agora sua experiência com Ele se torna real demais para ser negada.
4. *Morte:* Chegar ao fim de sua capacidade de fazer as coisas acontecerem, parece morte para você. Mas, para Deus, esse é o único caminho para uma nova vida com Ele.
5. *Ressurreição:* De uma maneira que só Ele poderia realizar, Deus faz seu sonho se tornar realidade. Apenas então você entende que a verdadeira alegria não está no próprio sonho, mas na fé mais profunda que adquiriu ao longo do caminho.

FASE 1

# Deixar

UM

# O mapa

Eu me sentia tão insignificante. Tão pequena. Caminhei até a palestrante à frente da sala. Ela estava cercada por mulheres de todas as idades. Algumas queriam apenas lhe dar um abraço emocionado. Outras seguravam seu livro, buscando uma mensagem de encorajamento e um autógrafo.

Eu só queria perguntar: *Como*?

Como pegar uma vida quebrada e permitir que Deus a use para a sua glória? Será possível que uma garota rejeitada por seu pai terreno pudesse, na verdade, ser escolhida e separada para um chamado divino? Será que Deus realmente tinha um propósito para minha vida, assim como tinha para a dela?

Esperei na fila até chegar a minha vez. Então, quando abri a boca para falar, minha garganta apertou, meus olhos se encheram de lágrimas, e tudo o que consegui murmurar foi um emocionado "Como?". Eu queria que ela me levasse para casa e me ensinasse. Queria que ela me colocasse em sua mala e me tirasse da minha vida sem sentido para uma vida que realmente fizesse diferença. Queria que ela compartilhasse uma resposta rápida e fácil, três passos simples para alcançar a vida dos meus sonhos, tudo pelo preço acessível de participar do seminário.

Mas aquela palestrante não era uma mágica, nem uma vendedora habilidosa ou uma mulher à procura de uma nova hóspede. Ela era uma mulher que havia experimentado dores profundas e decepções amargas e que tinha escolhido entregar sua vida — com todas as suas falhas e dores — a Deus. Agora, ela estava sendo usada por Ele de uma maneira verdadeiramente maravilhosa.

Ela não me deu a resposta rápida e fácil que eu procurava. Não me ofereceu nenhuma sabedoria ou direção profunda. Tivemos apenas tempo para que ela me contasse como havia começado, e então me vi retornando ao meu assento. Mas não voltei vazia nem sem esperança. O que essa palestrante foi insuficiente em palavras, ela mais do que compensou com seu exemplo. Eu tinha visto Jesus nela. Tinha visto a prova viva da redenção de Deus. Pensei comigo mesma: *Se Deus pôde fazer isso com ela, acho que há esperança para mim, afinal.* E algo novo, grande e direcionado por Deus nasceu em mim e foi confirmado no meu coração de uma forma inegável naquele dia.

## DEUS PREENCHERÁ AS LACUNAS

Embora eu ainda não soubesse como Deus poderia me usar, sabia que Ele encontraria um caminho. Embora eu não soubesse quando Deus me usaria, sabia que o tempo estava em suas mãos. Embora eu nem achasse que tinha muito a oferecer, sabia que Deus preencheria minhas muitas lacunas. Eu simplesmente sabia que Deus estava me chamando, convidando e atraindo para algo marcado por suas digitais. E isso era suficiente.

Minha vida certamente não mudou da noite para o dia. Passei por um período de espera, um tempo de crescimento, desenvolvimento e perseverança enquanto Deus me preparava. Lições sobre paciência, confiança, entrega e aprendizado para aguentar firme vieram antes de eu dar o primeiro passo. Mas mesmo nesse tempo aparentemente sem importância, de podas e provações, Deus estava me preparando para o próximo passo. Esse período de "preparação" não foi uma perda de tempo. Foi uma parte essencial para cumprir o meu chamado. Embora eu não visse muito fruto, Deus estava deixando meus ramos prontos e saudáveis o suficiente para sustentar tudo o que Ele sabia que viria.

Então, deixei o congresso naquele dia empolgada, mas fui para ser atingida por uma dose chocante de realidade ao voltar para casa. Ainda havia louça para lavar, roupas para dobrar, fraldas para trocar e a vida cotidiana para enfrentar. Para ser completamente honesta, eu não gostava da minha vida mundana. E, no entanto, o que chamamos de mundano é, de alguma forma, significativo na escola de preparação de Deus.

## SONHOS E DESESPERO

Lembro-me de, ainda menina, olhar pela janela do meu quarto, sonhando com o homem com quem um dia me casaria e com os filhos que um dia me chamariam de mamãe. Contava os anos em minha pequena mão e me alegrava à medida que cada um passava. A cada aniversário, minha expectativa aumentava. Como a maioria das garotas, eu tinha outros objetivos e sonhos, mas o conto de fadas do meu coração era ser esposa e mãe. Eu mal podia esperar!

De repente, eu já era uma mulher adulta, e Deus de fato me abençoou com um marido amoroso e filhos maravilhosos — eu estava miserável. Como isso era possível? Que tipo de piada cruel era essa, que a coisa que eu sonhava que me traria felicidade suprema havia, na verdade, me conduzido a um profundo desespero? Eu me sentia ingrata. Havia pedido, implorado, suplicado a Deus por esses presentes, e agora estava desesperadamente procurando uma política de devolução. Estaria faltando algo em mim geneticamente?

Enquanto eu olhava ao redor, na igreja, no shopping ou no supermercado, via outras mulheres que pareciam encantadas por serem a "June Cleaver" da minha geração. Elas passavam por mim, rindo e cochichando com seus bebês, como se estivessem em um filme romântico. Comentavam casualmente que seus maridos as levariam a Nova York naquele fim de semana. Claro, essas mulheres eram todas magras, e suas listas de compras organizadas deixavam evidente que suas casas provavelmente eram mais arrumadas que a minha.

O que havia de errado comigo? Eu me sentia um fracasso como mulher. E o mais perturbador era o fato de que eu não gostava de ser mãe. Desde o momento em que minha filha nasceu, eu me tornei membro vitalícia do Clube da Culpa Materna. Dá para imaginar sentir-se assim e ainda considerar que Deus estava me chamando para o ministério?

"Quem você pensa que é? Você realmente acha que Deus poderia usar uma mulher como você para ajudar outras pessoas?" Os sussurros de Satanás eram implacáveis. Sendo bem honesta, lamentavelmente, eu concordava com ele. No congresso, eu havia sentido tanta certeza do chamado de Deus, mas, de volta à rotina do dia a dia, comecei a duvidar.

Minha única solução foi orar. Ajoelhei-me e clamei ao Senhor por sua segurança. E, como sempre, Deus me encontrou naquele momento de necessidade. Ele me garantiu que não chama os qualificados, mas qualifica aqueles que Ele chama.

## ENTREGANDO A INADEQUAÇÃO

Minha amiga, eu não sei onde você está enquanto lê estas palavras. Não conheço as circunstâncias da sua vida. Não sei o sonho que Deus lhe deu. Talvez você também não saiba... ainda. Mas sei que você está com este livro em mãos por uma razão. Deus tem um plano para você. Um sonho que talvez você nem consiga imaginar, uma missão que você não entende e sequer ousaria considerar como sendo para você.

Eu oro para que, ao compartilhar honestamente as dúvidas que tive, você encontre grande esperança de que Deus realmente pode usar qualquer mulher que entregue suas inadequações e circunstâncias a Ele. Eu o vi fazer isso repetidamente na vida de mulheres dispostas a caminhar em fé. Mas, de forma mais poderosa, vi isso acontecer na minha própria vida.

Qualquer mulher que deseja ser usada por Deus deve estar **disposta a honrar Deus**, independentemente das circunstâncias.

Embora tenha começado de forma pequena e acontecido lentamente, agora consigo viver o sonho que Deus me deu. Mas também, e mais importante, agora sou uma mãe muito feliz de cinco filhos e uma esposa realizada. Acordo na maioria dos dias animada com a vida e ansiosa para desfrutar as bênçãos de servir, amar e cuidar daqueles que Deus me confiou.

Não me entenda mal, ainda tenho dias em que me sinto um fracasso, mas eles são raros. Minhas circunstâncias não mudaram muito desde os primeiros dias como mãe (exceto pelo fato de que agora tenho muito mais filhos!), mas minha perspectiva mudou completamente.

A perspectiva é a chave. Se eu nunca tivesse tido o marido e os filhos que tenho, estou convencida de que seria incrivelmente egoísta e muito carente de caráter. Deus usa coisas diferentes em vidas diferentes para moldá-las, e minha família foi a ferramenta perfeita de Deus para construir minha vida. Deus usou muitas experiências do dia a dia para me moldar e preparar para o ministério. Aprendi muito sendo fiel em pequenas responsabilidades cotidianas e, eventualmente, Deus foi capaz de me confiar responsabilidades maiores.

Qualquer mulher que deseja ser usada por Deus deve estar disposta a honrá-lo, independentemente das circunstâncias.

## HONRANDO A DEUS

Durante aqueles primeiros anos, Deus me perguntava: "Lysa, quando você começar a se sentir sobrecarregada com a pilha de roupas para lavar, o cuidado com as crianças, o preparo das refeições e as demandas da vida, você vai me honrar? Vai fazer isso com um coração grato? Vai enxergar as bênçãos escondidas nas longas listas de afazeres? Vai entregar seus planos de conveniência e facilidade e aceitar os meus planos de crescimento e maturidade?".

Quando alinhei minha perspectiva com a de Deus e decidi honrá-lo em todas as coisas, grandes e pequenas, finalmente estava pronta para dar um passo em direção ao ministério. Minhas circunstâncias não eram perfeitas, mas eu sabia a quem recorrer quando me sentia esgotada. Então declarei em meu coração que era uma mulher em ministério, dedicada a servir a Deus, e comecei a observar os convites dele para me unir ao que Ele já estava fazendo.

Acredite, os primeiros passos estavam bem longe dos holofotes. Eram escolhas diárias para honrar Deus exatamente onde eu estava: passar tempo na palavra dele, mesmo quando os itens da minha lista de afazeres pareciam mais urgentes. Ser preenchida por Ele primeiro, para que pudesse amar, dar e servir com abundância, em vez de depender apenas da minha própria força.

Honrar meu marido mesmo quando ele dizia algo que machucava meus sentimentos. Escolher manter uma atitude positiva mesmo quando a atendente do supermercado cobrava a mais e demorava para resolver o problema. Ter paciência com meus filhos e lidar com um problema de forma calma, quando na verdade eu queria gritar e mandá-los para o quarto. Servir outras pessoas com graça, sem chamar atenção para o meu serviço. Honrá-lo nessas formas era uma parte vital para preparar meu coração para servi-lo de maneiras maiores.

Deus quer que o honremos. Ele quer que coloquemos de lado nossas conveniências pessoais, que entreguemos nossas próprias ideias e superemos a teimosia de querer as coisas do nosso jeito e no nosso tempo. Deus quer nossa obediência, não apenas palavras vazias. Dizer que vamos honrá-lo é uma coisa, mas realmente fazer isso é outra completamente diferente.

Não espere pelo dia perfeito para começar a honrar Deus. Faça essa escolha hoje. Não pense que não está fazendo o que Deus te chamou para fazer só porque as coisas não parecem tão glamorosas quanto imaginava. Se você é uma mulher que honra Deus exatamente onde está, você já está em ministério. Continue obediente, continue procurando a próxima porta aberta de oportunidade e, acima de tudo, mantenha-se perto do Senhor.

# ESTUDO BÍBLICO

Leia Jó 1:6; Lucas 22:31; 1Pedro 5:8.

Esses versículos nos mostram o quão ativo Satanás é em nosso mundo. Seu próprio nome significa "aquele que separa". Seu principal objetivo é nos separar de Deus de todas as formas possíveis. Ele quer que busquemos outras coisas — mesmo coisas boas — para que percamos o que Deus tem de melhor para nós. Ele quer nos manter ocupados. Quer encher nossas cabeças de mentiras para que não possamos ouvir a verdade de Deus. Muitas vezes, permiti que seus truques me levassem por um caminho errado. E você? Quais táticas ele está usando para tentar derrotá-la agora?

_____
_____
_____
_____

Leia Efésios 6:11; Tiago 4:7; João 10:10.

Satanás usa as mesmas velhas armadilhas, mas temos Deus — infinitamente criativo — ao nosso lado. Podemos recorrer a Ele como nosso apoio, sabedoria e saída diante da tentação (1Coríntios 10:13). Deus nos dá força para permanecer firmes e a armadura para nos proteger do nosso inimigo. Satanás vem para roubar nossa alegria, matar nosso espírito e destruir nossa esperança. Ele se disfarça como anjo de luz, enganando-nos com sua falsa beleza (2Coríntios 11:14). Devemos estar cientes de como ele trabalha para proteger nossas mentes, corações e passos enquanto trilhamos nossa incrível jornada. Não se engane, esta é uma viagem que Satanás não quer que você faça, e ele usará todos os truques à sua disposição para

## ESTUDO BÍBLICO

tentar impedi-la. Apenas lembre-se do paradigma bíblico: Resista ao diabo, e ele fugirá de você (Tiago 4:7). Aproxime-se de Deus, e Ele se aproximará de você (Tiago 4:8).

Liste algumas formas práticas de resistir a Satanás.
_____
_____
_____
_____

Liste algumas formas práticas de se aproximar de Deus.
_____
_____
_____
_____

Leia Hebreus 10:35-36.

À medida que embarcamos nessa jornada juntas, quero que você reflita sobre esses versículos. Copie-os em seu caderno. Este livro foi escrito para ajudá-la a viajar com confiança para onde Deus está conduzindo sua vida. Sua jornada não será igual à minha — ela é tão única quanto você. Mas as mesmas verdades básicas descritas nesses versículos se aplicam a todas nós. Circule estas palavras depois de copiar os versículos: confiança, perseverança e promessa. Minha oração é que você encontre a confiança necessária para perseverar até receber o que Deus prometeu a você. Prossiga, minha amiga, e prepare-se para se surpreender com o que Deus tem para lhe mostrar por meio deste estudo!
_____
_____
_____
_____

DOIS

# Uma linha na areia

Para honrar Deus completamente, você precisa ter fé suficiente para deixar o que for necessário com Ele. Deixar? Deixar e ir para onde, você pergunta? Deixar a maneira como você sempre viveu e começar a fazer as coisas de forma diferente com Deus. Deixar a malcriadez, deixar o orgulho teimoso, deixar o direito de estar certa, deixar o controle e, o mais importante, deixar a incredulidade.

Agora, espere um minuto, você diz. Achei que Deus ia me pedir para fazer coisas grandiosas para Ele, mas você está dizendo que o primeiro passo é deixar coisas para trás?

Exatamente.

Há alguns anos, eu dirigia uma velha minivan. Ela me levava aonde eu queria ir, mas faltavam muitos dos confortos e conveniências de um modelo mais novo. Para começar, o espelho retrovisor havia caído do para-brisa. Eu comprei um kit de reparo, pensando em consertá-lo sozinha e economizar um pouco de dinheiro. Mas, ao ler as instruções do supercola de reparo, o medo tomou conta do meu coração, e visões de desastre começaram a dançar na minha mente. As instruções eram bem claras ao advertir que você não deveria deixar a cola entrar em contato com a pele, ou poderia literalmente ficar colada ao que estava tentando consertar.

Eu não sou uma mulher muito coordenada, e coisas constrangedoras frequentemente acontecem comigo. Convenci-me de que eu seria a única em um milhão a ter que dirigir até a emergência porque meu polegar ficou permanentemente preso no para-brisa! Então, joguei fora o kit e passei a dirigir com o espelho retrovisor no porta-copos, usando-o apenas quando absolutamente necessário.

Com o tempo, aprendi a usar outros meios para navegar pela estrada, como os espelhos laterais ou pedindo aos passageiros no carro para verificarem o trânsito. Descobri que o retrovisor não era tão essencial quanto eu pensava. Para ser honesta, eu o usava pelas razões erradas. Usava para me maquiar enquanto dirigia — perigoso e desnecessário. Para reclamar com meus filhos enquanto dirigia — perigoso e desnecessário. Para mudar de faixa rapidamente quando achava que o carro à minha frente estava muito lento — perigoso e desnecessário.

Olhar para trás e para frente ao mesmo tempo é impossível. Imagine como as estradas seriam perigosas se todos dirigissem olhando apenas nos retrovisores. É muito mais seguro manter o foco na estrada à frente e usar o retrovisor apenas quando absolutamente necessário.

## NÃO OLHE PARA TRÁS

Este pode ser um exemplo bobo, mas traz uma lição espiritual poderosa. Não podemos avançar com Deus para lugares novos e emocionantes se gastarmos muito tempo olhando para trás. Devemos deixar nosso passado para trás, traçar uma linha na areia e decidir seguir em frente com Deus. De fato, todas as vezes que Deus chama seus servos a novos patamares com Ele, primeiro eles passam por um processo de deixar algo.

Em Gênesis 7, encontramos Noé e sua família sendo chamados por Deus para entrar na arca. Por causa de sua obediência, suas vidas foram poupadas, assim como a de toda a humanidade. No livro de Rute, a viúva Rute toma a difícil decisão de permanecer leal à sua sogra, deixar Moabe e viajar para Belém. Por causa de sua obediência, ela encontra um novo marido e, através de sua linhagem, Jesus nasce. Em 1Samuel 16, vemos Samuel sendo enviado para ungir um dos filhos de Jessé como o novo rei. Davi, o mais jovem e menos provável candidato, foi o escolhido. Quase imediatamente após ser ungido rei, ele teve que deixar os campos e os rebanhos para ir ao palácio. Curiosamente, ele não foi para o palácio para se sentar no trono imediatamente. Primeiro, teve que servir o rei atual como tocador de harpa. Por causa de sua obediência, lemos sobre alguém que Deus chamou de homem segundo o seu coração.

Jeremias 1 narra a incrível história do chamado de Jeremias: "A palavra do Senhor veio a mim, dizendo: 'Antes de formá-lo no ventre eu o escolhi; antes de você nascer, eu o separei e o designei profeta às nações'". Ao que Jeremias respondeu: "Ah, Senhor soberano! Não sei falar, pois ainda sou muito jovem" (Jeremias 1:46).

Agora, ouça a resposta do Senhor a Jeremias: "Não diga: 'Sou muito jovem'. A todos a quem eu o enviar, você irá, e tudo o que eu lhe ordenar, você dirá. Não tenha medo deles, pois estou com você para protegê-lo" (Jeremias 1:78). Você percebeu a palavra "irá"? Sim, de fato, Jeremias deixou sua antiga maneira de confiar em sua própria habilidade e aceitou uma nova forma de pensar. Porque ele foi obediente em confiar em Deus, Deus prometeu dar a ele cada palavra e poder necessários para cumprir a missão diante dele: "Então o Senhor estendeu a mão e tocou a minha boca e disse: 'Agora ponho em sua boca as minhas palavras. Veja! Hoje eu dou a você autoridade sobre nações e reinos para arrancar e derrubar, para destruir e demolir, para construir e plantar'" (Jeremias 1:9-10).

No Novo Testamento, quando Jesus chamou seus discípulos, a primeira coisa *que tiveram que fazer foi deixar onde estavam e o que estavam fazendo para segui-lo:* "Andando à beira do mar da Galileia, Jesus viu dois irmãos, Simão, chamado Pedro, e André. Eles estavam lançando redes ao mar, pois eram pescadores. E disse Jesus: 'Sigam-me, e eu os farei pescadores de homens'. No mesmo instante, eles deixaram as redes e o seguiram" (Mateus 4:18-20). Por causa da obediência deles, temos o registro das ações transformadoras e das verdades de Jesus.

Mesmo no contexto do casamento, mencionado em Gênesis e Mateus, o mandato de deixar vem primeiro: "Por essa razão, o homem deixará pai e mãe e se unirá à sua mulher, e eles se tornarão uma só carne" (Gênesis 2:24; Mateus 19:5).

Então, não é surpresa que você também será chamada a deixar algo. Pode ou não ser uma mudança de localização física, mas certamente será uma mudança de mentalidade e perspectiva espiritual. Vez após vez, a fórmula para começar algo novo começa com deixar o que é velho. Deixar geralmente é um ato de obediência, e não um desejo do coração. É difícil. Exige sair da zona de conforto e entrar em uma vida que requer fé.

## UM PODEROSO PRIMEIRO PASSO

Eu estava ensinando este princípio em um retiro de fim de semana, quando uma senhora veio até mim depois e me agradeceu pelo convite para traçar uma linha na areia e deixar seu passado para trás. Eu havia lançado um desafio: "Só porque você veio para este retiro de uma forma não significa que precisa sair da mesma maneira. Se veio como uma mulher desencorajada, saia encorajada. Se veio derrotada, saia vitoriosa. Se veio como uma mãe que grita com os filhos, saia desafiada a fazer melhores escolhas. Se veio como uma esposa que não honra o marido como deveria, saia renovada com novas perspectivas. Onde quer que você esteja em falta, deixe Deus preencher suas lacunas neste fim de semana e capacitar você a sair transformada. Experimentar uma mudança de vida não é uma questão de sorte, mas de escolha, de escolher os caminhos de Deus em vez dos seus próprios".

Com lágrimas nos olhos, essa querida mulher me abraçou e agradeceu por dar a ela esperança de que as coisas poderiam ser diferentes — e permissão para que isso acontecesse. Alguns meses depois, recebi um e-mail dela contando que voltou para casa e literalmente traçou uma linha no chão. Ela morava em New Hampshire, então, em vez de desenhar uma linha na areia, no minuto em que chegou na garagem, pegou um taco de hóquei e desenhou uma linha na neve. Ela ficou atrás da linha e fez uma pausa. Não queria fazer essa declaração sozinha, então apertou a buzina do carro até que seu marido e todos os filhos saíssem para encontrá-la. Ela os instruiu a vir e ficar atrás da linha com ela.

Com a voz embargada, disse a eles que sabia que não tinha sido a mulher de Deus que queria ser nem a esposa e mãe que eles mereciam. Mas, durante o fim de semana, Deus havia mostrado a ela algumas verdades incríveis, e ela estava decidindo mudar. Com isso, toda a família deu as mãos e atravessou a linha juntos. Deixar é, de fato, um poderoso primeiro passo!

A vida dela agora seria perfeita? Não! Suas circunstâncias seriam exatamente as mesmas quando ela cruzasse a soleira de casa, mas ela estava diferente. Ela estava mudando. Ela estava determinada a honrar Deus e começar a viver uma vida que exigia fé. Precisaria depender de Deus como nunca antes.

## SEU NOVO NOME

O que você pode precisar deixar para trás? Como você mudará ao deixar algo? Qual pode ser o custo? Qual será a recompensa? Mais adiante nesta seção, caminharemos com Abraão, que passou por todas as cinco fases para cumprir o chamado em sua vida. Daremos atenção especial à fase de deixar. Abraão foi obediente ao deixar, e no meio de sua jornada algo significativo aconteceu. Quero destacar isso enquanto você reflete sobre essas questões difíceis relacionadas a "deixar".

Quando Abrão tinha noventa e nove anos, o Senhor apareceu a ele e disse: "Eu sou o Deus todo-poderoso; ande segundo a minha vontade e seja íntegro. Estabelecerei a minha aliança entre mim e você e multiplicarei muitíssimo a sua descendência". Abrão prostrou-se

A fórmula para começar algo novo começa com **deixar o que é velho**.

com o rosto em terra, e Deus lhe disse: "De minha parte, esta é a minha aliança com você. Você será o pai de muitas nações. Não será mais chamado Abrão; seu nome será Abraão, porque eu o constituí pai de muitas nações. Eu o tornarei extremamente fecundo; de você farei nações, e de você procederão reis" (Gênesis 17:16).

Para entender o contexto do que estava acontecendo na vida de Abraão, lembremos que ele havia desobedecido a Deus. Treze anos antes, teve um filho com a serva de sua esposa. Ele estava tentando realizar o sonho que Deus havia plantado em seu coração por meio de seus próprios esquemas e planos — com sua própria força. Abraão havia perdido de vista a capacidade de Deus de cumprir sua promessa. Então Deus restabeleceu a promessa, refez o sonho e soprou vida nova no propósito de Abraão. Deus disse a Abraão que tudo já estava feito: "Eu o constituí pai de muitas nações". Não "Eu farei de você um pai de muitas nações", mas " Eu o constituí". Em outras palavras, Deus diz a Abraão que Ele tem tudo sob controle.

E você notou o que aconteceu? Deus deu a Abraão um novo nome. Ele era chamado Abrão antes deste encontro de renovação da aliança, mas, depois disso, é sempre chamado pelo novo nome. Abraão significa "pai de muitos".

Deus deu um novo nome a Abraão, e Ele também deu a você. Quando você passa pela fase de deixar, é convidada a deixar muitas coisas. Mas você não sai desse lugar de mãos vazias. Você sai equipada com um novo nome. Eu costumava ser Lysa — uma mulher quebrada, insegura e incapaz. Mas quando escolhi deixar isso para trás e caminhar com Deus, tornei-me Lysa — uma mulher santa, escolhida e equipada por Deus com um sonho! Não estou olhando para trás! Equipada com seu mapa e agora focada no futuro, você está mais perto do que imagina da fé que sempre desejou.

# ESTUDO BÍBLICO

Leia Hebreus 11.

Voltaremos a este capítulo ao longo deste livro, mas reserve um momento para lê-lo inteiro agora. Este capítulo é conhecido como "o hall da fama da fé". Enquanto começamos esta jornada de fé juntas, os relatos deste capítulo irão inspirá-la e encorajá-la. Registre os nomes mencionados em Hebreus 11 no seu caderno. O que você já sabe sobre eles? Eram pessoas perfeitas ou cheias de fraquezas humanas? Fizeram todas as escolhas certas ou suas decisões erradas fizeram parte do aprendizado? Deus os escolheu porque eram santos perfeitos ou porque eram pessoas comuns que confiaram nele? Permita que este capítulo ministre ao seu coração enquanto reflete sobre as pessoas muito imperfeitas que Deus usou no passado para realizar grandes coisas. Ele pode usar você também!

_____
_____
_____
_____

Leia Isaías 43:16-19; Filipenses 3:12-14.

Caminhar em fé inclui deixar o passado para trás. No primeiro capítulo, mencionamos os esquemas de Satanás para nos derrotar e nos separar de Deus. Uma de suas principais táticas é usar nossos erros do passado para nos paralisar. Ele é astuto em manter nosso passado como uma sombra sobre nós, fazendo-nos sentir inúteis, ineficazes e indignas. Mas Deus quer fazer algo novo em sua vida. Ele quer que você siga em frente, avançando em direção à terra prometida que Ele preparou, esquecendo-se dos fracassos do passado.

## ESTUDO BÍBLICO

Depois de ler Isaías, liste alguns de seus "rios no deserto".
_____
_____
_____

O que Filipenses 3:12-14 diz que estamos buscando alcançar?
_____
_____
_____

Leia Salmos 147:4; Isaías 62:23; Apocalipse 3:11-12.

Abraão, como veremos, eventualmente teve um filho chamado Isaque. O nome Isaque significa "ele ri" porque Abraão e Sara riram quando o Senhor lhes disse que teriam um filho em sua velhice (Gênesis 17:17; 18:12). Os nomes têm grande significado para Deus. Ele mudou os nomes de Abraão e Sara. Ele disse a Abraão qual seria o nome de Isaque antes mesmo de ele ser concebido. E designou o nome acima de todo nome para seu único Filho, Jesus. Quando entramos na família de Deus, Ele escreve nossos nomes no Livro da Vida. Ao nos designar como seus filhos amados, que possamos assumir nossos novos nomes, que Ele gravou na palma de suas mãos (Isaías 49:16).

Você sabe o significado do seu nome? Pesquise hoje para descobrir o que ele significa. Anote o significado do seu nome no seu caderno e veja se encontra um versículo que se correlacione com ele. Escreva o versículo também e reserve um tempo para pensar sobre como ele se aplica à sua vida e ao plano de Deus para você.
_____
_____
_____
_____

TRÊS

# Deus tem um plano

Enquanto seguia meu sonho, experimentei a fase de deixar coisas para trás e todas as outras fases da fé diversas vezes. Mas, a cada vez, Deus me leva a uma fé mais forte do que eu tinha antes. Esse é o plano de Deus, sabe? Seu objetivo final é nos fazer crescer cada vez mais à semelhança de seu Filho, que tinha uma fé incrível. Preciso sempre me lembrar disso, porque, por algum motivo, Deus parece não querer fazer as coisas do meu jeito ou no prazo que eu escolheria. Para deixar algumas coisas para trás, precisamos aprender que Deus tem um plano e confiar nesse plano.

Ao fazer isso, perceberemos que é necessário deixar nossa velha identidade para trás. Aprendemos no capítulo dois que Deus nos deu um novo nome, mas às vezes tentamos colocar esse novo nome sobre nossa velha identidade. Precisei aprender a deixar minhas percepções erradas sobre mim mesma e a amargura do meu passado. Eu me apegava a essas coisas como se fossem meu conforto. Estava acostumada a operar em um espaço privado, mantendo todos a uma distância segura. Sempre pensei que estar no ministério significava construir uma fachada de perfeição. Só então eu seria uma serva qualificada de Deus. Aprendi rapidamente que as pessoas não se impressionam com uma perfeição falsa — elas se sentem afastadas e intimidadas por isso!

Deus queria que eu fosse honesta e verdadeira. Essa seria minha identidade. Ele queria refletir sua graça, misericórdia, amor e redenção através das minhas falhas, fraquezas e fragilidades. Ele queria me fortalecer com a força dele. Ele queria ser glorificado em qualquer coisa boa que resultasse dos meus esforços no ministério.

Como mencionei, meu sonho — o ministério que Deus me deu — começou muito pequeno, bem dentro das paredes da minha casa. Eventualmente, Deus me levou a uma senhora que tinha paixão por escrever um boletim para encorajar mulheres. Concordei em ajudá-la a escrever e promover o pequeno boletim. As assinaturas cresceram, e outras oportunidades de ministério surgiram. Nossa estação de rádio cristã local nos convidou a ir ao ar e ministrar breves reflexões devocionais. A partir disso, começamos a receber convites para falar em pequenos grupos.

Então, com joelhos trêmulos, uma voz vacilante e alguns dos esboços mais simples que você já viu, marquei minhas primeiras pequenas palestras. De alguma forma, as mulheres foram tocadas, e o ministério continuou a crescer.

## UMA IDEIA BRILHANTE

Com o tempo, tive a brilhante ideia de escrever um livro. Digitei meus esboços em formato de capítulos, pensei em alguns títulos chamativos para os capítulos, coloquei uma folha de rosto na coleção improvisada e chamei aquilo de proposta de livro. Outra amiga minha, Sharon Jaynes, e eu, ingenuamente, fomos à Convenção Internacional da Associação Cristã de Livreiros, com plena expectativa de encontrar um editor disposto a publicar nossos livros propostos. Afinal, a parte mais difícil de publicar um livro era escrevê-lo, certo?

Bem, logo aprendi que isso não poderia estar mais longe da verdade. A onda de cartas de rejeição que se acumulou na minha mesa nos meses seguintes ao evento destruiu minhas grandes esperanças e sonhos ambiciosos.

Será que eu tinha entendido errado o que Deus me dissera? Eu realmente sentia que Ele me havia dito que eu escreveria livros para ajudar mulheres. Então tentei forçar o sonho a acontecer com minha própria fórmula, e falhei miseravelmente. No meu raciocínio, planejei a viagem para a convenção pensando que, se precisava encontrar um editor, deveria ir onde os editores estavam. Mas meus esforços não produziram nada além de decepção.

Deus tinha um plano para mim. Mas o plano dele começou muito menor que o meu. Ele abriu portas para que eu escrevesse pequenos artigos para mais boletins e algumas revistas. Mas havia recompensas em fazer o ministério do jeito de Deus. Nunca esquecerei a primeira vez que vi meu nome como autora de um artigo publicado. Deus poderia muito bem ter aberto as portas de uma biblioteca e me dito para contar os livros, pois esse seria o número de livros que eventualmente viria do Ministério Provérbios 31. Não que eu escrevesse todos, mas que mulheres ao redor do mundo captassem a visão de escrever suas mensagens e que eu pudesse fazer parte ao dar-lhes coragem para isso.

Acreditei que Deus, um dia, me daria a oportunidade de escrever um livro e me comprometi a esperar por Ele. Não iria mais atrás de editoras; esperaria até que Deus trouxesse uma até mim. Peguei minhas propostas de livro, coloquei-as em uma pasta, fechei a gaveta e agradeci a Deus, antecipadamente, pelo que um dia se realizaria. Acreditei. Escolhi abraçar a fase de deixar e confiar em Deus.

## A REALIDADE BATE À PORTA

Três anos depois, escrevi um artigo para uma publicação financeira. Para ser totalmente honesta, achei que era um dos piores artigos que já tinha escrito. Mas o artigo chegou às mãos de uma editora, que o leu, adorou e me ofereceu um contrato para um livro. Só Deus poderia fazer algo assim! Acho que Deus queria ter certeza de que eu soubesse que um contrato de livro tinha muito menos a ver comigo e muito mais a ver com Ele trabalhando por meio de mim — no tempo dele.

Eu estava dançando de felicidade por onde passava. Deus fez isso! Deus realmente fez isso! Acho que meus pés nem tocaram o chão por dias. Eu ia ser uma autora publicada. Estava mais que entusiasmada, até que uma dura realidade me atingiu: conseguir um contrato de livro é uma coisa, mas realmente escrever o livro — todas as 50 mil palavras dele — é outra coisa completamente diferente. Eu estava louca? Por que eu queria isso? Alguém, por favor, poderia me lembrar? Será que eu conhecia 50 mil palavras? Será que eu conhecia pelo menos mil palavras que pudesse misturar de 50 maneiras diferentes?

Apesar do medo e da insegurança, comecei a reunir citações e histórias. Assumi um tom de escrita bem autoritário e digitei mecanicamente as primeiras 10 mil palavras. Recostei-me, pura alegria, percebendo que cumpriria o primeiro prazo do meu editor. Eu deveria enviar essa primeira seção do livro para aprovação antes de continuar. Como uma mãe orgulhosa de um bebê recém-nascido, deixei outra pessoa segurar meu pequeno tesouro, com muito nervosismo. Mal podia esperar para ouvir seu relato brilhante sobre como minhas palavras eram lindas e cheias de promessas. Em vez disso, recebi de volta duas páginas de correções e a instrução de começar de novo.

Caí no chão ao lado do computador, enfiei o rosto no carpete e chorei alto. Ah, como essa rejeição doía! Eu tinha abraçado a fase de deixar e estava empolgada para seguir em frente. Isso foi um chamado para deixar algo novamente. Esse momento destruiu minha percepção do que Deus estava fazendo. Foi um lembrete de que, mais uma vez, eu precisava deixar algo para trás a fim de conseguir avançar.

## MEUS PLANOS E O PLANO DE DEUS

Percebi que tinha duas escolhas. Eu poderia agarrar meu sonho e sufocá-lo até a morte ou soltá-lo, deixando minhas próprias tentativas de realizar o trabalho de Deus caírem por terra. Escolhi a segunda opção, mesmo em meio às lágrimas. Com toda a fé que

Deus tem o
# plano perfeito.

consegui reunir, coloquei meu livro nas mãos de Deus, e foi só então que entendi. Deus estava me chamando para simplesmente colocar meu desejo de escrever um livro no altar.

Deus realmente exigiu um sacrifício, mas não o projeto inteiro. Ele permitiu que eu usasse um sacrifício substituto. Meu sacrifício substituto foram minhas primeiras 10 mil palavras. A recompensa foi um livro onde me encontrei como amiga das minhas leitoras, e não como uma especialista com tom oficial.

O plano de Deus era perfeito, e quando deixei meus planos para trás, Ele me deixou participar do dele. Olhando para trás, não teria querido de outra forma. Ainda lembro de segurar aquele primeiro livro publicado em minhas mãos. Ver meu nome na capa, folhear as páginas e perceber as impressões digitais de Deus por todo o projeto trouxe lágrimas aos meus olhos. Mais uma vez, fui lembrada de que o livro não era realmente sobre ser publicado. Isso era apenas um detalhe, um benefício adicional. O verdadeiro tesouro foi caminhar com Deus por meio do projeto. Ser lembrada, em primeira mão, de que Deus tem um plano. Não apenas um bom plano. Nem mesmo um plano muito bom. Deus tem o plano perfeito.

Minha nova abordagem transformou outros aspectos do meu ministério também. Joguei fora os esboços tristes e artificiais das palestras que vinha dando e os troquei por compartilhar o verdadeiro eu — imperfeito e desesperadamente dependente de Deus. Deus honrou minha obediência e continuou a revelar um plano que eu jamais poderia ter imaginado. O *Ministério Provérbios 31* agora se tornou um ministério internacional para mulheres, com uma equipe de mulheres dedicadas que captaram a visão de Deus.

## PESSOAS COMUNS

Fico humildemente maravilhada. Minhas colegas também ficam humildemente maravilhadas. Somos todas mulheres comuns, do dia a dia. Certamente, Deus não precisa de nós para realizar este ministério, mas Ele nos permite fazer parte dele. Deus tem uma missão ministerial para você, e Ele quer que você se junte a Ele. Em breve, você também ficará maravilhada.

Em cada evento onde falo, monto uma mesa de livros. Cada título é um lembrete para mim. Pode parecer apenas um pequeno conjunto de páginas e palavras, envolto em uma capa, mas para mim é muito mais. A pequena semente do sonho de escrever livros que ajudassem outras pessoas germinou e floresceu. Esses livros levam as mensagens que Deus me deu, e também às outras mulheres da minha equipe, a lugares aonde jamais poderíamos ir. São as palavras dele emprestadas a nós. Ele usa essas palavras para inspirar, encorajar, ensinar e ajudar outras pessoas. São a prova viva de que caminhar com Deus realmente nos leva a lugares incríveis!

Você está pronta para se aventurar em lugares únicos e emocionantes na sua jornada? Comprometa-se a deixar sua agenda para trás, pegue a mão de Deus e segure firme... a jornada está apenas começando.

# ESTUDO BÍBLICO

Leia Neemias 9:7-8; Atos 3:25; Gálatas 3:6-9.

Como já vimos em Hebreus 11, Deus não procura pessoas perfeitas para realizar sua obra. Eu, erroneamente, acreditei no início que precisava ser perfeita para servir a Deus de forma eficaz. Acho que muitas pessoas acreditam na mentira de que precisam alcançar a perfeição para começar uma vida de fé. Mas aprendi que Deus usa nossas imperfeições e nossa disposição para compartilhar nossos erros para alcançar os corações dos perdidos. Quando falo com mulheres em todo o país, compartilho meus erros, minhas trapalhadas e meus momentos mais constrangedores. Enquanto compartilho, observo. Observo suas risadas se transformarem em alívio. Essas mulheres parecem dizer a si mesmas: *Se Deus pode usá-la, certamente pode me usar!* Você está esperando alcançar a perfeição para começar a servir a Deus? Tem medo de mostrar quem realmente é por receio de que isso atrapalhe seu ministério? Não tenha medo de começar onde você está e de ser quem você é. *Bem-aventurados os transparentes, pois serão usados por Deus de forma poderosa!* Como Deus pode usar você, com todas as suas fraquezas, para ministrar a outras pessoas?

_____
_____
_____
_____
_____
_____
_____
_____

### ESTUDO BÍBLICO

Leia João 10:9; Apocalipse 3:7-8.

Quando dei meus passos na força do meu próprio tempo, Deus parecia não abrir nenhuma porta. Lutei contra frustrações enquanto questionava meu chamado. Eu queria que tudo desse certo, e queria que acontecesse no meu cronograma. Mostrei minha agenda a Deus e esperava que Ele concordasse. O que eu não percebia era que Ele é a porta. Isso não era sobre riscar itens de uma lista de realizações, mas sobre me aproximar dele. Conforme isso acontecia, Ele abria uma porta que ninguém poderia fechar. O tempo em que achei que Ele não estava se movendo era, na verdade, o tempo em que Ele estava agindo no meu coração. Enquanto eu mantinha sua palavra e proclamava seu nome, Ele me preparava para atravessar a porta. Não trocaria aquele tempo por nada, pois foi essencial para o ministério que exerço hoje. Ele usou aquele período para me equipar para cumprir meu chamado e me preparar para alcançar mulheres que precisavam ouvir minha história.

O que as ovelhas encontram quando passam pela porta de Jesus?
_____
_____
_____
_____
_____

Como isso encoraja você?
_____
_____
_____
_____
_____

## ESTUDO BÍBLICO

Leia Josué 24:14-15; Salmos 68:6; 113:9.

Neste capítulo, mencionei que meu ministério começou dentro das paredes da minha casa. Nunca isso foi tão claro para mim como ao refletir sobre o plano de Deus para minha vida. Ele sabia exatamente quais pais, irmãs, marido e filhos me dar para me preparar especificamente para o meu chamado. Sei, sem sombra de dúvida, que não seria a pessoa que sou sem essas pessoas como parte da minha base. Elas contribuíram para o meu crescimento de caráter e desempenharam papéis principais nos dramas da minha família. Agradeço a Deus por sua influência na minha vida ao longo dos anos, tanto para o bem quanto para o aprendizado. Deus colocou você exatamente onde está de acordo com seus propósitos. Agradeça a Ele por isso hoje. Escreva um compromisso de não se prender a como algumas dessas pessoas podem tê-la decepcionado. Agradeça a Deus por usar as pessoas em sua família para ajudá-la a moldar-se para o seu chamado.

QUATRO

# Amando a Deus mais do que ao meu sonho

Como somos parecidos com os filhos de Israel. O Antigo Testamento narra a história do povo hebreu e as lições que eles tiveram que aprender da maneira mais difícil. Repetidamente, eles precisaram aprender a deixar algumas coisas para trás.

Caminhar com Deus certamente levará você a lugares incríveis — mas nem sempre será aonde você achava que queria ir e o caminho nem sempre será fácil. Para ajudá-la a se preparar para as coisas que aprenderá, verá e experimentará nesta jornada, quero explorar ricas verdades bíblicas, começando com as histórias de Abraão e seguindo até a libertação dos filhos de Israel.

Quando começamos com Abraão e uma de suas primeiras conversas com Deus, não é surpresa que Deus o chama a deixar algo. Gênesis 12:1-2 diz: "O Senhor disse a Abrão: 'Saia da sua terra, do meio dos seus parentes e da casa de seu pai, e vá para a terra que eu lhe mostrarei. Farei de você um grande povo, e o abençoarei. Tornarei famoso o seu nome, e você será uma bênção'" No versículo 4, lemos: "Partiu Abrão, como lhe ordenara o Senhor".

É incrível pensar que Abraão teve que deixar tudo o que era confortável — sua família, seus amigos e seu estilo de vida abastado — para receber as bênçãos do Senhor. E aposto que o entendimento de Abraão sobre tornar-se uma grande nação e ser abençoado era muito menor do que a incrível visão de Deus.

O mesmo é verdade em nossa vida. Nossos pensamentos sobre como Deus quer nos usar são pequenos demais. É por isso que hesitamos em deixar nossos antigos caminhos para trás. Se pudéssemos provar das delícias que nos aguardam na terra prometida, deixaríamos tudo sem hesitar — e, no entanto, Deus não trabalha dessa forma. Primeiro, precisamos escolher deixar. Precisamos enxergar pela fé as recompensas à frente e, então, nos mover em direção a elas.

O que Deus pode estar chamando você a deixar para trás? Confira sua resposta com estas outras perguntas:

- Está alinhado com as Escrituras?
- Isso me fará mais parecida com Cristo em pensamentos e ações?
- Tenho paz no coração sobre isso quando oro?

Enquanto responde, sugiro que passe um tempo em oração pedindo a Deus que mostre as respostas dele, e lembre-se de buscar confirmações dele ao longo do dia e registrá-las. Essas confirmações serão inestimáveis à medida que você avança para a próxima fase, que vem logo após a de deixar — a fase que chamo de *fome* e que será o tema dos próximos quatro capítulos.

## UMA FOME NA TERRA

Ao encerrarmos os capítulos sobre a fase de deixar, quero alertá-la brevemente sobre as fases à frente, para que veja como elas naturalmente se desenrolam, uma após a outra, à medida que Deus realiza sonhos. Cada nova fase surge da anterior e faz parte contínua da nossa vida de fé. Nunca chegaremos a um ponto final nesta vida. Somos sempre peregrinos aqui, aguardando nosso descanso final no céu. Mas, até lá, somos chamados a participar com Deus na realização de um sonho de vida… o plano dele para nós.

Caminhar com Deus certamente levará você a **lugares incríveis** — mas nem sempre será aonde você **achava que queria ir** e o caminho nem sempre será fácil.

Assim, ao fechar a fase de deixar, outra começa: a fase de fome.

Gênesis 12:10 diz: "Houve fome naquela terra, e Abrão desceu ao Egito para ali viver algum tempo, por causa da fome grave". Que desgosto Abrão deve ter sentido ao deixar tudo o que era confortável e mudar-se para a terra onde Deus prometera realizar seus sonhos, apenas para ter que fazer as malas e ir embora por causa de uma fome severa.

Durante uma passagem tão decepcionante, suas raízes crescem mais profundas, não apenas mais largas. Não questione o que Deus está fazendo. Em vez disso, procure maneiras de aprofundar-se em sua palavra, seu caráter e sua fidelidade nesse tempo. Cultivar raízes profundas não é fácil. Percorrer a sujeira rasa da superfície e crescer para os lados é muito mais simples, mas raízes que crescem lateralmente não ancoram a árvore nem sustentam seu crescimento ao longo dos anos. Isaías 61:3 diz: "Eles serão chamados carvalhos de justiça, plantio do Senhor, para a manifestação da sua glória".

Durante o tempo de fome, teremos que cavar fundo, buscando sustento na palavra de Deus. Nenhum de nossos heróis bíblicos escapou da fase de fome antes de ser usado poderosamente por Deus. Noé deixou para entrar na arca e, então, teve que suportar o dilúvio. Rute deixou os banquetes de Moabe para colher sobras de trigo no campo de outra pessoa. Davi deixou as ovelhas tranquilas para enfrentar o feroz Golias. Os discípulos deixaram tudo para seguir Jesus, apenas para descobrir que Ele não seria um rei terreno, mas um Salvador crucificado. Abraão enfrentou uma fome física, mas também uma fome de sonhos.

Deus prometeu fazer de Abraão o pai de uma grande nação, mas sua esposa, Sara, não conseguia conceber. Que desgosto Abraão e Sara devem ter sentido ao ver Deus plantar em seus corações esse sonho incrível de uma família, apenas para assistir os anos passarem sem filhos para chamar de seus.

Abraão, então, foi a Deus e compartilhou sua angústia. Você já foi a Deus e derramou seu coração diante dele? Lembre-se, essa jornada será muito menos sobre os lugares aonde Ele eventualmente a levará e muito mais sobre o relacionamento que Ele estabelecerá com você ao longo do caminho. Deus quer que nos comuniquemos com Ele todos os dias, em cada pensamento, cada passo, cada vitória, cada derrota, cada pergunta e cada certeza.

Em Gênesis 15:5-6, Deus reaviva a visão para Abraão, assegurando-lhe que ela se cumprirá, e dá a ele uma ilustração visual de quão grandes são os sonhos de Deus para nós. Deus levou Abraão para fora e disse: "Olhe para o céu e conte as estrelas, se é que pode contá-las... assim será a sua descendência".

Uau! Que quadro. Que destino. Que grande promessa. E o versículo 6 inclui uma frase que fez meu coração saltar. Abraão vinha caminhando em obediência desde que Deus o chamou, mas nunca proclamou que realmente acreditava no sonho de Deus para ele. Mas aqui ele é reconhecido, não por fazer algo, mas por estabelecer profundamente em seu coração que Deus era digno de confiança, pois Abraão sabia que Ele seria fiel. "Abrão creu no Senhor, e isso lhe foi creditado como justiça."

## CRER E VER

Depois da fase de deixar e do tempo de fome, chega a fase em que aprendemos a crer em Deus. Devemos estar atentas às suas belas confirmações e encontros divinos, pois eles estarão lá se prestarmos atenção. Não podemos permitir que a fome nos distraia tanto a ponto de perdermos essa nova e maravilhosa fase de realmente acreditar e deixar essa crença penetrar até os cantos mais profundos do coração. Esse tempo de crença é vital, pois nos sustentará em outros momentos difíceis que virão. Ele nos lembrará, assegurará, confortará e motivará de que Deus é digno de confiança em todas as circunstâncias — mesmo na fase de morte que está por vir.

## A MORTE DO SONHO

E então Abraão experimentou a fase de morte logo após Deus finalmente abençoá-lo com seu tão esperado filho, Isaque. Quando

Isaque estava provavelmente entrando na adolescência, Deus chamou Abraão para entregá-lo. O sonho estava prestes a se realizar plenamente, mas agora a morte pairava no horizonte. Gênesis 22:2 diz: "Então disse Deus: 'Tome o seu filho, seu único filho, Isaque, a quem você ama, e vá para a região de Moriá. Sacrifique-o ali como holocausto num dos montes que lhe indicarei'".

Acredito plenamente que Deus submeteu Abraão a esse teste surpreendente de obediência para ver o que vinha primeiro — seu sonho ou seu Deus. Somos tentadas a dar uma resposta rápida e passar por essa questão desconfortável sem lhe dar o devido pensamento. Mas isso é muito sério para Deus. Rapidamente tomamos posse de nossas esperanças e sonhos, e não queremos nunca devolvê-los. Como uma criança egoísta de dois anos, gritamos: "Meu, meu, meu!". Deus não pode permitir que esse seja o grito de nossos corações. Nosso coração deve bater em sintonia com o dele. A única maneira de isso acontecer é levarmos constantemente nosso sonho a Ele com as mãos abertas e declararmos voluntariamente: "Teu, teu, teu!". O sonho de Abraão de ser pai de uma grande nação era primeiramente o sonho de Deus. Deus é o autor do seu sonho também. Mas Ele não é apenas o autor do sonho, é também o aperfeiçoador (Hebreus 12:2). Nosso trabalho não é resolver tudo, manipulá-lo para que aconteça, fazer os contatos, guardá-lo ferozmente e reivindicá-lo sem hesitação. Deus começou. Deus é fiel e mais do que capaz. Deus o finalizará.

> Na manhã seguinte, Abraão levantou-se e preparou o seu jumento. Levou consigo dois de seus servos e seu filho Isaque (Gênesis 22:3).

Abraão não hesitou. Ele creu em Deus mesmo diante da morte. Levantou-se cedo e tornou o comando de Deus a prioridade do dia. Tenho certeza de que, embora seus pés caminhassem obedientemente, seu coração ansiava por segurança. Em algum momento da jornada até o monte, acredito que Deus lhe deu a certeza de que tudo estava sob controle e que Abraão podia confiar plenamente nele. Quando Abraão deixou os servos para levar Isaque ao altar, disse algo surpreendente: "Adoraremos e depois voltaremos até vocês" (Gênesis 22:5).

Como Abraão sabia que ele e Isaque voltariam? Era apenas um desejo? Estava apenas tentando proteger os servos da verdade aterrorizante? Ou confiava que, se Deus permitisse que o sonho morresse, Ele certamente poderia ressuscitá-lo também? Deus providenciou um carneiro como sacrifício para Abraão, e Ele faz o mesmo por cada uma de nós.

> Por isso, até hoje se diz: "No monte do Senhor se proverá". O Anjo do Senhor chamou do céu a Abraão pela segunda vez e disse: "Juro por mim mesmo, declara o Senhor, que por ter feito o que fez, não me negando o seu filho, o seu único filho, eu o abençoarei e farei seus descendentes tão numerosos como as estrelas do céu e como a areia da praia. Seus descendentes conquistarão as cidades dos que lhes forem inimigos e, por meio deles, todos os povos da terra serão abençoados, porque você me obedeceu" (Gênesis 22:14-18).

Só Deus pode dar um sonho assim, e só Deus pode realizá-lo.

## RESSURREIÇÃO

A fase final, que exploraremos mais profundamente nos capítulos 17 a 20, é a gloriosa ressurreição. É o cumprimento do que Deus prometeu e realizou Ele mesmo. Nossa maior satisfação virá ao ficarmos maravilhadas com o que Deus realiza enquanto simplesmente caminhamos em fé.

Quão apropriado para o sonho de Abraão de uma grande nação, e também para nossos sonhos: "Por isso, até hoje se diz: 'No monte do Senhor se proverá'" (Gênesis 22:14).

# ESTUDO BÍBLICO

Leia Atos 7:1-8.

Este é um relato do Novo Testamento sobre a história de Abraão. Este sermão, pregado por Estêvão pouco antes de ser apedrejado, é o mais longo registrado em Atos. Por que você acha que Estêvão dedicou tempo para relembrar a história de Israel ao seu público? Qual é o objetivo dele ao recordar ao povo essas histórias do passado?

_____
_____
_____
_____

Conforme a igreja cristã crescia, Estêvão lembrou os judeus de sua relação de aliança com Deus. Ao trazer à memória a fé dos antepassados, ele também relembrou a resposta dos patriarcas ao chamado de Deus em suas vidas. Qual foi essa resposta?

_____
_____
_____
_____

Leia Gênesis 12:4-9.

Qual foi a resposta de Abraão a Deus?

_____
_____
_____

## ESTUDO BÍBLICO

Escreva o versículo que melhor expressa a resposta de Abrão a Deus. Essa também é a sua resposta a Ele?

_____
_____
_____
_____
_____
_____

Se estiver pronta, escreva uma oração a Deus declarando esse versículo como sua resposta a Ele. Certifique-se de registrar a data em que fez essa oração. Prepare-se para o que Deus fará em sua vida ao fazer essa oração!

_____
_____
_____
_____
_____
_____

Leia Provérbios 18:24; João 15:13-15; Tiago 2:23.

Deus anseia ouvir nossas orações. Ele quer nos acolher em seu colo e ouvir sobre nosso dia, nossas dores e nossas vitórias. Algo acontece nesse processo de derramarmos nossos corações diante dele. À medida que nos relacionamos com Ele e dependemos dele, nos aproximamos mais dele. Ele realmente se torna nosso Amigo. Ele deseja ser a primeira pessoa a quem recorremos quando nossos corações estão partidos, aquele a quem buscamos por sabedoria diante de um problema e aquele que nos encoraja em nossas vitórias. Ele é nosso Consolador e Conselheiro, disponível vinte e quatro horas por dia, a uma oração de distância. Podemos ter muita

ESTUDO BÍBLICO

confiança ao implementar essa verdade em nossa vida de oração. Como Abraão tinha uma relação de fé com Deus, ele foi chamado amigo de Deus. Nós temos a mesma oportunidade hoje. Que Amigo temos em Jesus!

Leia Jeremias 31:31-33.

Ouvi uma vez um professor da Bíblia dizer que este versículo é o "número de telefone" de Deus! Ele nos deu uma nova aliança por meio da salvação. É uma aliança eterna e imutável, iniciada por Deus devido ao seu grande amor por nós. Tudo o que Ele pede de nós é obediência. Não precisamos ser corajosas, inteligentes ou eloquentes. Nem precisamos saber exatamente para onde estamos indo — basta saber quem estamos seguindo. Você está disposta a dar um passo à frente, como Abraão, com um novo nome e um novo coração, que deseja seguir Deus em cada passo do caminho, deixando para trás o familiar e o confortável em busca do melhor de Deus para você? Escreva o que sente que Deus está chamando você a deixar e peça a Ele que a ajude a tomar medidas para se afastar dessas coisas.

FASE 2

# Fome

CINCO

# A aventura para a qual nossa alma foi criada

Experimentamos a fase de deixar e demos um passo com Deus. Infelizmente, não somos imediatamente conduzidas à terra de grandes promessas e sonhos realizados. Este novo lugar é empoeirado, desconhecido e inesperado. É aqui que começa a fome — seca, árida e desconfortável. Neste novo lugar de sacrifício e entrega, Deus nos tira da nossa zona de conforto, e aprendemos a depender dele como nunca antes.

Era um dia quente, tanto dentro quanto fora da vila de órfãos na Libéria. As temperaturas escaldantes eram inescapáveis, mas pelo menos do lado de fora havia uma brisa. Os meninos jogando futebol no campo não pareciam se importar com o calor, pois a constante excitação do jogo os mantinha distraídos. Os doze meninos dentro, praticando suas músicas para o coral, frequentemente desviavam o olhar para o campo de futebol, onde a promessa de diversão e os aplausos de seus amigos os atraíam. Ser membro do coral dos meninos valia o sacrifício de perder o tempo livre jogando futebol?

Eles sentiam a dor de se renderem ao chamado, sacrificando seu tempo e saindo de sua zona de conforto. A fome de diversão os atingia com força. Mas os doze meninos decidiram que o coral valia o sacrifício e permaneceram fiéis à tarefa. Outros meninos haviam entrado e saído do coral, optando por satisfazer seus desejos imediatos de diversão em vez de permanecerem fiéis a esse chamado. E um chamado era o que realmente era.

A Libéria havia sido devastada por uma guerra civil que deixou mais de 25 mil órfãos para serem cuidados. Um dos homens chamados para essa tarefa desafiadora foi o pastor Kofi. Para arrecadar dinheiro e apoio para as centenas de órfãos sob seus cuidados, o pastor Kofi pediu a seu filho mais velho que formasse um coral de meninos a capela. Esse coral deveria viajar por todo o país da Libéria e se apresentar em igrejas para buscar apoio. Mal sabia o pastor Kofi ou os meninos que se inscreveram no coral que sua visão era muito pequena. Deus tinha um plano que esses meninos jamais poderiam imaginar.

## UM PASSO DE FÉ

Uma mulher da embaixada americana assistiu a um dos concertos do coral na Libéria. Seu coração foi tocado, e ela decidiu ajudar os meninos a conseguir a documentação necessária para virem para os Estados Unidos. Por meio da determinação incansável dessa mulher e da intervenção divina de Deus, os meninos estavam a caminho dos Estados Unidos para uma turnê de concertos.

Uma vez lá, Deus continuou a realizar milagres. Ele trouxe um empresário para gerenciar o coral e agendar os concertos. Logo, estavam programados para cantar em mais de 130 igrejas em todo o sudeste do país. Por meio dos concertos, conseguiram aumentar a conscientização e o apoio em oração para seu país natal, além de arrecadar dinheiro suficiente para alimentar e cuidar das muitas crianças que permaneciam nos orfanatos durante todo aquele ano.

Os meninos do coral fizeram grandes sacrifícios, abrindo mão de seu momento favorito do dia jogando futebol para praticar o canto. A única promessa que tinham era a chance de viajar pelo próprio país, a Libéria, para encorajar as pessoas nas igrejas. Mas, ah, como Deus abençoou seu sacrifício! Mal sabiam eles que seu passo de fé para honrar a Deus resultaria na realização dos maiores sonhos de suas vidas.

## SONHOS SE TORNAM REALIDADE

Coisas incríveis aconteceram a cada um dos meninos daquele coral. Um dos meninos se chamava Seebo. Quando o vi cantar pela primeira vez, fiquei impressionada ao perceber que ele não parecia estar cantando para a multidão de pessoas à sua frente. Não, sua cabeça estava inclinada e seus olhos focados no único "Papai" que Seebo já conhecera — seu Pai celestial. A voz poderosa que saía de seu pequeno corpo derramava cânticos de alegria, esperança, paz e amor. Embora as circunstâncias da vida de Seebo não tivessem proporcionado as coisas que trazem alegria, esperança, paz e amor à maioria das crianças, essas qualidades eram evidentes em sua vida porque Deus reinava tão ricamente em seu coração.

A alegria de Seebo não era uma felicidade temporária que surge em dias ensolarados e logo desaparece. Sua esperança não estava baseada em um futuro brilhante. Sua esperança estava enraizada em Jesus e somente em Jesus. Seu coração estava cheio de paz e amor, mesmo sem ter uma cama quente em uma casa confortável, com pais que o colocassem para dormir todas as noites com uma oração e um beijo. Ele não tinha casa nem pais para chamar de seus, mas sabia que Deus era seu Pai e que tinha um lar no céu. Ele também sabia que Deus responde às orações de seus filhos, então orou para que Deus abrisse um caminho para ele encontrar uma mamãe e um papai.

Enquanto isso, David e Debbie estavam vivendo uma vida ótima. David havia acabado de ser promovido a CEO de uma grande empresa da Fortune 500. Debbie era diretora do ministério feminino em uma das igrejas de crescimento mais rápido da cidade. Eles tinham acabado de mandar o segundo filho para a faculdade, e o momento havia chegado para fazerem aquelas coisas que haviam esperado.

Tinham planos de viajar mais, terminar de decorar a casa, e Debbie planejava voltar à faculdade para obter um diploma de Capelania. Ambos eram palestrantes e professores talentosos e estavam considerando usar esses dons em algum tipo de ministério juntos.

Tudo isso mudou radicalmente quando Deus trouxe Seebo e seu amigo para a vida de David e Debbie através da turnê do coral. Instantaneamente, David e Debbie se apaixonaram por esses dois meninos e decidiram em oração adotá-los. Depois que os meninos se estabeleceram, David e Debbie começaram a ouvir os meninos falarem sobre seus irmãos, irmãs e um amigo especial que ainda estavam no orfanato. Logo, este casal que havia acabado de se tornar "ninho vazio" tornou-se orgulhoso pai de oito filhos — dois biológicos e seis adotados da Libéria.

## FÉ NA FOME

O pequeno Seebo era uma criança esquecida em um país do terceiro mundo devastado pela guerra. Mas ele era um menino que orava, permanecia firme em sua fé e era obediente para atravessar cada porta aberta diante dele, e assim o órfão tornou-se filho de um dos empresários mais influentes e poderosos da América. Servimos ou não a um grande Deus com grandes planos? Tenha certeza, minha amiga, que o mesmo Deus extraordinário está procurando por pessoas fiéis através das quais Ele possa revelar seus propósitos e caminhos extraordinários.

A história de Seebo lança um desafio a todos nós. Quanto mais realmente acreditarmos nas verdades que Deus nos chama a crer, mais nos arriscaremos com Deus. Podemos atravessar as dores da fome e encontrar conforto ao saber que Deus tem um bom plano, mesmo em nosso desconforto. No entanto, a maioria de nós senta-se no pó da fome e clama por conforto e segurança. Podemos até mesmo voltar às poças de lama que deixamos para trás. Enquanto isso, diante de nós, estão as águas puras e correntes para as quais nossas almas foram criadas. Um lugar doce de total confiança em

Quanto **mais acreditarmos** nas verdades que Deus nos chama a crer, **mais** nos **arriscaremos** com Ele.

Deus, grande fé e sonhos realizados está lá. E dentro de nós algo nos chama a mergulhar e experimentar as riquezas das profundezas. Algo em nós quer acreditar que Deus também tem grandes coisas reservadas para nós.

Agora, volte por um momento ao dia aparentemente comum em que Seebo decidiu largar o futebol para entrar no coral. Você acha que ele tinha ideia de que essa decisão de obediência e sacrifício levaria um dia à realização de seus maiores sonhos? Ele poderia ter imaginado que impactaria profundamente o futuro de muitas outras crianças também? Tristemente, penso na multidão de cristãos que decidiram que preferem estar confortáveis e jogar jogos a embarcar na aventura para a qual nossas almas foram feitas — viver uma vida que exige fé.

## UMA VIDA QUE EXIGE FÉ

Uma vida que exige muito pouca fé não é uma vida que Deus usará. Quando estamos dispostas a embarcar em uma vida que exige fé, ficamos mais conscientes de Deus e de sua capacidade de cuidar de cada detalhe de nossa vida. Não esperamos até que tudo esteja em ordem e, então, decidimos: *Ok, agora tenho tempo para viver pela fé*. Nunca teremos tudo em ordem, e a fé não pode ser distribuída como uma lata de refrigerante em uma máquina. A fé é aprendida na vida.

Por meio dos eventos cotidianos, bagunçados e imprevisíveis, que muitas vezes nos fazem tropeçar, tomamos consciência de nossa necessidade desesperada de Deus. Decidi que, uma vez que deixei as poças de lama do passado, não olharei para trás, independentemente de quão difícil a fome se torne. Vou me concentrar no que está à frente e encontrar alegria em saber que Deus sempre cumpre suas promessas.

Vamos jogar um jogo simples. Sem olhar, você consegue nomear as pessoas cujos rostos aparecem na nota de um dólar, na de cinco dólares e na de dez dólares? Recentemente, fiz essa pergunta a mais de mil pessoas em um culto. Em seguida, pedi que levantassem a mão aqueles que poderiam responder, sem sombra de dúvida, às três perguntas. A multidão olhou ao redor e viu apenas três pessoas de mil levantarem as mãos. Estranho, não é? Essas notas passam por nossas mãos diariamente, e, mesmo assim, vivemos nossa vida tão desatenta. Você sabia as respostas? Washington, Lincoln e Hamilton, nessa ordem.

O ponto não é que devemos prestar mais atenção ao dinheiro. O ponto é que precisamos chegar ao lugar onde prestamos mais atenção a Deus agindo em nossa vida diária. Se vivermos desatentas à presença de Deus nas pequenas coisas, provavelmente também estamos desatentas à presença dele nas grandes coisas.

Como é importante entregarmos nossos corações a Deus e pedirmos diariamente que Ele revele seus planos e perspectivas para que não percamos sua atividade e seus gloriosos planos para o nosso futuro.

Busque a atividade de Deus ao seu redor todos os dias. Sua perspectiva mudará, sua fé ganhará um entusiasmo renovado e você começará a caminhar em direção aos lugares incríveis para onde Deus está tão animado em conduzi-la.

# ESTUDO BÍBLICO

Leia Salmos 15; 24:3-6.

Você está pronta para subir a colina de Deus e se aproximar dele? Esses dois salmos revelam algumas das qualidades de caráter que Deus procura em seu povo. Embora essas qualidades não sejam possíveis em nossa natureza carnal, com Deus podemos aspirar à justiça, pois Ele está agindo em nós. No seu caderno, anote áreas específicas que você gostaria de trabalhar ao longo deste estudo. Talvez você tenha um amigo ou alguém em seu grupo que possa ajudá-la a prestar contas. Acima de tudo, lembre-se de que essa lista está aqui para inspirá-la, não para sobrecarregá-la ou condená-la.

_____
_____
_____
_____
_____

Leia 1Samuel 16:7.

Deus olha principalmente para o seu coração por Ele. Como somos rápidas em nos condenar e pensar que nunca seremos suficientes! Deus vê seus esforços. Ele sabe quando você está fazendo o melhor que pode. Ele viu aqueles jovens na África tomarem as decisões que tomaram e honrou e abençoou suas escolhas. Claro, todos podemos trabalhar em nosso caráter e ações enquanto buscamos constantemente nos tornar mais semelhantes a Cristo. Mas também devemos dar a Ele tempo para trabalhar em nós de dentro para fora, moldando e transformando nossos corações conforme o plano dele. Quais questões do coração você precisa pedir ajuda a Deus para trabalhar?

## ESTUDO BÍBLICO

Você guarda mágoa contra alguém? Um pecado secreto a atormenta? Você é amarga em relação a alguém que não atende às suas expectativas? Derrame seu coração diante do Senhor no seu caderno. Peça a Ele que revele a verdade a você, peça que Ele limpe seu coração e ore por sabedoria e coragem para fazer o que Ele lhe disser.

___

Leia 2Crônicas 1:11; Salmos 119:72; Jeremias 15:16; Romanos 10:1.

O que é o deleite do seu coração? É a sabedoria e o entendimento de Deus? Você se deleita na palavra dele?

___

Mateus 6:21 diz: "Pois onde estiver o seu tesouro, aí também estará o seu coração". Meu pastor frequentemente nos lembra que é fácil saber onde está o coração de alguém — basta olhar para seu talão de cheques e sua agenda. Para onde vai seu dinheiro? Onde você gasta seu tempo? Deus anseia ser o deleite do seu coração. Salmos 37:4 diz: "Deleite-se no Senhor, e ele atenderá aos desejos do seu coração". Determine-se a se deleitar nele e confie que Ele cuidará do restante.

SEIS

# O convite extraordinário de Deus

Talvez você tenha lido o capítulo anterior e pensado: *Bem, essa é uma história interessante, mas o que isso tem a ver comigo?*

Bem, deixe-me contar o restante da história.

Dois dos adolescentes daquele coral, Jackson e Mark, ficaram órfãos ainda bebês, quando seus pais e a maioria de seus irmãos foram mortos por forças rebeldes. Esses bebês, junto com tantos outros, foram levados ao orfanato, onde aprenderam a orar, a ter fé diante de adversidades extremas e, apesar de períodos de fome e ataques mortais dos rebeldes, a manter a alegria de Deus dançando em seus corações.

Noites e mais noites, esses meninos se ajoelhavam ao lado de suas camas improvisadas e derramavam orações de gratidão e esperança, desejando o dia em que ouviriam estas palavras simples, mas transformadoras: *"Você é meu filho — bem-vindo ao lar"*. Embora nem sempre pudessem ver a mão de Deus em ação, confiavam em seu coração e se alegravam nas bênçãos mais simples de cada dia.

Deus tinha um plano perfeito para responder às suas orações e realizou milagre após milagre para trazer esses meninos para a América.

Mas o que eu não sabia era que Art e eu faríamos parte da resposta às orações desses meninos. Nossa vida era ocupada e cheia, e estávamos felizes sendo pais de três meninas pequenas. Então, você pode imaginar minha surpresa na noite em que fui ao concerto do coral dos meninos em nossa igreja e a vida de nossa família mudou para sempre.

## COMOVIDA E APAVORADA

Lembro-me de estar sentada no concerto naquela noite quando, do nada, Deus sussurrou ao meu coração que dois daqueles meninos cantando na frente da igreja eram meus. *Certo*, pensei. *Claro*.

Tive vontade de colocar os dedos nos ouvidos e cantar: *La, la, la, la, la...Não estou ouvindo você, Senhor!* Mas minha música não desencorajou o Senhor, e a certeza parecia crescer cada vez mais. Decidi tentar uma nova abordagem com Ele: *Senhor, só vim aqui esta noite para trazer minhas meninas a um simples evento cultural. Não estou procurando uma grande mudança de vida. Minha vida já está muito cheia com palestras, escrita e educando em casa três meninas. Não temos MENINOS em nossa casa. Nós "pensamos em rosa", e meu marido está bem com isso. Além disso, todos os meus amigos pensariam que eu estava louca, e meu marido nunca acharia que isso é uma boa ideia.*

Deus não se deixou abalar pela minha resposta. Na verdade, seu chamado em meu coração ficou mais intenso à medida que a noite avançava. Após o concerto, perguntei a um dos diretores quais dos meninos ainda precisavam de um lar (apenas para que eu pudesse orar por eles). Ele me disse que oito dos doze meninos ainda precisavam encontrar famílias para adotá-los. Ele me encorajou a ir à área de recepção onde os meninos estavam cumprimentando as pessoas. Se Deus pretendia que alguns desses meninos fossem nossos, ele tinha certeza de que eu saberia.

Relutantemente, entrei na área de recepção, e em questão de segundos, dois meninos, Jackson e Mark, vieram até mim, me abraçaram e me chamaram de mãe. Fiquei comovida e apavorada ao mesmo tempo.

Como poderia ligar para Art e lançar essa bomba nele? Eu nem consideraria trazer um novo animal de estimação para casa sem falar extensivamente com ele, então como explicaria que dois meninos do outro lado do mundo estavam me chamando de mãe?

Fomos a última família a sair do concerto. Minhas meninas e eu nos despedimos dos meninos com abraços e começamos a voltar para casa. Abri meu celular e, com as mãos trêmulas, liguei para Art.

*Como? Por quê?*

Por várias semanas, clamamos a Deus, desesperados por sua orientação e sabedoria. Conversamos com nossos amigos e nossos pais, e a maioria deles achava que estávamos mais do que um pouco loucos. Refletimos sobre todos os aspectos e lutamos profundamente em nossos espíritos com essa decisão.

As perguntas de Art estavam mais centradas nos aspectos do *como*. *Como poderíamos financeiramente aumentar o tamanho da nossa família? Como encontraríamos tempo em nossa agenda já lotada? Como criaríamos meninos? Como protegeríamos nossas meninas? Como encontraríamos espaço em nossa casa?* A lista continuava com uma série de outras perguntas do como.

Minhas perguntas mais profundas estavam centradas no *por quê*. *Por que nós? Nem tenho certeza se faço bem esse negócio de maternidade com apenas três filhos, imagine cinco! Quero ser uma ótima mãe, mas às vezes fico cansada, frustrada, com raiva e fora de controle. Deus, não deveria chamar alguém que tivesse mais jeito com crianças e soubesse cuidar de várias ao mesmo tempo com um sorriso no rosto?*

E então vem toda a questão da perfeição. *Gosto de minha casa limpa, arrumada e silenciosa. Isso tem sido possível com três meninas — mas meninos são barulhentos e bagunceiros, especialmente adolescentes. E, finalmente, estou ocupada. Senhor, tu me abençoaste com um ministério que cresceu além da minha imaginação. Eu viajo e falo, e não sinto que estás me chamando para desistir disso. Mas não é humanamente possível adicionar duas crianças e continuar com meu chamado, é? Por que eu, Senhor? Por que eu?*

## ENVIADOS DO CÉU

Liguei para minha querida amiga Sheila um dia e fiz a ela esta pergunta. Derramei meu coração. Expus todas as minhas dúvidas e questionamentos. Ela me ouviu pacientemente, sem responder muito. *"Por que eu, Sheila? Por que eu?"* Então, calmamente e em oração, ela respondeu: *"Porque Deus sabia que você diria sim, Lysa".*

Fiquei perplexa. Foi o maior elogio que já recebi. Meu coração se encheu de alegria quando, de repente, memórias inundaram minha mente sobre os anos de treinamento espiritual pelos quais Deus me levou para me tornar uma mulher que diz sim a Ele.

Houve outras confirmações para mim e para Art. Uma delas aconteceu enquanto estávamos em um avião, viajando juntos para falar em uma conferência sobre casamento. Estávamos tendo uma das nossas conversas do tipo *"Estamos loucos?"* quando uma mulher da fileira atrás de nós se aproximou do nosso assento e inclinou-se para falar conosco. Ela nos disse que Deus vinha a incentivando há mais de uma hora a nos dizer algo, mas ela estava nervosa em interromper nossa conversa.

Sorrimos e a tranquilizamos, dizendo que gostaríamos de ouvir o que ela tinha a dizer. Ela continuou nos contando que ela e o marido tinham três filhas quando Deus os chamou para adotar algumas crianças estrangeiras e que Deus queria que soubéssemos que tudo ficaria bem. Ao se virar para ir embora, ela me entregou seu cartão de visita, que tinha as palavras impressas no topo: *Enviados do céu*.

## O DESFECHO DE DEUS

Quando voltamos daquela viagem, perguntamos ao diretor dos meninos se poderíamos agendar um dos últimos concertos deles em nossa igreja local. Muitos dos meus amigos achavam que estávamos loucos, então pensei que poderiam entender melhor se ouvissem o que eu ouvi naquela primeira noite, enquanto esses preciosos meninos cantavam sobre a alegria do Senhor. Também imaginei que a visita poderia ajudar a tornar a transição dos meninos para o convívio na igreja mais fácil. Mas Deus tinha um plano muito maior para aquela noite.

A noite foi mágica — um dos últimos concertos da turnê deles. Eles haviam cantado em mais de 130 igrejas e arrecadado dinheiro suficiente para alimentar todos os amigos deles no orfanato na Libéria por um ano. A missão tinha sido um grande sucesso, mas seis dos meninos ainda precisavam de lares. Eles precisavam de um milagre. E um milagre foi exatamente o que Deus planejou para aquela noite.

Aqueles amigos que achavam que éramos loucos agora são pais orgulhosos de meninos liberianos!

As pessoas fizeram fila no final do programa para conhecer os meninos, e havia mais famílias dispostas a adotar do que meninos disponíveis. Todos os outros meninos encontraram pais naquela noite, e, na época em que este livro foi escrito, mais de 22 crianças (irmãos e amigos dos meninos) do orfanato liberiano já haviam sido adotadas por famílias da nossa igreja.

David e Debbie Alexander, mencionados no capítulo anterior, tinham muitas dúvidas quando lhes contamos pela primeira vez sobre nossa decisão de adotar. Eles achavam que o que estávamos fazendo era admirável, mas trazer adolescentes para uma família composta apenas por meninas pequenas? Sim, eles achavam que éramos loucos. Mas Debbie veio ao concerto naquela noite e então entendeu. Recentemente, Debbie me escreveu para agradecer por sermos loucos, pois isso resultou nas seis novas bênçãos deles!

## APENAS DIGA SIM

Agora, pense em mim sentada naquele banco de igreja, vivendo minha vida comum, quando o convite extraordinário de Deus surgiu de repente. Eu poderia tão facilmente ter saído daquela igreja e ignorado o chamado de Deus. Já fiz isso mais vezes do que gostaria de admitir. Mas veja tudo o que teríamos perdido se eu tivesse feito isso.

Ser seguidora de Cristo é um **processo contínuo** de aprendizado, crescimento, expansão e confiança.

Meu envolvimento no plano perfeito de Deus começou com uma resposta simples: Sim. *Sim, Deus, eu aceitarei o que você tem para mim. Embora seja difícil e nem faça sentido, eu aceitarei como seu plano perfeito, porque seus caminhos são mais altos do que os meus!*

Que imagem para nossas almas órfãs. Foi o que todos nós éramos até muitos séculos atrás, quando o choro de um bebê recém-nascido proclamou que nosso Rei, nosso Salvador, nosso Senhor dos senhores, nosso Príncipe da Paz, Jesus Cristo, havia nascido. Então Ele viveu, amou e submeteu-se à morte em uma cruz. Três dias depois, a morte foi derrotada quando Jesus ressuscitou, tornando-se o caminho para nossos corações ansiosos ouvirem aquelas palavras simples, mas transformadoras: *"Você é meu filho — bem-vindo ao lar".*

É isso que Deus diz a todos que confiam nele e aceitam Jesus Cristo como Senhor de sua vida.

Deixe-me encorajá-la: sua jornada espiritual não termina quando você se torna cristã — é aí que ela realmente começa! Ser seguidora de Cristo é um processo contínuo de aprendizado, crescimento, expansão e confiança. Todos os dias podemos olhar e ouvir o convite de Deus para nos unirmos à sua obra maravilhosa.

Nunca fez parte do meu plano ter mais filhos, mas, graças a Deus, fazia parte do plano dele.

## PROCURE A ALEGRIA

Tem sido fácil? Não. Deixei minha zona de conforto e entrei em um lugar de fome onde sou forçada a depender de Deus como nunca. Há dias em que sinto vontade de arrancar os cabelos e desejo ter menos roupas para lavar, menos bagunça, contas de supermercado menores e mais tempo para mim? Sim. Mas esta vida não é sobre mim. É sobre unir as mãos com Jesus para cumprir qualquer tarefa que Ele coloque diante de mim e compartilhar seu amor com todos que Ele traz ao meu caminho.

Não perca este ponto — embora a fase de fome seja difícil, ela não precisa ser vazia de alegria. Procure a alegria. Ela está lá. Orações respondidas, tesouros de sabedoria e a paz da provisão de Deus estão esperando por você nesta fase. Depender de Deus traz uma alegria que eu nunca poderia conhecer de outra forma.

Por exemplo, nossas três filhas cresceram espiritualmente no último ano mais do que eu poderia ter imaginado. Elas não estão apenas lendo sobre amar os outros, estão vivendo isso. Elas se ajustaram maravilhosamente. E o meu ministério? Adotar esses meninos me afastou do ministério em alguns momentos, mas Deus fez o ministério crescer mais este ano do que nunca. Se eu não tivesse adotado os meninos, poderia ter trabalhado horas a fio tentando fazer as coisas acontecerem, mas nunca poderia ter realizado o que veio das mãos de Deus.

Estou convencida de que os avanços vêm durante essa fase de fome, não quando estamos nos esforçando para fazê-los acontecer. Os avanços acontecem quando nos ocupamos em honrar a Deus momento a momento, passo a passo, dia após dia, pelo que fazemos e, mais importante, com os pensamentos que temos enquanto fazemos. Pessoas que não dizem sim ao Senhor ainda podem viver uma boa vida. Mas somente aquelas que abraçam plenamente Deus podem experimentar a maravilha e o assombro de um coração que diz "sim" e vive a grande vida que Ele planejou.

O que Deus está chamando você para fazer do jeito dele hoje? Talvez você nunca seja chamada a adotar crianças de um país estrangeiro, mas Deus está chamando você, atraindo você, correndo atrás você, convidando você para algo mais rico com Ele. Que o seu ordinário seja invadido pelo convite extraordinário de Deus para atravessar a fase de fome e viver a vida à maneira dele!

# ESTUDO BÍBLICO

Leia Salmos 37:5; Provérbios 16:3.

Deus está chamando você para algo grande — realmente grande. É maior do que você poderia realizar sozinha? Escreva o que está mexendo com o seu coração.

_____
_____
_____
_____
_____

É hora de entregar a Deus tudo o que Ele está colocando em seu coração. Entregue a Ele seus fardos, ansiedades, medos e dúvidas, e deixe que Ele cuide dos detalhes. Ele é seu Pai e quer ajudá-la a resolver tudo. Escreva uma oração, entregando seus fardos e pedindo a ajuda do Pai.

_____
_____
_____
_____
_____

Leia Mateus 6:25-27; 1Pedro 5:7.

Quando você está embarcando em uma aventura com Deus, é fácil ser bombardeada por todos os *"e se?"* relacionados à tarefa em

## ESTUDO BÍBLICO

questão. Sei que Art e eu enfrentamos muitos desses questionamentos quando estávamos considerando a adoção. Tivemos nossos próprios medos, nossos amigos e familiares bem-intencionados expressaram suas dúvidas e Satanás acrescentou seus insistentes sussurros.

Em vez de focar nas impossibilidades da adoção, decidimos dar um passo de fé de acordo com o que sabíamos que Deus nos estava dizendo para fazer. Quando a dúvida começou a surgir, dependemos de Deus para lidar com o desconhecido. Voltamos várias vezes à sala do trono para lançar nossas preocupações sobre Ele. Sabíamos que servíamos a um grande Deus que podia lidar com tudo o que tínhamos para lançar sobre Ele. Ele tomou tudo e — como compartilhei — cuidou de cada detalhe. Ele acalmou todos os nossos medos.

Registre uma maneira pela qual Deus já começou a acalmar seus medos por meio de alguma confirmação dele.

_____
_____
_____
_____
_____

Leia Jeremias 6:16; Marcos 10:21-22.

Quando Deus chama, nem todos dizem sim. Essas duas passagens nos dão vislumbres de pessoas que decidiram não embarcar em uma grande aventura com Deus. O que você acha que as impediu? Quantos de nós temos encontros divinos com o Deus do universo, mas os ignoramos porque estamos paralisados pelo medo do desconhecido? O que está impedindo você ou já a impediu no passado?

_____
_____

## ESTUDO BÍBLICO

_____
_____
_____
_____

Deus tem o futuro em suas mãos. Passe um tempo em oração pedindo a Deus qual deve ser seu próximo passo (não o plano completo). Talvez você queira escrever sua oração em seu caderno. Provérbios 23:18 diz: "Certamente haverá um futuro para você, e a sua esperança não será frustrada".

_____
_____
_____
_____
_____
_____
_____

SETE

# Deus está com você

Quando Art e eu estávamos lutando para decidir se deveríamos ou não adotar Mark e Jackson, continuamos buscando confirmações de Deus. Muitas confirmações vieram, e decidimos seguir com as adoções sem dúvidas. Confiávamos que Deus estava conosco e que Ele cuidaria de tudo. Mas algo continuava me incomodando: Como, no mundo, eu encaixaria mais duas vidas na minha agenda já tão cheia? Devo deixar o ministério? Devo parar de educar minhas filhas em casa? Devo desistir de escrever?

Eu estava bem no meio de uma fome, e, embora soubesse que o propósito era aprender a depender de Deus como nunca, era difícil. Quanto mais eu orava e ponderava sobre como fazer tudo se encaixar, mais eu dizia: "Não há como... simplesmente não há como". Eu não sentia que deveria desistir de nada em minha vida ocupada, o que não fazia sentido. Algo tinha que ceder. Então, continuei orando e esperando pela resposta de Deus. Eu pararia de tentar descobrir tudo sozinha e simplesmente esperaria por Ele.

### JESUS É O CAMINHO

Algumas semanas depois, viajei para a Califórnia para ensinar em um retiro de mulheres. Orei de forma intermitente durante todo o voo de quatro horas e a viagem de duas horas até o centro de retiro. Continuei buscando algum tipo de certeza de Deus de que Ele estava ouvindo minhas orações e sabia da minha luta. Quando cheguei ao centro de retiro sem essa certeza, fiquei desapontada. Eu estaria ministrando às mulheres. O momento havia chegado para eu dar, não receber… ou assim pensei.

Fui até a recepção para fazer o check-in, e a mulher atrás do balcão me entregou um crachá. Cada mulher estava recebendo um crachá com seu nome e um nome de Deus retirado da Bíblia. Quando olhei para meu crachá, fiquei chocada. O nome de Deus que me deram era *O Caminho*. Durante dias, eu dizia a Deus que não havia um caminho, e agora Ele estava me lembrando de que sempre há um caminho com Ele.

Em João 14:5, Tomé pergunta: "Senhor, não sabemos para onde vais; como então podemos saber o caminho?". Que grande pergunta. Assim como eu, você pode ter feito essa pergunta muitas vezes, especialmente durante a fase de fome. Você saiu da sua zona de conforto e se sente incerta, então, e agora? No próximo versículo, Jesus nos responde claramente: "Eu sou o caminho, a verdade e a vida. Ninguém vem ao Pai, a não ser por mim".

Tomé havia perguntado a Jesus o caminho para o céu, mas, em um sentido espiritual ainda mais profundo, ele estava perguntando o caminho para a certeza. A resposta de Jesus foi suficiente para Tomé, e também é suficiente para nós.

Jesus é o caminho, nossa trilha segura na vida, nossa saída da fome. Ele é a verdade, as promessas de Deus tornadas reais. E Ele é a vida — o único caminho para viver com propósito agora e o único caminho para receber a vida eterna.

## MOVENDO MONTANHAS

Precisamos expandir nossa visão. Com nossa própria força, alcançar nossos sonhos pode ser impossível. Mas, com Deus, há um caminho! Devemos começar a pensar de uma nova forma — do jeito dele. Posso

Jesus é o **caminho**, nossa trilha certa na vida, nossa **saída da fome**.

viver com minha visão limitada, convencida de que não há caminho e tomada pela incerteza em meu tempo de fome, ou posso pegar a mão de Deus e proclamar com confiança que Ele é o meu caminho.

 Gostaria de impressioná-la com minhas grandes habilidades organizacionais que permitem que minha vida flua perfeitamente, mas não posso. Planejo e delego, mas confio diariamente em Deus para preencher minhas muitas lacunas. Fico maravilhada com o quanto Deus dá sua ajuda livremente quando peço. Todas nós precisamos de ajuda para atravessar nossos tempos de fome, então peça a Ele para ajudá-la.

 Deus constantemente me lembra dos detalhes que esqueci. Ele envia pessoas dispostas a ajudar. Ele vai à frente e organiza caronas e horários de uma maneira que me surpreende. Quando me sento para planejar minhas semanas com meu marido, sempre fico impressionada que cada semana funcione. Mas, na verdade, não deveria ficar, porque Deus é verdadeiramente o caminho.

 Deus quer que você tenha sucesso em seus planos. Você realmente acredita nisso? Você mudou sua forma de pensar o suficiente para confiar que isso é verdade? Não dá para embarcar nessa grande aventura com Deus mantendo a antiga forma de pensar. Lembre-se de que deixamos isso para trás na seção anterior. Como o vinho, você precisa de um novo odre — um novo padrão de pensamento para essa nova forma de viver. Lembre-se de que o propósito dessa fase de fome é aprender a depender de Deus como nunca antes.

 Art e eu não fomos os únicos a precisar fazer ajustes. Nossos meninos também tiveram que se ajustar. Para entrar nessa nova vida que Deus ofereceu a eles, tiveram que deixar tudo o que era familiar na Libéria. E quando saíram, não entraram imediatamente na terra prometida. Eles passaram por cada uma das fases da fé ao se juntarem à nossa família. Na fase de fome, perceberam que a vida nos Estados Unidos não é nem de longe tão tranquila quanto na África, especialmente na escola. Eles têm muito que recuperar.

 Jackson sempre foi um aprendiz ávido, então a transição não foi tão difícil para ele. Mark, no entanto, preferiria esquecer completamente a escola. Às vezes, a educação parece para ele uma enorme montanha que só será movida pela mão milagrosa de Deus. Ele até ora para que Deus trabalhe um milagre e derrame o conhecimento de que precisa diretamente em sua mente. Embora seja um garoto brilhante, leitura, escrita e aritmética são desafiadoras às vezes.

Sou a professora principal de Mark, e devo admitir que também já orei para que Deus movesse essa montanha de conhecimento direto para a cabeça de Mark! A Bíblia nos diz em Mateus 17:20: "Eu lhes asseguro que, se vocês tiverem fé do tamanho de um grão de mostarda, poderão dizer a este monte: 'Vá daqui para lá', e ele irá. Nada será impossível para vocês".

Algumas pessoas leem esse versículo e se frustram porque, mesmo tendo fé, as montanhas não parecem se mover. Esse era o caso de Mark. Embora ele acreditasse e tentasse, a montanha não parecia se mover.

Então, Mark decidiu tentar contornar a montanha. Na próxima vez que fiz um teste de matemática com ele, ele obteve incríveis 100%! Mas sua resposta para o último problema incluía uma nota da chave de respostas. Como meu coração se partiu ao perceber que ele havia colado.

Embora o tenhamos perdoado e o feito refazer o teste de matemática, sua punição precisava ser um lembrete visual de que Deus pode mover a montanha educacional. Art pediu a Mark que movesse uma enorme pilha de pedras de um lugar para outro. As pedras eram pesadas e só podiam ser movidas uma de cada vez. Ele trabalhou por um bom tempo e se sentiu frustrado ao perceber que havia feito pouco progresso. Mas, várias horas depois, olhou para trás e ficou impressionado. A montanha havia sido movida. Embora Deus pudesse tê-la movido instantaneamente, Ele escolheu outro caminho. Ele deu a Mark força para movê-la uma pedra de cada vez.

Sim, a fé ainda move montanhas. Mas, às vezes, o maior ato de fé não é orar para que a montanha seja movida instantaneamente, mas perseverar enquanto Deus ajuda você a movê-la pouco a pouco.

Durante essa fase de fome, muitas pessoas são tentadas a duvidar e, às vezes, até a desistir. *Talvez tenhamos ouvido Deus errado. Talvez Deus não esteja conosco.* As dúvidas nos bombardeiam e roubam nossa paixão de continuar. Quando isso acontece, estamos olhando para a montanha inteira e perdendo de vista a parte que Deus quer nos ajudar a mover hoje.

Não tente realizar todo o seu sonho de uma vez. Apenas cumpra a pequena parte da missão que Ele está pedindo para você fazer hoje. Carregue apenas aquela pedra. Pergunte a Deus: *Qual é a minha tarefa para hoje?* Faça essa parte e fique satisfeita em saber que Deus está contente. Seja encorajada e continue avançando!

# ESTUDO BÍBLICO

Leia 2Samuel 22:29-46; Filipenses 4:13.

O caminho de Deus é perfeito. Podemos não entender seu plano, mas sabemos que podemos confiar que é melhor para nós do que qualquer coisa que pudéssemos planejar por conta própria. Deus vê o quadro geral — além do tempo de fome, até a terra prometida. Nossa visão limitada é finita e não confiável. Quanto mais reconhecemos isso, mais sabemos que é melhor depender de Deus.

2Samuel 22 mostra o que podemos realizar com a ajuda de Deus. Leia esta lista algumas vezes. De que você precisa que Deus a ajude a realizar agora? Escreva sua resposta e peça a Deus que mostre como você pode experimentar o mesmo tipo de vida cristã vitoriosa que Davi descreve.

2Samuel 22:31 diz: "O caminho de Deus é perfeito; a palavra do Senhor é comprovada". Deus me mostrou que Ele é o Caminho. Deixe que Ele mostre isso a você também por meio de sua Palavra.

_____
_____
_____
_____
_____
_____
_____

Leia Juízes 21:25; Isaías 53:6.

É fácil esquecer que Jesus é o caminho e escolher seguir nosso próprio caminho. Embora essas sejam passagens do Antigo Testamento, ainda são verdadeiras hoje. Deus é amoroso e paciente conosco, seus filhos rebeldes, que teimosamente tentam fazer as coisas à

## ESTUDO BÍBLICO

nossa maneira. Isaías nos diz: "Cada um de nós se desviava para o seu próprio caminho". Sem exceção, todos nós estamos incluídos nesse versículo.

Deixamos nosso orgulho, nossa independência e nossa natureza pecaminosa nos afastarem do caminho de Deus para um caminho que nos leva a menos do que o melhor de Deus. Tiramos nossos olhos de Deus e fazemos o que parece melhor aos nossos próprios olhos.

Durante esse tempo de fome, Satanás vem para nos tentar a seguir o caminho dele. Ele faz parecer que segui-lo é tentador e mais fácil do que o caminho de Deus — um atalho. Lembre-se de que o caminho de Deus pode não incluir atalhos, mas conduz ao sucesso segundo o plano de Deus, que nunca decepciona (Romanos 5:3-5a). Medite nesses versículos e registre seus pensamentos em seu caderno.

_____
_____
_____
_____
_____
_____
_____
_____
_____
_____

Leia Provérbios 16:3; 2Coríntios 6:4-10.

O sucesso segundo Deus e o sucesso mundano raramente se parecem. Na economia de Deus, tudo é de ponta-cabeça em relação ao modo como o mundo enxerga as coisas. Isso porque vivemos em

## ESTUDO BÍBLICO

um mundo caído, governado pelo príncipe deste mundo, Satanás. Satanás quer que acreditemos que o segundo lugar não é suficiente, mas Deus diz: "Assim, os últimos serão primeiros, e os primeiros serão últimos" (Mateus 20:16).

Enquanto esperamos alcançar o sucesso segundo Deus, esforcemo-nos para entender exatamente como é esse sucesso. Usando a concordância da sua Bíblia, procure a palavra *sucesso* ou *prosperar* e descubra o que Deus diz sobre o assunto.

Lembre-se de continuar buscando a Deus em tudo o que fizer, e o sucesso virá. Registre os versículos encontrados em seu caderno.

OITO

# Recusando-se a ser prisioneira da amargura

Preciso alertá-la para não se prender à amargura durante esta fase de fome. Este é um período de aprendizado para depender de Deus. Como resultado, coisas que dificultam o relacionamento que Ele deseja ter com você serão retiradas. Pode haver uma mudança em suas finanças, amizades, posição de liderança, expectativas ou em uma de muitas outras áreas nas quais colocamos nossa confiança. Deus deseja nossa confiança completa. Assim, sempre que Ele retira algo, faz isso para o nosso bem e não para nos prejudicar.

Resista à tentação de se amargurar com pessoas ou circunstâncias. Conforte-se ao saber que esta é apenas uma temporada, que logo passará, e que um dia você agradecerá a Deus por tê-la feito passar por isso. Este momento de perda levará a um tempo de grande celebração.

Ao observarmos a história de José, busque coragem em alguém que já trilhou este caminho. Coloque-se no lugar dele. Veja como ele toma a constante decisão de honrar a Deus durante suas fases de fome e como Deus restaura sua vida cem vezes mais, repetidamente.

Além disso, preste atenção em seus irmãos nesta história e veja como a decisão deles de deixar a amargura consumi-los lhes trouxe prejuízos. Qual será a história da sua fase de fome?

## A FASE DE PARTIDA DE JOSÉ

Para entender o contexto, precisamos nos lembrar de Abraão, das nossas reflexões anteriores sobre partir. Deus prometeu a Abraão que ele seria o pai de uma grande nação. O único problema era que Abraão e sua esposa, Sara, enfrentaram anos de infertilidade. Será que Abraão havia ouvido Deus errado?

Não, Deus apenas tinha um cronograma diferente do de Abraão e Sara. Quando o casal já era bem idoso, foram abençoados com um filho chamado Isaque. Isaque cresceu, casou-se e teve dois filhos, um dos quais foi Jacó. Então Jacó cresceu, casou-se e teve doze filhos com quatro mulheres diferentes. Sua esposa favorita deu à luz seu filho favorito e, em seguida, morreu ao dar à luz um segundo filho. O filho favorito era José, e seus irmãos cresceram odiando-o.

Gênesis 37:4 diz: "Quando os irmãos de José viram que o pai gostava mais dele do que de qualquer outro filho, odiaram-no e não conseguiam falar com ele amigavelmente". Nesse mesmo capítulo, o versículo 11 declara o óbvio: "Por isso seus irmãos tinham ciúmes dele". Os irmãos nutriam tanta amargura e animosidade contra José que seus corações se tornaram frios e seu julgamento, nublado. Certo dia, enquanto cuidavam das ovelhas em uma encosta, viram José se aproximando à distância e planejaram matá-lo. O irmão mais velho interveio e convenceu os outros a não matar José, mas sim jogá-lo em um poço vazio e mantê-lo cativo.

Logo, alguns comerciantes passaram a caminho do Egito, dando aos irmãos a solução perfeita. Vendendo José, conseguiram dinheiro e se livraram do irmão odiado em uma só transação. Pegaram o lindo manto de José, presente de seu pai, rasgaram-no, mergulharam-no em sangue de animal e voltaram para casa para dar a notícia ao pai de que José havia sido morto por um animal selvagem.

Enquanto isso, José fazia uma jornada de mais de trinta dias pelo deserto, a pé, acorrentado e provavelmente tratado pior do que um animal. Afinal, agora ele era uma mercadoria a ser vendida ao chegar ao Egito. Não consigo deixar de pensar em como José deve ter se sentido durante aqueles longos e quentes dias e noites solitárias e duras. Mas as Escrituras deixam claro que Deus estava com José, assim como Ele está com todos os seus filhos injustiçados e de coração partido.

## DEUS ESTAVA COM ELE

José finalmente chega ao Egito e é vendido como escravo. Sua vida ali passa por muitos altos e baixos, provações, tragédias e triunfos, mas Deus esteve com ele em cada momento. Quer fosse mantido em cativeiro por mercadores de escravos, servindo como escravo ou na prisão, a Bíblia constantemente nos lembra de que o Senhor estava com José. Gênesis 39:2-4 diz:

> O Senhor estava com José, de modo que ele prosperou, e passou a morar na casa de seu senhor egípcio. Quando este percebeu que o Senhor estava com ele e que o fazia prosperar em tudo o que realizava, agradou-se de José e tornou-o administrador de seus bens. Potifar deixou a seu cuidado sua casa e lhe confiou tudo o que possuía.

Ah, minha amiga, pense em quão amargurado José poderia ter sido. Ele poderia ter reivindicado seu direito de acusar que fora maltratado e abusado. Poderia ter permitido que a amargura envolvesse seu coração em uma teia de raiva, ansiedade e vingança, mas ele não fez isso. Ele escolheu não fazer. José tomou a decisão consciente de honrar a Deus com suas ações e atitudes, e Deus o honrou. Note também que Deus não o tirou imediatamente daquela situação, mas o honrou dentro dela. Quantas vezes pedimos a Deus para nos livrar de uma circunstância desagradável, e Ele não o faz? Procure honrá-lo e lembre-se de buscar as formas como Ele está honrando você, não o removendo, mas enviando bênçãos para você naquele lugar.

## DE PRISIONEIRO A PRÍNCIPE

Não devemos ignorar o fato de que as pessoas ao redor de José observavam-no honrando ao Senhor. As pessoas estão observando você. Mesmo quando você acha que ninguém está olhando, elas estão. Elas querem ver se as suas declarações sobre a fidelidade de Deus se mantêm verdadeiras, mesmo quando a vida fica difícil. O mestre de José viu Deus nele e foi atraído pelo Espírito de Deus que habitava em José.

Devemos lembrar que nossa amargura afasta as pessoas. Estar cheio da doce fragrância de Deus, com aceitação e fé, atrai, abençoa e, mais importante, aproxima as pessoas de Deus. José honrou a Deus repetidas vezes, e Deus o abençoou e o honrou em troca.

Ainda assim, a vida de José não seguiu como esperaríamos. A esposa de Potifar tentou prendê-lo em pecado e o fez ser jogado na prisão. "Mas o Senhor estava com José na prisão, e mostrou-lhe bondade, concedendo-lhe a simpatia do carcereiro" (Gênesis 39:20-21).

Eventualmente, José interpretou um sonho de Faraó. Deus estava avisando Faraó para se preparar para sete anos de fartura seguidos por sete anos de fome. Faraó ficou tão impressionado com o Espírito de Deus em José que o colocou no comando de toda a terra do Egito, sendo apenas Faraó superior a ele.

José, que outrora era um escravo esquecido, agora tinha o poder de um rei. Reconhece algo familiar? Deus fez isso por José. Ele fez isso pelos meninos da Libéria. E Deus também fez isso por você. Você já foi um órfão espiritual, sem esperança, mas agora é adotada como filha do Rei Altíssimo!

## DECISÕES COMUNS PODEM TER EFEITOS EXTRAORDINÁRIOS

Faraó sabiamente seguiu as previsões de José, e durante os sete anos de fartura, o Egito guardou diligentemente grãos para serem usados quando a fome chegasse. E, de fato, sete anos depois, uma terrível fome atingiu a região e os grãos guardados salvaram a vida do povo.

Jacó e sua família também enfrentaram uma fome extrema e ouviram falar que havia grãos no Egito. Então Jacó enviou alguns de seus filhos ao Egito para buscar grãos e alimentar suas famílias. A história passa por muitas reviravoltas, mas eventualmente José reconhece os irmãos, tem misericórdia deles, dá-lhes comida e toda a família de Jacó se muda para o Egito para viver.

Os doze filhos de Jacó crescem, casam-se, criam suas famílias no Egito e tornam-se as doze tribos da nação de Israel. Muitos anos e várias gerações depois, surgiu um faraó que não se lembrava de José e de seu grande serviço ao Egito. Preocupado que a grande nação de Israel fosse uma ameaça potencial ao poderoso império egípcio, ele tomou medidas drásticas.

Êxodo 1:11 diz: "Por isso os egípcios puseram capatazes para os oprimir com trabalhos forçados". Os versículos 12 e 13 continuam: "Mas, quanto mais os oprimiam, mais numerosos se tornavam e mais se espalhavam; por isso os egípcios começaram a temer os israelitas e os sujeitaram a cruel escravidão". Assim, a história mostra como toda a nação de Israel acabou como escrava no Egito.

Volte comigo no tempo, até aquele dia muitos anos antes, quando um grupo de irmãos amargurados cuidava de ovelhas em um dia aparentemente comum e tomou uma decisão trágica. Eles causaram não apenas dano à própria família, mas eventualmente a toda a nação de Israel.

Se eles nunca tivessem vendido José como escravo, a nação de Israel nunca teria acabado como escrava sendo cruelmente tratada no Egito.

Infelizmente, aqueles irmãos estavam vivendo suas vidas sem perceber as trágicas consequências que poderiam surgir de um único ato de desobediência. Os corações amargurados dos irmãos causaram problemas para muitos naquele dia comum (veja Hebreus 12:15). E os efeitos de sua má decisão assombraram gerações que vieram depois deles.

Enquanto tomamos decisões comuns em dias comuns, me pergunto: temos alguma ideia do impacto e da influência que essas

Você já foi uma **órfã espiritual**, sem esperança, mas agora é adotada como **filha do Rei Altíssimo**!

decisões podem ter sobre as pessoas ao nosso redor e as gerações futuras?

## TUDO É POSSÍVEL

Graças a Deus, os meninos liberianos sabiam que com Ele todas as coisas são possíveis. Eles não ficaram presos à amargura que certamente bateu às portas de seus corações. Afinal, suas mães, seus pais e muitos de seus irmãos biológicos foram massacrados por rebeldes cruéis. Coloque-se no lugar deles.

Você está em casa uma noite com toda a sua família. De repente, a porta da frente é arrombada, e todos que você ama são assassinados bem diante dos seus olhos. Sua casa é incendiada e seu dinheiro, levado. Milagrosamente, você sobrevive, mas que futuro terá agora? Não tem dinheiro, ninguém para cuidar de você, nada. É levado a um orfanato e deixado lá. Agora, você é uma criança esquecida em um país de terceiro mundo.

Mas Deus estava com aqueles meninos. Deus estava com José. E Deus certamente está com você também. Ele não se esqueceu de você. Ele conhece suas circunstâncias. Ele sabe que a amargura também bateu à sua porta. Não atenda a esse chamado. Não ouça a voz da amargura. Não abra nem uma fresta para espiar. Peça a Deus que elimine esse visitante indesejado e o leve para longe. E, então, escolha diariamente nunca ressuscitá-lo.

As decisões que você está tomando hoje importam. Graças a Deus, José sabia que com Ele todas as coisas são possíveis, e isso o capacitou a salvar a nação de Israel, apesar de ter sido traído e ferido por ela. O que Deus pode ter reservado para você após a fome? Que tesouros você está descobrindo? Você aprendeu a depender de Deus como nunca antes? Mais importante, tem em seu coração uma resposta firme de que, sim, com Deus, tudo é possível?

# ESTUDO BÍBLICO

Leia Atos 7:9-15.

Este trecho é uma continuação do sermão de Estêvão, abordando particularmente a história de José. Observe que o versículo 9 destaca que "Deus estava com ele". Muitas vezes, na Bíblia, pessoas são descritas como tendo Deus com elas. Leia Gênesis 21:20; 26:3; 39:2; 1Samuel 18:14; Lucas 1:66; e Atos 11:21 para algumas dessas referências. Nestes trechos, Deus claramente está com aqueles que o seguem. Eu o imagino caminhando ao nosso lado como o companheiro perfeito de viagem. Ele caminha conosco, fala conosco e nos chama de seus, como diz o antigo hino. Que bênção termos Deus como nosso companheiro na vida. No seu caderno, escreva um desses versículos e substitua o nome da pessoa pelo seu. Ganhe confiança e força ao saber que Deus está com você, assim como estava com José e outros heróis da fé.

_____
_____
_____
_____
_____
_____

Leia Gênesis 41:16.

José recusa qualquer crédito por seu sucesso neste versículo. Ele está na presença de Faraó — o homem mais poderoso do mundo naquela época — que não adorava o Deus de José, mesmo assim José não tem medo de dar a glória a Deus diante do faraó. Sua disposição em

## ESTUDO BÍBLICO

glorificar a Deus resultou em muitas bênçãos pessoais e políticas. Leia Gênesis 41:38-45 e, no seu caderno, liste as bênçãos que Deus concedeu a José.

José poderia ter desistido, sentindo-se traído e dado as costas a Deus quando acabou no Egito como escravo. Em vez disso, ele usou a oportunidade para crescer em caráter e aumentar ainda mais sua fé. Por causa de sua perspectiva positiva diante da situação, ele pôde ver Deus transformar uma situação desesperadora em algo bom. Podemos ter a mesma perspectiva de acordo com Romanos 8:28: "Sabemos que Deus age em todas as coisas para o bem daqueles que o amam, dos que foram chamados de acordo com o seu propósito".

Leia Gênesis 41:50-52.

Depois que José foi abençoado com sua nova posição como segundo no comando de Faraó, ele se casou e teve dois filhos chamados Manassés e Efraim. Os nomes desses dois filhos são significativos para a vida de José, como o versículo explica. Anote o que o versículo diz sobre o significado dos nomes de cada filho.

## ESTUDO BÍBLICO

Quando José se casou e assumiu sua nova posição de liderança, ele já havia passado treze anos na escravidão. A escravidão fazia parte do plano de Deus para ele? Provérbios 20:24 diz: "Os passos do homem são dirigidos pelo Senhor. Como poderia alguém discernir o seu próprio caminho?". José sabia que Deus tinha um plano para sua vida e aceitou a soberania divina independentemente do que acontecesse. Ele sabia que Deus tinha direcionado seus passos para aquele poço que seus irmãos haviam cavado, assim como direcionou seus passos para um lugar de poder. Deus mostrou sua fidelidade desde o poço até Potifar, da prisão ao poder. Os filhos de José, por sua vez, tornaram-se um testemunho vivo de sua convicção de que Deus esteve com ele a cada passo do caminho.

No seu caderno, relembre brevemente a fidelidade de Deus através de algumas experiências na sua vida.

FASE 3

# Crer

NOVE

# Um caminho improvável

A família de Art adora acampar, e não falo de acampamentos confortáveis com chuveiros quentes e energia elétrica. Oh, não! Eles preferem uma verdadeira experiência de sobrevivência na selva. Um lugar onde você monta uma vila de barracas, incluindo uma latrina improvisada — um buraco no chão cercado por lonas plásticas em três lados. Agora imagine o horror deles quando Art levou a Princesa, o apelido que ganhei carinhosamente, para participar da tradição familiar, puxando um trailer com ar-condicionado para o acampamento remoto à beira do rio. Eles ficaram sem palavras quando o som ensurdecedor do gerador invadiu sua paz e tranquilidade. E a gota d'água foi quando saí do trailer na primeira manhã, com o cabelo arrumado e maquiagem feita.

Em minha defesa, enfrentei o desafio de frente e, no final da semana, o secador de cabelo e a maquiagem já eram coisas do passado. Até tentei tomar banho no rio barrento como todos os outros. Acabei realmente gostando de me conectar com a natureza e fortalecer os laços com minha família enquanto deixávamos o mundo moderno para trás.

Em um dos últimos dias da nossa aventura, todas as crianças decidiram nadar no rio. Não fiquei preocupada nem um pouco, pois já estávamos bem confortáveis com a água. Enquanto elas brincavam e riam a tarde toda, sentei na margem, encantada em ver meus filhos se divertindo tanto com os primos. De repente, algo estranho chamou minha atenção no canto do olho. Algo flutuava na água a uma curta distância das crianças. Parecia um galho. Havia muitos galhos e outros detritos naturais na água, então ignorei. Alguns segundos depois, uma pergunta passou pela minha mente — estava flutuando ou nadando? Galhos não nadam na superfície da água — cobras sim!

Engoli em seco ao perceber que um dos meus maiores medos estava se aproximando das crianças. Sabia que não podia entrar em pânico, então calmamente chamei a atenção delas. Disse, com firmeza, que era muito importante ouvir minha voz e seguir exatamente as minhas instruções. Elas precisavam sair da água rapidamente — mas não seria possível pelo caminho normal, vindo em minha direção. A margem onde eu estava era muito íngreme, e só uma criança poderia subir devagar por vez. Elas teriam que atravessar o rio estreito até a praia de areia do outro lado. Assim, todas poderiam sair da água rapidamente, e os homens poderiam colocar o barco entre as crianças e a cobra.

Não queria que elas soubessem da cobra e entrassem em pânico, então disse apenas que era muito importante fazer o que eu estava dizendo e que haveria uma surpresa do outro lado. A ideia de uma surpresa foi toda a motivação de que precisavam. Elas, calmamente, mas com rapidez, fizeram exatamente o que eu havia instruído. Quando os homens alcançaram a criatura semelhante a um galho, confirmaram que era de fato uma cobra venenosa. Sim, as crianças certamente tiveram uma grande surpresa ao perceberem por que era tão importante sair da água, exatamente como eu havia orientado.

## REAL DEMAIS PARA NEGAR

A vida se parece muito com aquela experiência com a cobra. Deus conhece os melhores caminhos para nós. Ele vê perigos e tentações que não enxergamos ao longo do caminho. Às vezes, ficamos frustrados com Deus quando Ele nos leva por lugares que não planejávamos ir. Sua rota, às vezes, parece fora do caminho, inconveniente, cansativa e confusa. Mas devemos reconhecer sua voz, ouvir com atenção e fazer exatamente como Ele instrui. Meus filhos fizeram isso porque me conheciam, confiavam em mim e tinham sido condicionados a me obedecer.

Devemos confiar em Deus da mesma forma. Quando você sai da fase de fome, entra nesse lugar maravilhoso de crer em Deus como nunca antes. Você sempre quis acreditar nele e em suas promessas, e agora, tendo deixado sua zona de conforto e superado as dores da fome, Ele se tornou real demais para negar.

Quanto mais caminhamos com Deus, mais facilmente ouvimos sua voz e confiamos em suas instruções. Na Bíblia, Deus chama seu povo de "ovelhas" e refere-se a si mesmo como o Bom Pastor. Phillip Keller observa em seu livro clássico *A Shepherd Looks at Psalm 23*:

> Na vida do cristão, não há substituto para a clara consciência de que o meu Pastor está por perto. Não há nada como a presença de Cristo para dissipar o medo, o pânico e o terror do desconhecido. Vivemos uma vida muito incerta. Qualquer hora pode trazer desastre, perigo e angústia de lugares desconhecidos... Então, no meio de nossas desventuras, surge de repente a consciência de que Ele, o Cristo, o Bom Pastor, está ali. Isso faz toda a diferença. Sua presença na cena lança uma luz diferente sobre tudo. De repente, as coisas não parecem tão obscuras nem tão aterrorizantes. A perspectiva muda, e há esperança... É o conhecimento de que meu Mestre, meu Amigo, meu Dono tem tudo sob controle, mesmo quando parece calamitoso. Isso me dá grande consolo, descanso e tranquilidade.[17]

---

[17] KELLER, Phillip. *A Shepherd Looks at Psalm 23*. Grand Rapids, MI: Zondervan. 1970, p. 2627. Publicado no Brasil sob o título *Nada me faltara: o Salmo 23 a luz das experiencias de um pastor de ovelhas.*

Que essa realidade seja um conforto para você em sua caminhada de fé.

## DEUS O AJUDARÁ A QUERER OBEDECER

Todos os dias o Bom Pastor pergunta: Você confia em mim? Você acredita em mim? Você seguirá meus mandamentos, mesmo quando eles não fizerem sentido para você? Nós, como ovelhas, devemos responder com um sim enfático, deixando de lado todas as nossas próprias perguntas. Deus provavelmente já o levou por alguns caminhos improváveis antes, e você pode quase ter certeza de que outros ainda estão por vir. Então, por que não fazer as pazes com isso agora? Por que não declarar em voz alta que você confia em Deus e está disposto a trilhar os caminhos improváveis porque sabe que eles são os melhores?

Eu a desafio a fazer isso, mesmo que você não sinta vontade. Sentimentos seguem comportamentos corretos, não o contrário. Tome decisões certas para honrar a Deus, e seus sentimentos eventualmente acompanharão. E, embora seguir Deus dessa maneira pareça, a princípio, tornar sua vida mais difícil, na verdade faz exatamente o oposto. Isso alinha sua atitude com a dele, capacitando você a enfrentar qualquer coisa que surja em seu caminho.

Embora eu tenha tropeçado e caído muitas vezes ao longo desse caminho tão improvável com Deus, Ele me permitiu compreender o que Filipenses 2:12-13 significa quando instrui: "Ponham em ação a salvação de vocês com temor e tremor, pois é Deus quem efetua em vocês tanto o querer quanto o realizar, de acordo com a boa vontade dele". Em outras palavras, está tudo bem ter medo de errar. Está tudo bem ser honesto o suficiente para admitir que nem sempre você quer obedecer. Isso faz parte da natureza humana. Peça a Deus que o ajude a tomar decisões sábias. Peça a Ele que o ajude a querer obedecer. Deus trabalhará em você para alinhar sua vontade com a dele, se você apenas pedir.

Você já ousou pedir isso? Já ousou dizer a Deus: Senhor, seja qual for a tua vontade para a minha vida, é isso que eu quero? Crer em

**Sentimentos seguem comportamentos corretos**, não o contrário. Faça escolhas certas para honrar a Deus, e seus sentimentos eventualmente acompanharão.

Deus não é para os fracos de coração. É apenas para aqueles que desejam descobrir as ricas bênçãos de caminhar tão próximo a Deus a ponto de ouvir a batida constante do coração dele.

## O BATIMENTO DO CORAÇÃO DE DEUS

Ouvi esse batimento muitas vezes. Ouvi de forma muito clara em um dia que poderia ter sido de devastação para mim. Mas lá estava Ele: tumtum, tumtum, tumtum. Tão real. Tão próximo. Próximo demais para negar que Ele estava ali comigo. Assim, o que poderia ter sido um dia de destruição tornou-se apenas um obstáculo no caminho. Ouvi suas instruções, fiz exatamente o que Ele me disse para fazer, apesar dos meus sentimentos, e Ele me levou em segurança para o outro lado.

Meses antes da nossa viagem de acampamento, Art me disse que queria investir toda a nossa poupança de vida no mercado de ações. Algumas ações pareciam promissoras, e ele queria aproveitar o que parecia ser muito lucrativo. Eu não entendo muito de investimentos, mas não gostei da ideia de colocar todos os ovos na mesma cesta, por assim dizer. Expressei minha preocupação, mas deixei que ele fizesse o que achava melhor.

Então chegou o dia. O dia em que o mercado desabou. Art chegou a casa, e fui até a porta da frente para cumprimentá-lo com alguns detalhes triviais do dia. A expressão em seu rosto me fez parar de falar. Vi quando ele se ajoelhou na minha frente, envolveu meus joelhos com os braços e soluçou: "Perdi tudo. Toda a nossa poupança de vida se foi".

Tumtum, tumtum, tumtum. Eu sabia que o Senhor estava perto. Eu sabia que Ele proveria. Eu sabia que Ele estava permitindo que isso acontecesse por um motivo. Ele poderia restaurar nosso investimento tão rapidamente quanto permitiu que ele desaparecesse. Tumtum, tumtum, tumtum. Eu sabia de tudo isso, mas minha carne gritava para dizer: Eu te avisei! Seu tolo! Como pôde fazer isso? Mas como eu poderia desonrar a Deus quando tudo o que sei sobre

## Um caminho improvável

Ele me lembra de sua provisão constante? Será que eu realmente achava que nossa poupança de vida veio do nosso trabalho árduo, ou sabia e acreditava que tudo o que temos vem diretamente dele? Tumtum, tumtum, tumtum.

Ajoelhei-me na frente de Art e segurei seu rosto em minhas mãos. "Eu te amava ontem, quando tínhamos tudo. Eu te amo hoje, quando não temos nada. Eu te amo, Art, não pelo que você tem, mas por quem você é." Esse momento definiu nosso casamento. Não foi um caminho que eu escolheria livremente, mas foi o melhor caminho. Escolhi acreditar em Deus naquele momento. Escolhi, pelo poder do Espírito Santo, honrar o que sabia ser verdade sobre Deus, mesmo que meus sentimentos não acompanhassem. Agora, ao olhar para trás, posso dizer que o que isso fez pelo nosso casamento foi inestimável. Eu teria dado livremente cada centavo que perdemos para ter o que ganhamos.

Deus sabia o que era melhor. Ele sempre sabe. Tumtum, tumtum, tumtum.

Eu tive uma paz completa e muito inesperada. Poderia ter me afundado no que perdi e permanecido no lugar difícil do tempo de fome. Mas algo na minha alma buscou a perspectiva de Deus, agarrou-se à certeza de sua presença, e de repente fui conduzida da fome para a fase de crer. No momento em que confiei em Deus dessa forma, minha fome acabou, e comecei uma nova fase de acreditar em Deus como nunca antes.

Veja, na fase de acreditar, suas circunstâncias podem não ser muito diferentes do que eram na fase de fome. No entanto, a diferença está em como você as encara. Você mudou. Sua perspectiva mudou. Sua crença em Deus mudou, pois agora você sabe disso com certeza: as pessoas podem mudar, as coisas podem mudar, mas Deus nunca muda. Deus não muda, e tampouco suas promessas.

# ESTUDO BÍBLICO

Leia primeiro Jó 37:1-5; Salmos 29:3-9; e depois leia 1Reis 19:11-13; Isaías 30:21.

Nos primeiros versículos, a voz de Deus é descrita como um trovão poderoso, alta, imponente e inspiradora, exatamente como você poderia esperar. No segundo conjunto de versículos, no entanto, a voz de Deus é calma e silenciosa, pouco mais que um sussurro. Confesso que, às vezes, gostaria de ouvir a voz de Deus tão alta quanto um trovão, para ter certeza de que o ouvi corretamente! Mas sou grata por Deus ser gentil comigo, sussurrando palavras de afirmação e encorajamento. Aprendi a ouvir o som de sua voz logo atrás de mim, dizendo: "Este é o caminho; ande por ele". À medida que dou passos tímidos à frente, fico mais confiante na minha caminhada e percebo que Ele está sempre comigo.

_____
_____
_____
_____
_____
_____
_____

Leia 1Samuel 15:22; Salmos 95:7-8; Hebreus 3:7.

Enquanto aprendemos a ouvir a voz de Deus, o próximo passo é obedecer à sua voz. Esses versículos mostram que Deus fala conosco com a expectativa de que o obedeçamos. E ainda assim, quantos de nós ignoramos sua voz, discutimos com ela ou tentamos abafá-la permitindo que outros ruídos preencham o nosso mundo? Como

## ESTUDO BÍBLICO

vimos, a voz de Deus é aquele sussurro gentil que só pode ser ouvido quando intencionalmente prestamos atenção. Em Salmos 95:7, a palavra original para "ouvir" significa ouvir com a intenção de obedecer. Devemos dar esse próximo passo de ouvir sua voz e, então, obedecer ao que Ele nos pediu para fazer. A Palavra de Deus nos dá muitos exemplos de como perderemos as inúmeras bênçãos que Ele tem reservadas para nós se não obedecermos à sua voz, assim como os filhos de Israel perderam sua Terra Prometida.

_____
_____
_____
_____
_____
_____
_____

Leia Salmos 37:23-24; Provérbios 4:11-12; João 11:9.

Às vezes, ouvimos a voz de Deus e seguimos o caminho de acordo com sua direção, apenas para tropeçar ao longo do percurso. A Palavra de Deus nos adverte que tropeçaremos de vez em quando, mas Ele nos impedirá de cair. Tiago 3:2 diz: "Todos tropeçamos de muitas maneiras". Jesus nos ensinou que devemos andar de acordo com a vontade de Deus. Quando estamos fazendo isso, não temos nada a temer. É melhor andar em obediência do que viver com medo de tropeçar.

DEZ

# Bloqueios e garantias

O que exatamente o Senhor está planejando, Deus? Balancei a cabeça em descrença enquanto dirigia lentamente pela entrada da minha casa. Estava enfrentando uma situação impossível. Deus estava me pedindo para estender graça a alguém que estava me machucando. Ele queria que eu amasse uma mulher que fazia de tudo para destruir meu conforto, minha segurança e minha alegria. Não me sentia nem um pouco inclinada a honrar Deus naquele momento. Uma lista inteira de emoções percorria meu corpo, e nenhuma delas era de amor ou bondade. Mas eu não conseguia me livrar dessa sensação avassaladora de que Deus estava esperando, observando, me atraindo para agir contra meus sentimentos e simplesmente andar em sua verdade. Eu deveria amar essa mulher que me desprezava desesperadamente.

### BLOQUEIO!

Tudo começou com uma disputa sobre as divisas da nossa propriedade. Logo descobrimos que, de fato, havíamos cometido um erro, e parte da nossa entrada estava em um terreno que não nos pertencia. Tentamos comprar o pequeno pedaço de terra, mas sem sucesso.

Tentamos conversar e pensar em todos os cenários possíveis para resolver o problema sem precisar gastar uma quantia exorbitante para represar parte do nosso lago e mover a entrada para outro lugar. Mas nenhuma solução era aceitável para a vizinha, e ficou evidente que teríamos que optar pela alternativa menos desejável.

O momento também era um problema. Precisávamos esperar os meses mais secos do verão para poder drenar o lago. Mas nem isso era aceitável para ela, e logo fomos recebidos por diversos bloqueios em nossa entrada. Rochas enormes, cavaletes e tábuas de madeira, além de placas de Proibido Entrar barravam nosso caminho. Os meses passavam, os bloqueios pioravam, e as cartas nada gentis que recebíamos tornavam-se mais frequentes. Eu me sentia ameaçada, frustrada, magoada e confusa.

Ali estava eu, uma mulher envolvida em um ministério cristão, que dedicava minha vida a ensinar outras mulheres a se amarem, e minha vizinha não suportava me ver. Meu coração estava partido, eu estava abalada e comecei a questionar a mim mesma. O pior de tudo era que não conseguia resolver o problema. Clamei a Deus, implorando que removesse o problema, amolecesse corações, mudasse mentes ou, o melhor de tudo, movesse a entrada de forma sobrenatural. Mas isso não aconteceu. Semana após semana, eu me via dirigindo pela longa e sinuosa entrada da minha casa, apenas para ser parada pela mais recente tentativa de bloqueio.

## A SOLUÇÃO DE DEUS

Então chegou o dia em que Deus agiu. Não moveu a entrada nem mesmo o coração da outra pessoa. Deus agiu em mim. Foi o dia em que cheguei em casa e encontrei trabalhadores construindo uma cerca que bloquearia permanentemente nosso acesso de entrada e saída. Fiquei furiosa. Como ela poderia fazer isso? Por que faria isso? Corri para ligar para alguém que pudesse me ajudar, alguém para me resgatar. Enquanto entrava em casa, tomada de raiva e ansiedade, Deus de repente rompeu esses sentimentos e me impulsionou a levar um copo de água para minha adversária que construía a cerca.

Era um dia quente de verão, e construir uma cerca não é uma tarefa fácil. Ela estava cansada e com sede. Mas o motivo de seu cansaço e sede era toda a energia que estava gastando para me prejudicar! E agora eu deveria oferecer água para refrescá-la e dar mais energia para continuar? Deus, isso não é justo. Isso não faz sentido! Ela provavelmente nem vai aceitar a água que eu levar. Esse era o estado em que eu estava enquanto caminhava lentamente até a cerca. Ao sair do carro e começar a me aproximar, tive que forçar meus pés a seguir esse caminho de obediência. Mas, ao estender o braço para entregar a água, o peso se dissipou, e senti claramente Deus falar ao meu coração: *Hoje será água física, mas isso será parte do caminho para que ela receba a água viva.*

O olhar silencioso dela deixou claro que aquele não era o dia para oferecer a água viva, mas sementes foram plantadas em seu coração e no meu. Como essas sementes serão nutridas, isso cabe ao Senhor.

Lágrimas encheram meus olhos enquanto caminhava de volta ao carro e subia novamente a entrada de casa. Deus tem uma maneira incrível de trabalhar nos detalhes invisíveis da vida e realizar seu plano apesar da nossa teimosia. Lá estava eu, resistindo e me debatendo contra uma situação que parecia tão sem propósito, e, o tempo todo, Deus tinha um plano. Um plano para ela e um plano para mim.

## CRESCENDO

Como eu gostaria de ter abraçado o plano de Deus mais cedo do que fiz. Tudo o que eu conseguia pensar era em mudar as circunstâncias que estavam causando interrupção e desconforto. Agora percebo que, naquela fase da minha vida, minha tarefa dada por Deus era aprender a amar um inimigo. Qual inimigo você precisa amar neste momento? Talvez seja um vizinho, um filho pródigo, um cônjuge irritado ou um amigo que não perdoa.

## Bloqueios e garantias

Não gostamos de lugares difíceis. Nossas almas anseiam pela perfeição do Jardim do Éden, para o qual fomos criados, e, ainda assim, o mundo em que vivemos nos joga de uma imperfeição para a próxima. Logo, nos encontramos vazios e exaustos, tentando consertar problemas que interrompem e causam dor e sofrimento. Até ficamos frustrados com Deus. Sabemos que Ele poderia resolver o problema. Com um estalar de seus dedos santos, Ele poderia curar as feridas, rearranjar as circunstâncias, restaurar os lugares quebrados e providenciar uma saída. Então, por que Ele não faz isso?

A resposta é que Ele nos ama demais para nos deixar como estamos. Pense em um bebê dentro do ventre de sua mãe. Ele está aquecido e bem alimentado. Ele gosta desse lugar de segurança e proteção, mas chega um momento em que ele deve sair. Ele precisa passar pelo choque doloroso do nascimento. É difícil, mas, se resistir, o crescimento não será mais possível, e ele morrerá.

Nossa vida espiritual é muito parecida. Precisamos continuar crescendo e abraçar os planos de Deus para a vida que nos foi dada. Não crescemos mudando as circunstâncias adversas. Crescemos ao abraçar os planos de Deus para essas circunstâncias e permitir que Ele tenha seu pleno propósito em nós. Permita que Ele trabalhe os defeitos e imperfeições no âmago de sua alma. Deixe que Ele o ajude a encontrar uma perspectiva além da sua. Só então você poderá encontrar uma paz incrível nas tempestades da vida.

Os inimigos de uma vida grandiosa não são tragédia, sofrimento e tempos difíceis. O inimigo de uma vida grandiosa é simplesmente levar uma vida boa. Uma vida em que você busca conforto e facilidade acima do crescimento. Uma vida em que você evita o risco de correr chances com Deus. Vivemos em um mundo caído, então ninguém pode evitar todos os buracos no caminho da vida. Você terá tempos difíceis. Você será atingido e ferido, mas não precisa ficar desorientado. Diga sim a Deus agora. Diga sim a tudo o que Ele trouxer para você. Busque-o de todo o coração através disso. Reflita sobre o que Ele está ensinando a você. Renda-se ao que Ele está pedindo de você. E saiba que Ele está elaborando seus maravilhosos planos para você neste exato momento, nos bastidores.

## ABRACE O PLANO DELE

Esse lugar difícil onde você está não é uma distração. Você não está sendo desviado. Este é o caminho dele. "'Porque eu sei os planos que tenho para vocês', declara o Senhor, 'planos de fazê-los prosperar e não de causar dano, planos de dar-lhes esperança e um futuro'" (Jeremias 29:11). Você provavelmente já ouviu esse versículo citado várias vezes, mas coloque-o em contexto com os versículos que vêm depois, e verá o chamado não apenas para confiar em Deus, mas para ter paz ao saber que Ele o carregará. Os versículos 12 a 14 continuam dizendo:

> "Então vocês clamarão a mim e...me encontrarão quando me buscarem de todo o coração. Eu me deixarei ser encontrado por vocês", declara o Senhor, "e os trarei de volta do cativeiro. Eu os reunirei de todas as nações e de todos os lugares para onde os dispersei", declara o Senhor, "e os trarei de volta ao lugar de onde os deportei".

Meu chamado à ação favorito aqui é buscar a Deus "de todo o coração". Não apenas as partes do seu coração que clamam por alívio. Não apenas as partes do seu coração que choram por restauração. Mas encontre aquele lugar em seu coração ansioso por crescimento e deixe-o clamar também. Abrace este plano perfeito e você encontrará Deus, verá o plano dele sob sua perspectiva e desfrutará de paz bem no meio da tempestade. Enquanto isso, minha promessa favorita de Deus aqui é que Ele nos carregará. Ele nos levou a este lugar difícil, a esse tipo de exílio, e Ele nos levará de volta.

Este é um tempo de crescimento. Isso faz parte do plano. O caminho não será difícil o tempo todo. Continue clamando a Ele com grande confiança, percebendo que nada, nenhum lugar difícil, pode separá-lo da presença confortante e da misericórdia ilimitada de Deus. Isso logo passará e, do outro lado, esperam ricas perspectivas, um crescimento lindo e, sim, uma fé mais forte.

## O RESTO DA HISTÓRIA

Então, o que aconteceu com a entrada da garagem? Tivemos que drenar o lago e mover a entrada. Partiu nosso coração ver o lago chegar a um estado tão triste, e o processo de mover a entrada foi muito caro. No entanto, Deus providenciou cada centavo necessário para fazer isso de maneiras surpreendentes. Agora, não há nem mesmo vestígios do que foi essa grande mudança. O solo árido voltou a ter grama, e a entrada está firmemente posicionada em nosso terreno. Eu ainda oro pela minha vizinha, que desde então se mudou, e ainda espero que um dia possamos ser amigas. Mas a restauração mais bonita aconteceu com o lago.

Nosso lago levou anos para encher, então assumimos que levaria anos para se reabastecer após ser drenado. Mas Deus tinha um plano diferente. Você se lembra do que Ele me pediu para dar à minha vizinha? Um copo de água. Sabe o que Deus me devolveu? Ele trouxe uma tempestade exatamente sobre o nosso lago — a chuva mais pesada que já vi — e encheu o lago em um único dia! Minha amiga, aquelas não foram apenas gotas de chuva que caíram naquele dia. Para mim, foi Deus derramando seu amor sobre mim e me lembrando que Ele está no absoluto controle. Um copo de água levou à bênção de milhões de litros.

Oseias 10:12 diz: "Plantem a justiça, colham o fruto do meu amor, e façam sulcos no solo da terra; é hora de buscar o Senhor, até que ele venha e faça chover justiça sobre vocês".

Agora, permita-me ler esse versículo novamente com algumas adições pessoais: "Plantem a justiça [escolhas certas que honram a Deus, mesmo quando você não sente vontade], colham o fruto do meu amor [amor pelos amáveis e pelos não amáveis], e façam sulcos no solo da terra [seja nas barreiras de sua entrada ou nas barreiras do seu coração]; é hora de buscar o Senhor [abraçá-lo com todo o seu coração], até que ele venha [e Ele certamente virá] e faça chover [mais do que você jamais poderia esperar ou imaginar] justiça sobre vocês".

Esse é o segredo para viver a vida que Deus lhe deu e amá-la, seja enquanto você se regozija nos momentos bons e ensolarados ou enquanto se sente sacudida em uma tempestade. Você tem a paz dele porque tem a presença dele. Permita que seu coração cresça em um solo fértil fazendo escolhas certas que honrem a Deus a cada passo do caminho. Tire os olhos do problema e foque no bom e amoroso Deus que tem grandes planos para você. Espere por Deus para derramar mais do que você poderia sequer pensar em pedir. Ele restaurará o que foi tirado de você de uma forma perfeita. Então, você dançará naquela chuva e beberá cada última gota! "O Senhor abrirá o céu, o depósito do seu tesouro, para enviar chuva à sua terra no tempo certo e para abençoar todo o trabalho das suas mãos" (Deuteronômio 28:12). Você está começando a se maravilhar com as coisas que acontecem quando caminhamos com Deus?

# ESTUDO BÍBLICO

Leia Provérbios 25:21-22; Marcos 9:41; Hebreus 6:10.

Quando Deus me pediu para levar um copo de água à minha vizinha, inicialmente resisti ao seu gentil toque no meu coração. Afinal, ela estava me perseguindo e causando tumulto desnecessário à minha família. Ela não merecia nenhum ato de bondade da minha parte. Então Deus rompeu minha barreira de egoísmo e apontou que, se seu julgamento fosse baseado no que merecemos, eu certamente nunca veria o céu. Eu sabia que precisava parar de dizer a Deus por que minha vizinha não merecia minha bondade e simplesmente obedecer a Ele. Mais tarde, ao refletir sobre essa situação, pensei nesses versículos, que lidam especificamente com trazer água em nome de Deus. Fiquei novamente encorajada pela relevância da Palavra viva e ativa de Deus (Hebreus 4:12) e por sua promessa de que ela não voltará vazia (Isaías 55:10-11). Posso descansar nessa verdade, sabendo que Deus usou e usará aquele simples copo de água na vida da minha vizinha e agora está usando essa história na sua vida.

## ESTUDO BÍBLICO

Leia Mateus 25:40; Atos 10:4; Romanos 12:13-21.

Minha tarefa era levar água fria à pessoa que tentava me impedir de entrar em casa. Sua tarefa provavelmente será abençoar alguém que, aos seus olhos, também não é digno. Todos os dias, Deus nos convida a alcançar os pobres e necessitados em seu nome. Essas pessoas não são apenas financeiramente pobres. Elas são pobres de espírito, de recursos, de perspectiva. Não precisam apenas de dinheiro ou doações; elas precisam de encorajamento, bondade e esperança. Muitas delas não merecem essas coisas e, provavelmente, não as valorizarão no início. Quando ofereci aquela água à minha vizinha, ela recusou. Mas Deus me assegurou que minha disposição em oferecer era suficiente para que Ele realizasse seus propósitos naquele tempo e lugar. Nenhum milagre ocorreu naquele momento; ela continuou construindo a cerca, e eu voltei para casa ainda sem saber exatamente como Deus resolveria a situação. Mas uma coisa eu sabia: Deus estava agindo, e nisso eu podia descansar.

Quem Deus está guiando você a alcançar enquanto lê estas palavras? Há alguém em sua vida que é "um desses pequeninos"? Talvez você tenha um vizinho desagradável como eu tive. Talvez essa pessoa seja um membro da família, um colega de trabalho — ou talvez mais de uma pessoa. Ore para que Deus mostre quem são essas pessoas e o que você pode fazer por elas em nome dele — não porque merecem, mas porque você sabe que abençoá-las honra e agrada ao Senhor. Anote alguns nomes e o serviço que você pretende realizar. Certifique-se de incluir a data e lembre-se de voltar mais tarde para escrever o que aconteceu como resultado. Confie em Deus para multiplicar seus esforços além do que você pode ver com sua visão limitada.

ESTUDO BÍBLICO

Leia João 4:4-42.

Embora você provavelmente já tenha lido o relato da mulher no poço antes, leia desta vez prestando atenção especial às referências de Jesus à água viva que Ele tinha para oferecer e ao que ela fez depois de seu encontro com Ele. Jesus a impactou tanto que ela voltou e contou a todos que pôde encontrar (versículo 28). O versículo 39 diz que "muitos dos samaritanos daquela cidade creram nele por causa do testemunho da mulher". Quem Deus está guiando você a compartilhar seu testemunho? Compartilhe a água viva dele contando sobre seus encontros com Deus e como Ele mudou sua vida.

ONZE

# Deus abrirá um caminho

Depois de um final tão incrível no capítulo anterior, você poderia pensar que Deus enviaria a chuva, me ensinaria grandes princípios, e a pessoa e eu nos reconciliaríamos para que pudéssemos sair dançando ao pôr do sol enquanto "E viveram felizes para sempre" aparecesse na tela. Bem, não foi isso que aconteceu.

Cerca de um ano depois de termos movido a entrada da garagem, um xerife apareceu em nossa casa para me entregar uma intimação para comparecer ao tribunal. Estávamos sendo processados pelo aluguel referente ao tempo em que nossa entrada ficou no terreno dela. Quase desmaiei. Algumas pessoas têm fobia de cobras; outras, medo de altura… eu, não. Tenho um medo esmagador de ser levada para a prisão. Então, ver o oficial de justiça à minha porta me abalou profundamente.

De repente, minha crença absoluta de que Deus estava no controle começou a vacilar. Esse vacilo me deixou mais irritada do que ter que ir ao tribunal. Eu queria acreditar. Esforcei-me para permanecer firme em minha fé. Li e reli muitos versículos sobre "acreditar", como Salmos 118:6-7: "O Senhor está comigo, não temerei. O que podem fazer os homens? O Senhor está comigo; Ele é o meu auxílio. Verei a derrota dos meus inimigos". Mesmo assim, eu não me sentia segura.

Clamei ao Senhor. Nos meus dias mais espirituais, minhas orações soavam como Salmos 25:1-2: "A ti, Senhor, elevo a minha alma. Em ti confio, ó meu Deus... nem deixes que meus inimigos triunfem sobre mim". Eu sabia que meu "inimigo" não era essa pessoa — era Satanás querendo que eu fracassasse miseravelmente nesse teste. Oh, como eu queria passar nesse teste, mas estava tão assustada. Nos meus dias mais mal-humorados e hesitantes, minhas orações pareciam mais com Salmos 5:6: "Tu destróis os mentirosos; os assassinos e os traiçoeiros o Senhor detesta". Terrível, mas verdadeiro.

## TESOUROS A DESCOBRIR

E assim eu vacilava. Tinha medo de que Deus não aparecesse para mim. E se perdêssemos o caso no tribunal? Como isso nos faria parecer? Pior, como isso faria Deus parecer? A verdade, o tempo todo, era que Deus não precisava que eu me preocupasse com como Ele seria visto ou que eu descobrisse uma forma de fazer as coisas darem certo. Deus não precisa que façamos desculpas para Ele quando seus filhos simplesmente escolhem acreditar, mesmo sem se sentirem seguros. Nossos sentimentos não precisam ditar nossas escolhas.

Podemos escolher acreditar e caminhar nessa crença com a cabeça erguida e a confiança firme. Salmos 118:24 nos lembra: "Este é o dia em que o Senhor agiu; alegremo-nos e exultemos neste dia". Este dia tem tesouros para descobrirmos. Encontraremos tesouros de verdade e tesouros da presença de Deus se escolhermos procurá-los. Se passarmos este dia com a cabeça baixa, perderemos os tesouros. Perderemos a presença dele. Perderemos a certeza de que Ele nos oferece. E, com certeza, perderemos a oportunidade de nos alegrar e exultar neste dia.

## ATRAVÉS DO SANGUE

Se concentrarmos nossos pensamentos apenas nas dificuldades e desgraças que nossas circunstâncias presentes trazem, acabaremos atolados na lama. Essa lama nublará nossa visão, distorcerá nosso foco e nos fará esquecer que o sol ainda brilha acima de nós. Mas, se escolhermos nos alegrar e manter os olhos voltados para o alto, ao enfrentarmos inevitáveis poças de lama, talvez nossos sapatos fiquem um pouco sujos, mas isso não afetará a maneira como enxergamos a vida. No dia do nosso julgamento no tribunal, eu estava muito mais calma do que esperava. Embora minhas mãos estivessem trêmulas, meu coração estava confiante. Eu sabia que Deus havia ido à nossa frente e trabalharia em tudo, independentemente de como o juiz decidisse.

Nossa acusadora apresentou seu lado da história, e nós apresentamos o nosso. Ficamos gratos quando o juiz decidiu arquivar o caso. No instante em que ele pronunciou "arquivado", uma imagem linda surgiu em minha mente. Um dia, Jesus estará entre nós e nossos pecados, e, por causa do sangue dele derramado na cruz, ouviremos: "Caso arquivado!". Que dia glorioso será esse!

Meu coração se alegrava nessa verdade enquanto eu me virava para sair da sala do tribunal. De repente, algo estranho chamou minha atenção e literalmente tirou meu fôlego. Era um rastro de gotas de sangue que ia desde nossa sala até o final de dois corredores e pela porta da frente do tribunal. (Aparentemente, algum homem teve um sangramento no nariz. Que Deus o abençoe, sinto muito que tenha sido ele a proporcionar essa imagem maravilhosa para mim!) O sangue desse homem me fez pensar no sangue que Jesus derramou e no fato de que o sangue de Jesus nos guia para fora e para frente com total certeza. O sangue não podia ser ignorado naquele dia. Ele era real. Eu precisei caminhar através dele. Art precisou caminhar através dele, e sim, até mesmo nossa acusadora precisou caminhar através dele. Não havia outra saída, exceto através do sangue.

## A DOR TEM UM PROPÓSITO

Foi nesse momento que compreendi por que Deus permitiu que esse problema com a terra acontecesse. Romanos 8:17 diz: "Se somos filhos, então somos herdeiros: herdeiros de Deus e coerdeiros com Cristo, se de fato participamos dos seus sofrimentos, para que também participemos da sua glória". Essa situação foi uma pequena maneira de identificar e alinhar nossos corações com Jesus. E, no grande esquema das coisas, foi um sofrimento tão pequeno. Mesmo que a decisão do tribunal tivesse sido diferente, ainda teria sido uma maneira mínima de sofrer.

Uma amiga me ofereceu uma perspectiva adicional. Eu estava contando a ela sobre o dia em que o oficial de justiça bateu à minha porta e como aquilo foi horrível. Fui narrando minha experiência até que ela fez uma pergunta simples: "Lysa, você sabe o que aconteceu na última vez que um oficial de justiça bateu à minha porta?". Eu não sabia o que responder. A resposta dela eliminou minha autopiedade instantaneamente: "Ele veio me informar que meu pai havia cometido suicídio. Você tem ideia de quantas pessoas, hoje, receberam a visita de um oficial? Posso quase garantir que a maioria delas trocaria sua experiência pela delas sem pensar duas vezes".

Eu fiquei humilde. Sim, sofreremos nesta vida. Talvez algo esteja fazendo você sofrer agora, mas saiba que a dor tem um propósito, e você não está sozinho. Jesus está bem ao seu lado para confortá-lo de uma maneira que só Ele pode, pois Ele sabe o que é sofrer de verdade.

Não conseguimos sequer imaginar o nível de sofrimento que Jesus suportou por nós. Mesmo nossas piores dores não se comparam a carregar o pecado do mundo em seu corpo, ser pregado em uma cruz e morrer por pessoas que o estavam batendo, cuspindo, zombando e assassinando. Também não podemos comparar nosso sofrimento ao de Deus, que entregou seu único Filho para que tudo isso acontecesse, enquanto Ele, o Pai, precisou virar o rosto e abandonar seu Filho. E, ainda assim, Ele fez tudo isso para que pudéssemos compartilhar de sua glória. Temos de sofrer de maneiras comparativamente pequenas, mas compartilharemos de sua glória de maneiras grandiosas.

## RENOVADOS DIA A DIA

Sim, de fato, não temos outro caminho, exceto através do sangue. Este caminho marcado pelo sangue é o caminho que Deus preparou. Por meio do sangue de Jesus, podemos ser salvos, curados, ensinados e participar de uma glória eterna que nem conseguimos imaginar. Paulo nos assegura em 2Coríntios 4:16-17 nos assegura: "Por isso, não desanimamos. Embora exteriormente estejamos a desgastar-nos, interiormente estamos sendo renovados dia após dia. Pois os nossos sofrimentos leves e momentâneos estão produzindo para nós uma glória eterna que pesa mais do que todos eles".

Todas as partes desse versículo são verdadeiras para mim. A parte sobre a glória eterna é verdadeira. A parte sobre ser renovado também. A parte sobre as dificuldades, sem dúvida, é verdadeira. E, com certeza, a parte do "dia após dia" é muito verdadeira. Esta jornada é mesmo vivida um dia de cada vez para mim. Dias bons, dias ruins e todos os dias intermediários são reais para mim também. Alguns comentários que recebo parecem sugerir que as pessoas acham que levo uma vida muito encantada. Confie em mim, minha vida não é encantada. Minha vida é muito parecida com a sua.

Eu me irrito com aqueles que mais amo. Fico frustrada com outros motoristas na estrada, especialmente os que buzinam para mim porque dirijo como uma vovó. Subo na temida balança apenas para me repreender por não ser mais disciplinada. E sempre prometo ser mais organizada, mas continuo perdendo as listas que minhas amigas organizadas me incentivam a fazer. Não, a vida no acampamento TerKeurst não é mais encantada do que no seu.

Mas eu experimento Deus, apesar das minhas circunstâncias e falhas. Eu o vejo. Eu o ouço. Eu sei que Ele está sempre perto. Isso não acontece porque sou especial ou mais espiritual. Experimento sua presença porque escolho experimentá-la. Tomo decisões todos os dias para procurá-lo, ouvi-lo e reconhecê-lo. Mesmo que o mundo me puxe para servir a muitos deuses menores, no fundo do meu coração, escolho a Ele.

Para tomar a decisão de
**experimentar Deus,**
é preciso ter um **coração
aberto** para Ele.

## UM CORAÇÃO ABERTO

A decisão deve ser tomada profundamente em nosso coração — não no coração físico, mas em nosso ser interior como um todo. Nossos pensamentos, emoções, intelecto e espírito se combinam para formar esse belo coração espiritual dentro de nós. A Bíblia tem muito a dizer sobre o coração. Ele é mencionado mais de mil vezes na Palavra de Deus. Aqui estão alguns dos meus versículos favoritos sobre o coração:

- Sirvam ao Senhor, o seu Deus, de todo o coração (Deuteronômio 10:12).
- Voltem-se para o Senhor com todo o coração (1Samuel 7:3).
- Meu coração confia nele (Salmos 28:7).
- Ensina-nos a contar os nossos dias para que o nosso coração alcance sabedoria (Salmos 90:12).
- Confie no Senhor de todo o coração (Provérbios 3:5).
- Que Ele os fortaleça com poder por meio do seu Espírito no interior de cada um, para que Cristo habite em seus corações (Efésios 3:16-17).

Para tomar a decisão de experimentar Deus, é preciso ter um coração aberto para Ele. Quando nos esquecemos de ser renovados dia após dia, deixando de procurar e ouvir Deus, perdemos nossa perspectiva eterna, ficamos enredados nos problemas de hoje e fechamos nosso coração para Ele.

Um coração fechado simplesmente e tragicamente esquece Deus.

Embora eu possa falhar em muitas áreas da minha vida, não fecharei meu coração para Deus. Regozijarei em realmente crer nele. O propósito desta fase será cumprido quando eu souber que Ele é real demais para ser negado. Em todas as circunstâncias que enfrento, sei que Deus abre um caminho, não porque a vida seja sempre perfeita, mas porque escolhi experimentá-lo vezes demais para viver de outra forma. Que seja assim com você também.

# ESTUDO BÍBLICO

Leia Isaías 29:13 e Mateus 15:8.

Essas passagens falam sobre seguir uma religião baseada em regras e regulamentos, sem comprometer o coração com Ele. Honrar a Deus apenas com os lábios, falando sobre o cristianismo, é uma coisa. Honrá-lo com o coração, entrando em um relacionamento com Ele, é algo completamente diferente.

_____
_____
_____
_____
_____

Leia 1Samuel 3:20.

Deus promete que, se o honrarmos, Ele nos honrará. Podemos honrar o Senhor de várias maneiras. Abaixo estão algumas formas principais de honrar a Deus. Leia cada versículo e escreva maneiras específicas de aplicá-lo à sua vida enquanto honra o Senhor:

- Salmos 50:23 — Podemos honrá-lo com nossa gratidão.
- Efésios 5:21-33 — Podemos honrá-lo como sua noiva, entregando-nos a Ele e respeitando-o.
- Salmos 91:15 — Podemos honrá-lo clamando a Ele, tornando a comunicação parte de nosso relacionamento diário com Ele.
- João 14:23-24 — Podemos honrá-lo obedecendo aos seus ensinamentos.

## ESTUDO BÍBLICO

Provérbios 8:17 afirma: "Digo claramente: 'Eu amo os que me amam, e quem me procura me encontra'". Busque a Deus com todo o seu coração e não se contente apenas em dizer que tem um relacionamento com Ele.

_____
_____
_____
_____
_____

Leia Lucas 11:28; João 13:17; Tiago 1:22-25.
Essas passagens destacam três elementos essenciais: ouvir a Palavra de Deus, agir de acordo com ela e receber uma bênção como resultado. Não é interessante como essa cadeia de eventos funciona? Essas passagens descrevem ouvir a Palavra, absorvê-la, deixá-la transformar seu interior e usar o que foi aprendido para beneficiar outros e avançar o reino de Deus.

Jesus veio para nos servir como exemplo vivo, que devemos seguir. Ao servir aqueles ao nosso redor — marido, filhos, pais ou até mesmo aqueles considerados difíceis —, Jesus reserva bênçãos para nós. Assim como não podemos seguir uma religião sem relacionamento, também não podemos apenas ouvir a Palavra sem agir. Não permita que seus olhos não vejam, que seus ouvidos não ouçam ou que seu coração permaneça fechado. Tome medidas hoje para viver sua fé de maneira que impacte aqueles ao seu redor. Escreva uma forma pela qual Deus está te guiando a ser praticante da Palavra. Comprometa-se em oração diante do Senhor a dar esse passo hoje.

_____
_____
_____

## ESTUDO BÍBLICO

Leia Hebreus 13:20-21.

Nesta seção, compartilhei sobre o sangue que tivemos de atravessar ao sair do tribunal e como isso se tornou um poderoso lembrete visual. Este versículo nos diz que, por meio do sangue expiatório de Jesus, somos equipados com tudo o que precisamos para fazer a vontade de Deus. Por meio de Jesus, Deus nos deu tudo de que precisamos e nos capacitou a viver nossa fé ativamente de acordo com seus planos e propósitos. Não precisamos nos preocupar com nossas habilidades ou limitações quando sabemos que já temos tudo o que precisamos em Jesus. Quais inadequações te impedem de agir com base na sua fé? Liste-as no seu caderno e, ao riscar cada uma delas, agradeça a Deus hoje por cobrir todas essas limitações por meio de Jesus Cristo, a quem seja dada glória para todo o sempre. Amém.

DOZE

# Aprendendo a liderar

**Deus está chamando** você para viver o sonho que Ele tem para você, e parte desse sonho é liderar. Ao buscarmos acreditar em Deus como nunca antes, seremos um exemplo para os outros seguirem. Eu nunca me imaginei como líder até que Deus me revelou que, gostando ou não, as pessoas estavam observando e modelando minha vida. Se você influencia pessoas, você é um líder. Talvez você não esteja diante de multidões ou seja a próxima Kay Arthur, mas de alguma forma, Deus usará você para liderar outros por meio da sua influência em suas vidas. Você acredita em Deus e também no chamado dele para sua vida?

Talvez sua reação a essa revelação seja como a resposta de Moisés em três partes:

## 1. *Eu não sou suficiente!*

"Quem sou eu para apresentar-me ao faraó e tirar os israelitas do Egito?" (Êxodo 3:11). De tantas maneiras, dizemos a Deus: Não sou qualificada. Não sou suficientemente educada. Não sou velha o bastante. Sou velha demais. Não sou rica o suficiente. Não sou esperta o suficiente. Não sou corajosa o suficiente. Não sou organizada o suficiente. E assim continuamos com nossas desculpas.

## 2. E se os outros me rejeitarem?

"E se eles não acreditarem em mim nem quiserem ouvir-me, dizendo: 'O Senhor não lhe apareceu?'" (Êxodo 4:1). De quem estamos mais preocupados em obter aprovação: das pessoas ou de Deus? Não somos responsáveis por controlar como os outros agem ou reagem. Nossa responsabilidade é simplesmente fazer o que Deus nos pede. Devemos, é claro, ouvir conselhos sábios e piedosos, mas, deixando de lado nossas agendas e desejos, devemos buscar primeiro a Deus em sua Palavra e em oração, dedicando tempo para ouvi-lo.

## 3. E se eu errar?

"Ah, Senhor! Nunca tive facilidade para falar, nem no passado nem agora que falaste a teu servo. Não consigo falar bem!" (Êxodo 4:10). Como já vimos, uma coisa era verdade sobre cada herói da Bíblia: Todos erraram. Mas eles escolheram não permanecer atolados no lamaçal de seus erros. Em vez disso, mantiveram um coração sensível a Deus. Precisamos ser como Davi, o único que Deus chamou de "um homem segundo o Meu coração". Quando ele errou, clamou: "Cria em mim um coração puro, ó Deus, e renova dentro de mim um espírito estável. Não me expulses da tua presença, nem tires de mim o teu Santo Espírito. Devolve-me a alegria da tua salvação e sustenta-me com um espírito pronto a obedecer. Então ensinarei os teus caminhos aos transgressores, para que os pecadores se voltem para ti" (Salmos 51:10-13).

Deus nos revelará não apenas quando errarmos, mas também como voltar para Ele se estivermos constantemente buscando um coração puro. É fácil? Não, é extremamente difícil encarar nosso pecado e admitir nossos fracassos. Por isso Davi pediu um "espírito pronto a obedecer". Mas você percebeu o belo resultado? Deus redimirá nossos fracassos! Ele transformará nossos erros, o que Satanás pretendia usar para nos derrotar, e usará a situação para a glória dele. Pessoas presas no mesmo pecado que o seu encontrarão o caminho de volta para Deus ao ouvir sua história.

## DEUS USA PESSOAS INADEQUADAS

Deus já lhe deu um lugar de influência, e você é a pessoa certa para a tarefa. Deus chama pessoas inadequadas para que Ele possa trabalhar através delas e, assim, receber a glória que só a Ele pertence. Quando você experimenta Deus agindo por meio de você, apesar de suas limitações humanas, sua confiança nele e em suas habilidades crescerá mais do que nunca. Deus raramente usa pessoas que parecem perfeitas. Ele usa pessoas imperfeitas.

Você conhece as "pessoas perfeitas" de quem estou falando. Todos já tivemos pessoas em nossa vida que pensam ser especialistas em todos os assuntos. Talvez até tenhamos agido assim em algum momento. A Bíblia chama isso de ser "teimoso," que é uma imagem de quem está enganado e endurecido. Em 2Crônicas 30:8 está escrito: "Não sejam obstinados, como foram os seus antepassados; submetam-se ao Senhor".

Pense nessa imagem. Uma pessoa obstinada enfrenta um de dois problemas: ou ela se recusa a virar a cabeça, ou se recusa a inclinar a cabeça. Se somos orgulhosos demais e achamos que sabemos tudo, somos obstinados porque nos recusamos a inclinar a cabeça e admitir nossas inadequações. Se somos inseguros demais, somos obstinados porque nos recusamos a olhar para as possibilidades que Deus está colocando ao nosso redor. O remédio para ambas as situações é a submissão a Deus — o que significa render a Ele nossos pensamentos, emoções, medos e vontades.

## A CURA PARA A TEIMOSIA

Moisés superou sua atitude teimosa e seus sentimentos de inadequação ao caminhar em obediência a Deus. Passo a passo, ele começou a obedecer a Deus e, eventualmente, tornou-se o líder que Deus sabia que ele poderia ser. Em Deuteronômio 10:12-16, Moisés apresenta aos filhos de Israel uma descrição do que Deus espera de nós:

> Agora, ó Israel, o que o Senhor, o seu Deus, pede a você? Somente que tema o Senhor, o seu Deus, que ande em todos os seus caminhos, que o ame, que sirva ao Senhor, o seu Deus, de todo o seu coração e de toda a sua alma, e que obedeça aos mandamentos e aos decretos do Senhor, que hoje lhe dou para o seu próprio bem. Ao Senhor, o seu Deus, pertencem os céus, até os mais altos céus, a terra e tudo o que nela existe. No entanto, foi aos seus antepassados que o Senhor dedicou o seu amor; e escolheu vocês, os seus descendentes, dentre todas as nações, conforme hoje se vê. Circuncidem os seus corações, portanto, e não sejam mais obstinados.

Todos nós temos tendências teimosas. Antes de superá-las, precisamos ter nossos corações circuncidados. Os homens do Egito precisavam ser circuncidados fisicamente. Moisés aprendeu a importância extrema disso quando quase perdeu a vida por não ter circuncidado seu próprio filho no tempo devido. Deus não poderia permitir que Moisés fosse o libertador de seu povo até que o requisito da circuncisão fosse cumprido. O mesmo se aplica à circuncisão de nossos corações.

O ato físico de circuncisão nos dá uma imagem dessa verdade espiritual. A *Life Application Study Bible* inclui esta nota:

> Mas Deus queria que eles fossem além da cirurgia e entendessem seu significado. Eles precisavam submeter-se a Deus por dentro, em seus corações, bem como por fora, em seus corpos. Só então poderiam começar a imitar o amor e a justiça de Deus em seus relacionamentos com os outros. Se nossos corações estiverem certos, nossos relacionamentos com outras pessoas também podem ser ajustados. Quando seu coração for purificado e você estiver reconciliado com Deus, você começará a perceber uma diferença na maneira como trata os outros.[18]

---

[18] *Life Application Study Bible (NVI)*. Wheaton, IL: Tyndale House Publishers. 1988, p. 269-297.

## AÇÕES E REAÇÕES

Para ser o líder que Deus quer que você seja, não basta acreditar no chamado de Deus para a sua vida; você também precisa acreditar que as pessoas que está liderando são valiosas e dignas de honra. Moisés aprendeu a ser um bom líder ao caminhar em obediência a Deus. Ele se tornou um grande líder ao ser tão consistente em seus hábitos de obediência que eles se tornaram reações naturais do seu coração.

A maneira de ser um bom líder é que suas ações reflitam Deus reinando dentro de você. Mas, para ser um grande líder, é necessário que suas reações também reflitam Deus reinando dentro de você. Entendeu? Suas reações são fundamentais.

É fácil escolher agir em obediência ao Senhor e honrar os outros em tempos de menor estresse. Eu posso ser a melhor mãe do mundo sentada tranquilamente na biblioteca lendo livros sobre maternidade enquanto meus filhos estão em casa com uma babá. O verdadeiro teste é quando volto para casa e algo acontece para aumentar o nível de estresse. Como vou reagir? Essa reação é o verdadeiro teste de fogo que revela a condição do meu coração.

Minhas reações mostram se minha crença em Deus e na sua capacidade de me moldar e transformar é real. Lembre-se: o propósito desta fase de acreditar é levá-lo ao ponto onde sua experiência com Deus seja tão real que seja impossível negá-la.

Nada tornará Deus tão real para você quanto vê-lo mudar seu caráter. Não mudar quem você é — sua personalidade, seus pontos fortes e suas habilidades — mas como você é — seu caráter.

Gosto do que a *Life Application Study Bible* diz em seu comentário sobre Moisés:

> Em Moisés, vemos uma personalidade excepcional moldada por Deus. Mas não devemos interpretar mal o que Deus fez. Ele não mudou quem ou o que Moisés era; Ele não deu a Moisés novas habilidades e forças. Em vez disso, Ele pegou as características de Moisés e as moldou até que fossem adequadas aos seus propósitos.

# Como vou reagir?

Essa reação é o verdadeiro teste que **revela** a condição do meu **coração**.

Isso faz diferença na sua compreensão dos propósitos de Deus para a sua vida? Ele está tentando usar o que criou em você desde o início para cumprir seus propósitos pretendidos.[19]

## MOISÉS E AS FASES DA FÉ

Moisés lutou tanto com suas ações quanto com suas reações. Deus ensinou Moisés a obedecer permitindo que ele vivesse as consequências de sua desobediência. Seu tempo no deserto, após matar um egípcio abusivo, mostrou-se inestimável. Ele teve que deixar o conforto do palácio onde cresceu (fase um) e suportar uma experiência de fome ao se tornar um humilde pastor (fase dois) para chegar ao ponto de realmente acreditar (fase três). Esse é mais um exemplo de como Deus transforma uma situação ruim em algo bom. Viver no deserto, pastorear um rebanho e aprender a ouvir a Deus preparou Moisés para o papel que ele estava destinado a desempenhar. Também o preparou para avançar pelas próximas duas fases: a morte e a ressurreição.

Essas foram algumas das muitas experiências que Deus usou para transformar Moisés no homem descrito em Hebreus 11:24-27:

> Pela fé, Moisés, já adulto, recusou ser chamado filho da filha do faraó, preferindo ser maltratado com o povo de Deus a desfrutar os prazeres do pecado por algum tempo. Por amor de Cristo, considerou que a desonra era uma riqueza maior do que os tesouros do Egito, porque contemplava a sua recompensa. Pela fé, saiu do Egito, não temendo a ira do rei; e perseverou, porque via aquele que é invisível.

Ah, que coisas tão grandiosas pudessem ser ditas a meu respeito quando eu já não estiver mais aqui!

---

[19] Idem, p. 127.

## ACREDITAR OU RECLAMAR?

Quando penso em todas as lições que Moisés precisou aprender, a experiência que mais me ensina é aquela que o impediu de entrar na Terra Prometida terrena. Essa cena parte meu coração, mas vale a pena estudá-la por causa das ricas verdades espirituais que ela demonstra.

Os filhos de Israel haviam saído do Egito quarenta anos antes. A maioria das pessoas da geração original já havia morrido, restando apenas seus filhos e netos. Moisés, Arão, Josué e Calebe estavam entre os poucos sobreviventes. Tristemente, os filhos de Israel ainda cantavam a mesma canção de reclamação: "Por que vocês trouxeram a comunidade do Senhor a este deserto, para que nós e os nossos rebanhos morrêssemos aqui? Por que vocês nos tiraram do Egito e nos trouxeram a este lugar terrível? Aqui não há cereal, nem figos, nem uvas, nem romãs. E não há água para beber!" (Números 20:4-5).

A maioria desses israelitas nunca tinha provado pessoalmente um figo, uma uva ou uma romã. Tudo o que conheciam era a vida no deserto. O que sabiam sobre o que estavam perdendo vinha das histórias de seus pais desobedientes e reclamões. Esses pais tinham muitas histórias que poderiam ter compartilhado para lembrar constantemente seus filhos da fidelidade de Deus. Em vez disso, suas atitudes negativas consumiram seus corações. Tragicamente, foi isso que passaram para seus filhos.

Provavelmente, essa foi a maior dor de Moisés enquanto ele se lançava com o rosto em terra diante do Senhor, pedindo orientação sobre o que fazer.

## A DESOBEDIÊNCIA DE MOISÉS

O Senhor disse a Moisés: "Pegue a vara e convoque a comunidade, você e seu irmão Arão. Diante dessa comunidade, falem à rocha, e ela verterá água" (Números 20:7-8).

Em Êxodo 17, Deus havia instruído Moisés a ferir uma rocha, e dela saiu água. Mas desta vez, Moisés deveria apenas falar à rocha. Deus estava ensinando ao povo a importância de obedecer à sua palavra, mesmo que ela não faça sentido, e observar como Ele cumpre suas promessas. Em Josué 6, os muros de Jericó caíram com os gritos do povo. Assim, Números 20 registra um momento crucial que poderia ter mostrado ao povo que Deus pode usar vozes para realizar milagres — seja para trazer água de uma rocha ou, como veriam depois, para derrubar muralhas. Contudo, Moisés, frustrado e reagindo mal às reclamações do povo, não obedeceu ao Senhor. Em vez de falar à rocha, ele a feriu duas vezes com sua vara.

A água saiu, mas também veio o severo castigo de Deus a Moisés: "O Senhor, porém, disse a Moisés e a Arão: 'Como vocês não confiaram em mim para honrar a minha santidade à vista dos israelitas, vocês não conduzirão esta comunidade para a terra que dou a vocês'" (Números 20:12).

Nesse ponto da história, poderíamos esperar que Moisés reagisse com grande lamento e tristeza. Mas não há registro de nenhuma reação negativa. Não houve súplicas por misericórdia, pedidos de uma segunda chance, clamor por uma exceção ou discursos longos dizendo "Isso não é justo"... nada. A reação de Moisés parece finalmente ter sido moldada para refletir o domínio de Deus em sua vida.

## MOISÉS E A PROMESSA

Moisés nunca entrou fisicamente na terra prometida, mas dois pontos adicionais merecem ser destacados.

Primeiro, Moisés desejava a presença de Deus mais do que entrar na terra prometida. Em Êxodo 33:18-23, o desejo secreto de Moisés de ver Deus foi realizado. Embora tenha visto apenas as costas de Deus, ele viu Deus. Uma vez que viu o Senhor, tudo o mais tornou-se insignificante em comparação. Talvez isso explique por que ser excluído da Terra Prometida não pareceu abalar Moisés. Ele permaneceu focado e continuou liderando o povo. Minha carne teria sido tentada a deixar aqueles israelitas reclamões se virarem sozinhos no deserto enquanto eu ia embora, emburrada, passar o resto dos meus dias de vida embaixo de uma rocha. Mas Moisés não reagiu com base na sua carne. Ele permaneceu fiel e verdadeiro. Ele concluiu sua missão de maneira altruísta. Hebreus 11 o lembra como alguém que "perseverou porque viu aquele que é invisível".

Segundo, muitos anos após a morte de Moisés, ele aparece com Jesus no Monte da Transfiguração, que, por acaso, está localizado na Terra Prometida. "E eis que lhes apareceram Moisés e Elias, conversando com Jesus" (Mateus 17:3). Percebeu isso? Moisés estava na terra prometida, conversando com Jesus. Quando ele desejou ver Deus anteriormente, pôde ver apenas suas costas, mas agora ele o vê face a face. Que precioso da parte de Deus nos dar esse lembrete de que Ele sempre cumpre suas promessas. Deus deseja realizar nossos sonhos ainda mais do que nós. Ele tem tudo planejado, e mesmo que as coisas não pareçam dar certo deste lado da glória, não podemos sequer imaginar como será incrível a eternidade. "Nenhum olho viu, nenhum ouvido ouviu, nenhuma mente concebeu o que Deus preparou para aqueles que o amam" (1Coríntios 2:9).

Minha amiga, oro para que, ao longo dessa jornada caminhando com Deus rumo ao seu sonho, sua maior alegria seja ver e experimentar Deus, pois essa é a verdadeira alegria de toda essa aventura!

# ESTUDO BÍBLICO

Leia Êxodo 2:1-10; Atos 7:20-22; Hebreus 11:23.

Deus, os pais de Moisés e a filha do faraó reconheceram que Moisés não era uma criança comum. Ele foi, de fato, o libertador escolhido por Deus, levantado para liderar todo o povo de Israel. Embora a filha do faraó não soubesse disso na época, ela fazia parte do plano divino para aquela criança especial. Somente Deus poderia providenciar para que Moisés fosse criado no palácio do próprio homem que tentava matá-lo! Essa criação no palácio deu a Moisés a melhor educação e os recursos mais avançados de sua época. Ele compreendia a cultura egípcia por dentro, o que lhe conferiu uma perspectiva única entre os israelitas de seu tempo. No entanto, a única coisa que Moisés não adquiriu durante sua criação egípcia foi uma caminhada íntima com Deus. Os quarenta anos no deserto deram a Deus tempo suficiente para trabalhar nessa área.

Enquanto Moisés servia como pastor e vivia como um exilado de seu povo, Deus trabalhava em seu coração. Esse tempo no deserto foi usado para moldar seu caráter, completando sua preparação. Foi ali, no deserto, que Deus revelou seu plano a Moisés. O plano de Deus para cada um de nós inclui uma preparação única para a tarefa que Ele nos designou. Para que Deus tem te preparado? Ou, para que Ele está te preparando agora? Será que Deus está falando ao seu coração em um momento de deserto? Ele está preparando você para algo tão grandioso que tira seu fôlego? O exemplo de Moisés nos assegura que Deus está trabalhando em um plano para nossa vida, mesmo quando não conseguimos enxergá-lo. Moisés se tornou um homem de influência porque Deus o preparou antecipadamente para isso.

Em seu caderno, anote algumas verdades que você aprendeu em seus momentos de deserto. Como Deus tem usado essas verdades para preparar você?

## ESTUDO BÍBLICO

Leia Êxodo 4:10-17; Eclesiastes 4:10; Marcos 6:7.

Quando Moisés ofereceu desculpa após desculpa a Deus, Ele respondeu providenciando Aarão, seu irmão, para falar por ele. Deus reconheceu a necessidade de Moisés de ter um parceiro que o encorajasse e o apoiasse em seu chamado. Também lemos que Jesus enviou seus discípulos "dois a dois". Claramente, Deus entende que precisamos de pessoas em nossa vida para nos apoiar e nos incentivar em nosso chamado. Deus já lhe providenciou um amigo, cônjuge ou parente que o encoraja em sua caminhada e ora por você? Agradeça a Deus por essa pessoa hoje. Se isso for algo que você sente falta, peça a Deus que lhe envie alguém assim. Acima de tudo, lembre-se de que Deus já lhe deu "um amigo mais chegado que um irmão" (Provérbios 18:24). Dedique um tempo hoje para agradecer a Deus por ser seu amigo.

## ESTUDO BÍBLICO

Leia Êxodo 4:19-20; Jeremias 10:23.

Quando Moisés confiou plenamente em Deus e superou seus medos, ele retornou ao Egito. Deus lhe garantiu que estaria seguro em sua viagem, e Moisés deu início à sua jornada de fé, passo a passo. Às vezes, nossos passos parecem pequenos como de bebês, e nos perguntamos se estamos realmente progredindo. Tudo o que Deus pede é que tomemos passos de obediência e deixemos que Ele cuide do restante. Qual é o passo que Deus está pedindo que você dê? Não se preocupe onde a jornada o levará. Confie em Deus enquanto dá cada passo. Cuide do possível, e deixe que Ele cuide do impossível.

FASE 4

# Morte

TREZE

# Morte não significa derrota

A terceira fase da caminhada de fé, aquele tempo belo de acreditar em Deus como nunca antes, é realmente maravilhosa, e pode até nos fazer desejar que ela continue para sempre. Mas Deus tem mais para nos ensinar, e devemos estar dispostas a entrar em mais uma temporada de crescimento. Surpreendentemente, a quarta fase é chamada de Morte. No entanto, não deixe o nome desanimar você. A morte traz uma nova vida que não pode ser encontrada de outra forma. De fato, a morte não significa derrota.

Eu fui para a faculdade para obter uma educação, mas não era só isso que eu queria. O diploma que eu realmente desejava não era um bacharelado nem mesmo um mestrado, mas um título de "senhora". Eu já tinha tudo planejado. Conheceria o Sr. Maravilhoso, nos apaixonaríamos, namoraríamos durante a faculdade, ficaríamos noivos no meu último ano e nos casaríamos no fim de semana seguinte à formatura. Assim, logo no primeiro dia no campus, comecei a escanear todas as multidões em busca dele. Eu era sutil e fazia um jogo de difícil, mas mentalmente interrogava todos os rapazes que conhecia para discernir se ele poderia ser "o escolhido".

Não o encontrei até o meu segundo ano. Mas no instante em que o vi pela primeira vez, fiquei encantada. Ele era alto, moreno, bonito e estrela do time de futebol americano. Estava em outdoors pela cidade e pôsteres por todo o campus. Além disso, era superinteligente. Estudava física e mantinha uma média impecável de 4.0. Embora eu nunca tivesse pisado nos corredores do prédio de ciências, me inscrevi em Física 101. Não demorou muito para que eu fracassasse no primeiro teste e, de repente, precisasse desesperadamente de um tutor. Que plano perfeito para conhecê-lo regularmente!

Para proteger os inocentes, chamaremos ele de Flicktoid, ou apenas Flick. Não demorou para que nossas aulas de tutoria fossem menos sobre física e mais sobre a química que florescia entre nós. Eu larguei a matéria, mas o relacionamento florescia e continuou mesmo depois que a física foi esquecida.

## A GRANDE SURPRESA

Namoramos durante o restante de nossa vida universitária. Enchi páginas de álbuns que um dia seriam um tesouro para mostrar aos nossos filhos. Eu imaginava os rostinhos de miniversões de mim e dele, todos reunidos ao redor da nossa mesa de cozinha, encantados enquanto eu narrava nosso romance. "Aqui está uma pétala das primeiras rosas que seu pai me deu. Ah, e aqui está uma foto de um baile formal que fomos às montanhas. E vejam, o time de futebol americano do papai venceu o campeonato nacional naquele ano. Que estrela ele era. Olhem lá, a mamãe torcendo por ele nas arquibancadas. Fui a todos os jogos."

Flick se formou um ano antes de mim e foi para um programa de pós-graduação a quatro horas de distância. Continuamos namorando, e enquanto minha formatura se aproximava, minha expectativa aumentava. Havíamos conversado sobre noivado, e eu achava que o grande pedido poderia acontecer a qualquer momento. Cada vez que nos víamos, eu imaginava que aquele poderia ser o dia. Mas a formatura veio e foi, e ainda nada de anel.

Quando estava decidindo para onde me mudar após a formatura, ele me encorajou a conseguir um emprego perto da escola dele.

Consegui me mudar para uma cidade a poucas horas de distância dele, e estava certa de que isso era um bom sinal. Embora eu me sentisse solitária nesta nova cidade, me animava o fato de que meu aniversário estava a poucas semanas de distância. Decidi que isso devia ser o que ele estava esperando e varri qualquer dúvida quanto ao futuro.

Flick chegou atrasado ao nosso encontro de aniversário, reclamando que a viagem era longa demais para apenas um jantar. Enquanto a noite avançava, outros indícios deveriam ter me alertado de que as coisas não estavam indo como eu esperava. Mas meu otimismo insistente continuava desejando o melhor. No final do jantar, Flick empurrou a cadeira para trás, segurou minha mão e me olhou direto nos olhos. Ah, finalmente, o grande momento! E realmente foi grande. Flick anunciou que tinha conhecido outra pessoa. Mal consegui fechar a boca de tão surpresa, quando ele continuou: "E eu realmente preciso ir. Você tem alguns trocados para eu colocar gasolina?". Eu estava tão chocada que não apenas paguei meu próprio jantar de aniversário como também abasteci o tanque dele para que pudesse voltar para sua nova "Flickette".

## O POÇO

A história pode soar engraçada agora, mas na época parecia pior do que a morte. Eu estava tão sozinha. Tinha arrancado minha vida pela raiz e planejado todo o meu futuro ao redor dele. Agora ele tinha ido embora, e com ele todos os meus grandes sonhos de casamento. Eu estava com raiva, magoada, deprimida e devastada. A rejeição daquele homem em quem confiei doía profundamente. Isso me lançou em um poço escuro de depressão. Eu não conseguia comer, dormir nem imaginar como superaria aquela dor.

Eu me e enfiei na cama, puxei as cobertas sobre a cabeça e não me importava se veria a luz do dia novamente. Embora minhas responsabilidades eventualmente me obrigassem a sair da cama, eu apenas seguia os movimentos da vida. Por dentro, meu coração estava sob aquele manto de escuridão.

Uma manhã de sábado, minha colega de quarto entrou no meu quarto com um anúncio de jornal de uma grande igreja perto do nosso apartamento. Apesar de ela não frequentar igrejas, me encorajou a ir conhecer algumas pessoas da minha idade. Ela brincou: "Essa igreja é tão grande que você pode até encontrar seu marido lá!".

Então, no dia seguinte, fui a essa grande igreja. Embora não tenha encontrado um marido de imediato, fiz alguns ótimos amigos que me ajudaram a superar Flick. Mais importante ainda, minha opinião sobre o que realmente importava em um marido mudou. Quase um ano depois, um amigo do meu grupo de estudo bíblico me apresentou ao homem mais bonito que eu já tinha visto... bonito por fora e, mais importante ainda, bonito por dentro. Tornamo-nos amigos, mas eu secretamente esperava por algo mais.

### NADA MENOS QUE O MELHOR

Foi mais ou menos nessa época — adivinhe — que Flick começou a ligar novamente. As coisas não tinham dado certo com Flickette, e ele dizia ter percebido o erro que cometeu. Ele queria me reconquistar. Queria que ficássemos juntos novamente, para sempre.

Mesmo sem saber se o novo rapaz que despertava meu interesse algum dia me convidaria para sair, sabia que estava diante de uma grande encruzilhada. Flick era tudo o que eu achava que queria. Um ano antes, eu daria qualquer coisa para tê-lo de volta — mas não agora. Eu tinha uma nova visão do que o amor deveria ser. Meu novo interesse me tratava bem, me encorajava na minha caminhada com o Senhor e pagava meu jantar quando saíamos em grupo — e nem estávamos namorando ainda!

Liguei para Flick e disse que tinha acabado de vez. Nada do que ele pudesse fazer ou dizer mudaria isso. Embora não houvesse garantias de que algo daria certo com o jovem da igreja, eu tinha a certeza de que Deus não queria que eu me contentasse com nada menos do que o melhor.

Algumas semanas depois, o jovem da igreja finalmente me convidou para sair. O nome dele era Art TerKeurst — e oito meses depois, nos casamos. Agora, devo dizer, nosso casamento nem sempre foi fácil. Hoje entendo que, por todos aqueles anos em que eu queria desesperadamente que alguém me amasse, meu verdadeiro clamor não era por um marido, mas por um Salvador. Minha alma ansiava por um relacionamento com o Senhor, mas meu coração foi enganado ao pensar que meus problemas seriam resolvidos com um marido. Art, no entanto, enfrentou minhas tempestades emocionais e espirituais de uma forma que Flick nunca teria feito.

## OS CAMINHOS DE DEUS PODEM NÃO SER OS MAIS CURTOS

Deus sabia o que eu precisava muito melhor do que eu mesma. Graças a Ele por não atender minhas orações para que eu e Flick nos casássemos. Ter meu coração partido por Flick foi uma das melhores coisas que já aconteceram comigo. Foi uma espécie de morte, mas não uma derrota. Foi uma vitória disfarçada.

Muitas coisas na minha vida têm sido assim. As coisas que parecem morte são, na verdade, o nascimento de algo muito melhor. Mais adiante nesta seção, aprenderemos muito sobre os israelitas e sua jornada rumo à terra prometida. Mas, primeiro, quero recapitular o dia inicial de sua libertação. Não foi o dia em que saíram do Egito; foi o dia em que Deus os livrou radicalmente da perseguição de seus opressores.

Os israelitas foram guiados por Deus, não pelo caminho mais curto, mas pelo caminho ordenado. Êxodo 13:21 diz: "De dia o Senhor ia à frente deles numa coluna de nuvem para guiá-los no caminho e, de noite, numa coluna de fogo para iluminá-los, para que pudessem viajar de dia e de noite". Deus estava com eles e os tranquilizava com sinais visíveis de sua presença. Mas, em certo ponto do êxodo, embora soubessem que Deus estava ali, sentiam-se derrotados. Justo quando pensavam que haviam escapado dos egípcios, o exército de Faraó surgiu no horizonte, avançando em sua direção. "Ficaram apavorados e clamaram ao Senhor... 'Teria sido melhor servir aos egípcios do que morrer no deserto!'" (Êxodo 14:10-12).

## O CAMINHO DELE É PERFEITO

Ah, como eu posso me relacionar com a angústia e o desespero deles. Eu também me vi em um lugar estranho quando Flick terminou comigo. Eu não conseguia entender por que Deus me havia levado até aquele ponto apenas para permitir que meu coração fosse partido. Mas, se eu nunca tivesse me mudado para ficar mais perto de Flick, nunca teria conhecido Art. Não foi o caminho mais curto e nem o mais seguro na minha opinião, mas era o melhor de Deus, e sou tão grata por ter permanecido com Ele. Se eu tivesse seguido apenas minhas opiniões e planos, quem sabe onde estaria hoje. Assim como Deus não me abandonou, Ele também não abandonou os israelitas. "Moisés respondeu ao povo: 'Não tenham medo. Fiquem firmes e vocês verão o livramento que o Senhor lhes trará hoje. Os egípcios que vocês estão vendo hoje nunca mais verão. O Senhor lutará por vocês; tão somente acalmem-se'" (Êxodo 14:13-14).

Quando pararam de se preocupar, o Senhor começou a lutar. Ele disse aos israelitas para seguirem em frente pelo mar. Moisés ergueu a mão sobre o mar, e as águas se abriram, permitindo que os israelitas tivessem um caminho de escape. Com uma muralha de água à direita e à esquerda, os israelitas atravessaram em terra seca. Quando Faraó os seguiu, o Senhor fez com que o mar voltasse e cobrisse todo o exército egípcio, que pereceu naquele dia.

O mar à frente deles devia parecer tão imenso, tão perigoso, tão intransponível. O exército atrás deles era mortal, aterrorizante e aparentemente imparável. Mas o Senhor era maior que o intransponível e mais forte que o imparável. Israel não tinha como escapar, mas

Deus não apenas **derrotou a morte**, mas também **concede vitória** por meio dela.

Deus abriu um novo caminho e fez uma passagem. E não apenas abriu um caminho, mas derrotou os egípcios, de modo que, como Deus havia prometido, Israel nunca mais viu aqueles egípcios. Sua força era perfeita. Seu tempo era perfeito. Seu plano era perfeito.

## A MORTE É DERROTADA

A morte pode parecer assustadora, mas não é para ser temida. Ao passar pelos momentos de morte na sua jornada de fé, tenha a certeza de que Deus já derrotou a morte. "Visto que os filhos são pessoas de carne e sangue, Ele também participou dessa condição humana, para que, por sua morte, derrotasse aquele que tem o poder da morte, isto é, o diabo, e libertasse aqueles que durante toda a vida estiveram escravizados pelo medo da morte" (Hebreus 2:14-15).

Deus não apenas derrotou a morte, mas também proporciona vitória por meio dela. Isso não é sua derrota; é o vale na sombra da montanha que sua alma anseia escalar — uma montanha de fé maior e intimidade mais profunda com Deus do que você jamais imaginou.

> Tenho sempre o Senhor diante de mim. Com Ele à minha direita, não serei abalado. Por isso o meu coração se alegra e no íntimo exulto; mesmo o meu corpo repousará tranquilo, porque tu não me abandonarás no sepulcro, nem permitirás que o teu santo sofra decomposição. Tu me farás conhecer a vereda da vida, a alegria plena da tua presença, eterno prazer à tua direita (Salmos 16:8-11).

Quando você morrer, seu corpo irá para o sepulcro, mas pode ter a certeza de que com Deus sua alma nunca provará a derrota.

# ESTUDO BÍBLICO

Leia Jeremias 23:23-24.

Deus não é um Deus distante, sentado em um trono, longe de nós. Ele é um Deus vivo e ativo — consciente de cada pensamento, cada necessidade, cada sofrimento e cada morte em nossa vida. Precisamos apenas clamar a Ele, e Ele invadirá nossos lugares secretos de escuridão, cheios de vergonha e lágrimas, para brilhar sua luz em nossos corações. Aos poucos, podemos conhecer seu amor e permitir que sua esperança substitua nossa tristeza, firmando nossa confiança nele. Em seu caderno, escreva uma breve oração pedindo a Deus que se torne real para você.

_____
_____
_____
_____
_____
_____
_____

Leia Salmos 139:1-10.

Em alguns dias, fazemos a vida parecer algo fácil e fluido. Nesses momentos, nos identificamos com o versículo 8: "Se eu subir aos céus, lá estás". Nesses dias, estamos em comunhão com Deus, e seu louvor está em nossos lábios. Mas também há dias em que fracassamos completamente. Sentimos como se nossas orações não fossem ouvidas, como se Deus estivesse distante. Davi conclui o versículo 8 dizendo: "Se eu fizer a minha cama na sepultura, também lá estás". Deus está conosco nos dias bons e nos dias ruins. Ele canta sobre

ESTUDO BÍBLICO

nós (Sofonias 3:17), enxuga nossas lágrimas (Isaías 25:8) e cuida do nosso futuro (Jeremias 29:11).

Quando perdi meu amor na faculdade, achei que minha vida havia acabado. Fiz "minha cama na sepultura" enquanto lamentava a perda. Não podia ver que aquele fim era, na verdade, um começo. Deus estava trabalhando em seus planos para mim — eu só precisava confiar nele. Há algo em que você precisa confiar em Deus?

_____
_____
_____
_____
_____

Talvez Deus pareça muito distante agora. Não acredite nessa mentira. Ele é um Pai envolvido, como as Escrituras mostram. Escreva esses versículos e observe como Deus está pessoalmente ministrando a você por meio de cada um: Isaías 25:8; Jeremias 29:11; Sofonias 3:17.

_____
_____
_____
_____
_____
_____

Leia Habacuque 1:5; Atos 13:26-41.

Pense em sua vida por um momento. Tente se lembrar de um momento em que você viu claramente Deus agindo em sua vida, mesmo que, naquela época, tenha se sentido esquecido. A morte não significou derrota naquela ocasião, e não significa agora. Escreva

## ESTUDO BÍBLICO

sobre esse momento e ore sobre a possibilidade de compartilhar sua história. Se você não estiver fazendo este estudo em grupo, ore sobre a ideia de compartilhar sua história com um amigo.

_____
_____
_____
_____
_____
_____

Você pode orar Efésios 3:20-21 ao terminar esta parte do estudo bíblico. Passe um tempo louvando a Deus pelas vitórias que Ele trouxe à sua vida. Louve-o porque o poder que ressuscitou Jesus está operando em nossa vida hoje! Escreva alguns de seus louvores em seu caderno.

_____
_____
_____
_____
_____
_____

CATORZE

# Seguindo em frente pela dor

Cada pessoa que Mary tocava era transformada para melhor. De formas grandes e pequenas, Mary era uma mulher de graça, amor e doce influência. Ser convidado para uma de suas festas era sempre o destaque de qualquer feriado. Seu objetivo era deixar o dom da hospitalidade brilhar para a glória de Deus, e brilhar ele brilhava. Embora sempre impressionasse os convidados, seu objetivo não era impressionar as pessoas, mas sim amá-las. Fosse em um simples encontro familiar ou em um grande evento, ela fazia com que cada pessoa se sentisse especial e importante.

Você pode imaginar como o marido de Mary, Ken, se sentia amado. Eles estavam casados desde que Mary tinha vinte anos e duas semanas de idade, e estavam loucamente apaixonados mesmo depois de quarenta anos de casamento. Ken e Mary se mudaram para a mesma rua onde moro alguns anos atrás e sempre me inspiraram com seu amor, devoção e vida cheia de alegria.

Quando Mary recebeu o diagnóstico de câncer, ela enfrentou a notícia com a mesma elegância alegre e atitude positiva que sempre demonstrou. Ela e Ken enfrentaram a doença juntos, mostrando uma coragem que eu nunca tinha visto antes. Ele estava sempre ao lado dela, e ela, sempre sorrindo.

Todos pensaram que Mary venceria o câncer e sairia vitoriosa do outro lado, mas não foi assim. Eles viajaram para Houston para um programa de tratamento agressivo e mantiveram familiares e amigos atualizados por meio de postagens na internet.

Eu não conseguia ler essas postagens nos últimos dias de Mary sem chorar. Quando finalmente ela foi estar com o Senhor, senti como se o mundo inteiro tivesse pausado por um minuto de tristeza ao perder essa luz tão radiante. E lá estava Ken, sozinho. A mão que ele segurava quase toda a vida estava agora imóvel. O sorriso que ele amava tanto já não estava mais lá. A voz que ele adorava ouvir estava silenciosa. Como pressionar através de tamanha dor?

## APROVEITE A VIDA

Algumas semanas após a celebração da vida de Mary, encontrei Ken enquanto almoçava com meus filhos. Ele estava sozinho. Perguntei como ele estava, e, embora tenha sorrido, sua resposta partiu meu coração.

"O silêncio está me matando", ele admitiu.

Sem hesitar, insisti para que ele viesse jantar em nossa casa. Expliquei que não sou a melhor cozinheira, que não podia garantir como a casa estaria e que somos bem agitados, mas podia garantir que não haveria silêncio. Ele aceitou.

Quando Ken chegou, a vida estava bem agitada em minha casa. Os meninos provocavam as irmãs, o cachorro havia feito xixi no tapete novamente, o telefone estava tocando, minha caçula estava pulando no sofá, e eu tentava administrar duas panelas e uma travessa no forno. Eu me desculpei por não ter oferecido algo para ele beber logo de cara. Ele, graciosamente, respondeu: "Sem problema", e acrescentou: "Aproveite isso, Lysa. Aproveite cada momento. Passa tão rápido".

## PROCURE SUAS RESPOSTAS

Tivemos uma noite encantadora com Ken. Havíamos convidado ele para o jantar como um presente, mas fomos nós que recebemos o verdadeiro tesouro. Quando estava indo embora, enquanto Art o acompanhava até o carro, ele parou no meio da calçada. Caminhou até um arbusto de gardênia plantado em frente à nossa casa — um arbusto pelo qual eu havia passado apressadamente durante onze anos sem aproveitar. Ele se inclinou até uma flor em um dos galhos mais baixos e enterrou o rosto nela, respirando profundamente.

A cena fez meu coração acelerar. Eu sabia que Ken vinha clamando ao Senhor para preencher os vazios que Mary deixara — sua gentileza, seu doce perfume, sua beleza e sua maneira de iluminar qualquer lugar que ela estivesse. Ken orou com expectativa. Ele esperava que Deus respondesse e, por isso, foi capaz de reconhecer a resposta quando ela veio. Uma flor feita pelas mãos de Deus foi projetada, estou convencida, especialmente para Ken.

Esse é o segredo para superar a dor. Na verdade, é o segredo para superar toda a vida. Aprender a depender de Deus, pedir pela sua provisão e, então, lembrar-se de procurar pelas suas respostas prontas. Naquela noite, Deus fez mais do que lembrar Ken de sua fidelidade. Ele me lembrou do que é realmente importante e de como superar a dor com perspectiva.

Como mulher, às vezes perco a perspectiva no mar de emoções que invadem meu coração. O coração de uma mulher é um lugar profundo, selvagem e maravilhoso, cheio de desejos secretos. Eu desejo que minha vida tenha significado. Eu desejo que meus filhos cresçam e se tornem boas pessoas. Eu desejo que meu casamento seja sempre cheio de amor e devoção. Eu desejo viver uma vida sem arrependimentos. Mas meu maior desejo secreto deve sempre ser por mais de Deus em minha vida. Este é o único desejo que nunca irá me decepcionar e que nunca poderá ser tirado de mim. Meu marido, meus filhos e minha vida como a conheço podem ser arrancados em um instante. Mas Deus estará lá em tudo isso. Eu só preciso fazer a escolha de colocar meu relacionamento com Ele em primeiro lugar.

Sabendo disso com certeza, posso enfrentar qualquer dor, decepção e até mesmo a morte. Deus está perto. Ele está me atraindo para perto, me ensinando lições que não posso aprender de outra maneira, revelando mais do seu caráter, permitindo-me experimentá-lo de maneiras ainda mais surpreendentes. Sim, a morte é difícil e extremamente dolorosa. Seja de um ente querido, de um estilo de vida ou de um sonho, a morte dói. Eu sei — já passei por essa fase muitas vezes, de muitas formas diferentes. Mas, em vez de focar apenas no que a fase da morte tira, aprendi a enxergar o bem que ela traz.

## A PRESENÇA DE DEUS NAS PEQUENAS COISAS

Às vezes, ao passar pela fase da morte em nossa caminhada de fé, ficamos tão consumidos em buscar uma grande ressurreição que nos esquecemos de perceber como Deus se revela em pequenas coisas ao longo do nosso dia.

Pedi a uma amiga, que está enfrentando uma fase difícil, para anotar tudo o que o Senhor tinha feito no dia anterior para lembrá-la de seu amor. Ela ficou surpresa ao perceber, ao relembrar seus passos e refletir, o quanto conseguiu enxergar a mão de Deus. Ela havia se perdido voltando para casa após visitar a família e clamou a Deus sobre como era injusto estar perdida. Mas, seu trajeto tortuoso a levou até seu restaurante favorito, onde pôde desfrutar exatamente o que queria para o almoço e, ainda assim, chegar a casa a tempo. Durante essa mesma viagem, o controle de velocidade de seu carro parou de funcionar. Ao reduzir a velocidade para ajustar os botões, percebeu que o limite de velocidade havia diminuído e que havia um policial logo atrás. Caso o controle de velocidade não tivesse falhado naquele momento, provavelmente teria recebido uma multa.

Minha amiga sentiu a presença de Deus no almoço inesperado e na multa evitada. Ken percebeu a obra de Deus em uma flor. E você, como Deus revelou sua presença para você hoje? Se o seu desejo é mais dele, tenha a certeza de que Ele está trabalhando para mostrar algo maravilhoso agora.

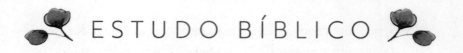

# ESTUDO BÍBLICO

Leia Êxodo 15:1-21.

Enquanto os israelitas atravessavam o Mar Vermelho e emergiam do outro lado, pararam para cantar louvores ao Senhor. Ao vermos Deus agir em nossa vida, nós paramos para louvá-lo? Pausamos no meio de nossa vida atarefada para absorver profundamente a beleza de sua criação? Escolhemos focar nos momentos especiais que Ele nos deu e guardá-los como um cântico de louvor em nossos corações? Registre seus pensamentos em seu caderno.

_____
_____
_____
_____
_____

Leia Salmos 22:3-5; 99:1-3.

Esses versículos nos dizem que Deus — santo e majestoso além de nossa compreensão — habita nos nossos louvores. Se quisermos experimentar uma caminhada mais próxima com Ele, basta louvá-lo. Sua presença nos envolverá quando escolhermos sair do caminho comum e notar as bênçãos que Ele nos envia todos os dias. Podemos orar orações de agradecimento por tudo o que Ele faz por nós:

_____
_____
_____
_____
_____

## ESTUDO BÍBLICO

*Obrigada, Pai, pelo som das risadas.*
*Obrigada, Pai, pelo clima maravilhoso.*
*Obrigada, Pai, por saber o que é melhor para mim.*
*Obrigada, Pai, pelo teu plano para minha vida.*

Registre algumas coisas pelas quais você é grata. Também podemos louvá-lo simplesmente pelo que Ele é:

*Eu te louvo, Pai, por tua soberania.*
*Eu te louvo, Senhor, por ser Senhor de tudo.*
*Tu és, ó Senhor, meu Rei, minha Rocha, meu Redentor.*

Este cântico pode estar sempre em nossos lábios enquanto comungamos com Ele durante o dia. Registre alguns louvores pessoais ao Senhor.

_____
_____
_____
_____
_____
_____

Faça o mesmo que pedi à minha amiga: pense no dia de ontem e anote todas as pequenas formas pelas quais Deus assegurou sua presença em sua vida.

_____
_____
_____
_____
_____
_____

## ESTUDO BÍBLICO

Leia 2Coríntios 10:5.

Sublinhe a frase "levem cativo todo pensamento". Deus é um Deus de detalhes. Ele é ordenado. Ele está no controle. Ele é intencional em tudo o que faz. E assim, Ele deseja que também sejamos intencionais. Assim como devemos levar cativo todo pensamento, devemos levar cativo cada momento para louvá-lo. Você está deixando esses momentos passarem despercebidos? O que está distraindo você de louvar a Deus com mais frequência e como você pode tornar esse louvor uma prioridade maior?

Eu andei pela minha calçada durante onze anos, nunca me desviando da minha rotina para parar e levar cativo um momento para me alegrar com um presente que Deus estava esperando para me dar, se eu apenas olhasse. A lição de Ken para mim naquela noite foi levar cativo cada momento para notar as bênçãos em minha vida, grandes e pequenas, e dar louvor a Deus quando o faço.

Anote um louvor ao Senhor em seu caderno. Louve especificamente a Ele por uma forma como Ele providenciou para você recentemente. Sua provisão pode ter vindo de maneira inesperada, mas não foi menos uma resposta às suas orações. Ken orou por mais tempo com sua amada Mary. Em vez disso, ele está aprendendo a ver a provisão de Deus de outras maneiras aqui na terra até o dia em que se juntará a Mary para louvá-lo no céu. Deus suprirá todas as nossas necessidades, assim como Ele tem suprido as de Ken. Leve cativo cada momento para focar nos presentes que Ele lhe deu, independentemente de suas circunstâncias. Escreva seu louvor pela provisão de Deus em seu caderno.

QUINZE

# Deus não é surpreendido pela morte

Já reparou que a natureza não resiste a Deus? Pense na pequena semente que é plantada. Ela é empurrada para um lugar escuro e bagunçado. Em seguida, precisa passar por uma espécie de morte. A semente precisa deixar de existir como semente enquanto sua casca começa a desintegrar-se e se romper para que a vida possa brotar dela. Ao seguir o design de Deus, a vida surge da semente, atravessa a terra e encontra a luz. Quem teria pensado que uma planta gloriosa poderia surgir de uma pequena semente em um lugar escuro? O que teria acontecido se a semente resistisse a Deus e retivesse sua forma original? Ela teria evitado o trauma da mudança, mas pense em tudo o que ela perderia. Nunca conheceria o melhor de Deus. Quantas vezes somos como essa pequena semente!

### A SEMENTE DE UMA VISÃO

Já me comportei como essa semente, resistindo a Deus quando a tarefa diante de mim parecia grande demais, consumia muito tempo, era arriscada ou custosa demais. Agi assim quando Deus me deu a visão para minha missão ministerial pessoal. *Como, Deus?* Senti-me tão pequena, tão incapaz, tão receosa de tentar e falhar.

Quando meu ministério começou, estava disposta a assumir as pequenas tarefas que Deus me dava. Fiz isso por muitos anos, alcançando várias mulheres com uma mensagem de encorajamento. Mas eu sabia que Deus queria que eu desse um novo passo. *Como, Deus?*

Então, um pensamento me ocorreu: talvez eu pudesse falar em um evento em uma grande arena junto com outros palestrantes. Os outros, mais famosos, poderiam atrair o público, eu cumpriria minha missão e todos nós cantaríamos *Kum-ba-yah* e iríamos para casa felizes. Então comecei a orar por um evento na arena. Não é curioso quando tentamos dar sugestões a Deus? (*Nota para mim mesma: isso não é uma boa ideia.*)

Fiquei radiante quando, finalmente, recebi o convite para falar em um evento em arena, com uma expectativa de cinco mil pessoas na plateia. Estava tão empolgada no dia em que embarquei no avião para o evento. Finalmente, minhas orações foram atendidas, e a vida estava boa... pelo menos até às 7h50 da manhã do dia seguinte.

## A SURPRESA

Eu seria a palestrante principal às 8h da manhã. A programação do dia estava lotada, com sessões de hora em hora apresentadas por diversos palestrantes. Às 7h50, comecei a ficar um pouco nervosa, pois o público ainda não havia chegado. Para ocupar minha mente, organizei minha mesa de livros — não que houvesse movimento, mas rearranjar e alinhar os livros me dava algo para fazer com minha energia nervosa. Sorri para os outros palestrantes, que faziam o mesmo. Todos nós apenas mexíamos, endireitávamos e sorríamos.

Então, duas pessoas entraram, e de repente nosso nervosismo ganhou um novo elemento. O movimento desajeitado transformou-se em uma dança de quatro passos: mexer, alinhar, sorrir e dar boas-vindas. Essas duas mulheres, excessivamente recepcionadas, pareciam um pouco surpresas com a abundância de lugares disponíveis. Haviam trazido guarda-chuvas da Barbie para sinalizar para suas amigas, que, presumivelmente, chegariam mais tarde, onde estavam sentadas na grande arena.

Às 8h, era impossível ignorar o grande elefante na sala. Duas pessoas estavam na arena, enquanto cerca de 4.998 estavam ausentes! As participantes guardaram seus guarda-chuvas sob os assentos e começaram uma dança nervosa própria. A delas era algo como um "dois pra lá e dois pra cá": conversar e olhar. Conversavam um pouco e olhavam ao redor da arena. Acho que todos nós continuávamos acreditando que, de alguma forma, essas pequenas danças nervosas atrairiam pessoas para encher o lugar e permitir que a conferência prosseguisse como planejado. Mas não foi o que aconteceu.

## DEUS NÃO FOI SURPREENDIDO

O tempo continuava a passar, sem grandes melhorias. Às 10h30, nosso público atingiu seu ápice: 12 mulheres. Determinada a tirar o melhor de uma situação estranha, eu e outra palestrante assumimos o controle. Pedimos às participantes que nos ajudassem a mover cadeiras dobráveis para o saguão, onde poderiam se sentar em círculo enquanto compartilhávamos nossas mensagens. Logo, não importava mais quantas pessoas estavam presentes, pois sabíamos, sem sombra de dúvida, que Deus estava conosco. Rimos, choramos, pedimos pizza e cumprimos o propósito que Deus tinha para aquele dia. Os planos ainda estavam longe de perfeitos. Fomos interrompidas pelo som estrondoso da banda gospel tocando para uma plateia vazia no auditório. Então, decidimos mover nossas cadeiras para o estacionamento. Lá, enfrentamos uma infestação súbita de moscas (contei dezessete em mim ao mesmo tempo), um avião de controle remoto sobrevoando, fazendo um barulho semelhante ao de uma vaca morrendo, e, claro, chuva. Pelo menos fizemos bom uso dos guarda-chuvas da Barbie!

"Mas Deus." Amo essa frase de duas palavras porque, mesmo quando a vida parece estar desmoronando ao nosso redor, Deus é bom, e nada pode mudar esse fato. Lembre-se da pequena semente.

Oh, como eu queria resistir a Deus naquele dia. Queria arrumar minhas coisas e pegar o próximo voo para casa. Muitos palestrantes fizeram isso, mas eu sabia que Deus estava me dizendo para permanecer no lugar difícil. Cumprir a missão de uma maneira que honrasse a Deus. Amar aquelas mulheres que apareceram. Estar disposta a deixar meu sonho morrer por hoje porque, eventualmente, a vida brotaria dele.

Deus é bom. Ele está muito mais interessado em desenvolver nossos caracteres para corresponder ao nosso chamado do que em manipular nossas circunstâncias para nos deixar felizes. Deus poderia ter lotado aquela arena naquele dia. Ele poderia ter mudado todas as circunstâncias. Mas a economia de Deus é diferente da nossa. Disse àquelas doze mulheres que acreditava que Deus havia nos pausado naquele lugar para chamar nossa atenção por razões diferentes, e que Ele usaria as circunstâncias do dia para grandes coisas.

Recebi bênçãos imediatas pela minha cooperação com Deus? Não. Quando os coordenadores do evento vieram nos buscar, minha assistente e eu, para nos levar ao aeroporto no dia seguinte, a conversa foi constrangedora. Eu ainda estava um pouco atordoada com o que havia acontecido, mas sabia que Deus estava me chamando para perdoar a falta de planejamento deles, encorajá-los e amá-los. Então, fiz isso.

Deus me abençoou imediatamente pela minha cooperação? De novo, não. Cerca de uma hora antes de chegarmos ao aeroporto, o carro deles quebrou, e minha assistente e eu tivemos que pedir carona até o aeroporto! Quando finalmente embarcamos no avião para casa, eu não sabia se ria ou chorava. Para ser honesta, não sabia o que sentir. A semente estava rachando no lugar profundo e escuro, e isso doía.

## SER QUEBRADO NÃO SIGNIFICA ESTAR À MARGEM

Será que este era o fim do meu sonho? Por que Deus plantaria uma visão no meu coração e deixaria isso acontecer? Em momentos como esse, preciso viver baseada na verdade sobre quem Deus diz que Ele é e não nos meus sentimentos. Meu coração estava ferido, minha alma estava quebrada, e eu não conseguia processar esse evento de uma forma que me trouxesse alívio. Então, tive que me apoiar na verdade: Deus é bom, Ele tem cada detalhe sob o controle perfeito, e isso acabará bem; enquanto isso, não posso confiar nos meus pensamentos emocionais. Preciso buscar a perspectiva de Deus. Mesmo em meu estado quebrado, eu tinha que continuar buscando Ele.

Se você perguntar à maioria das pessoas se desejam viver uma fé extraordinária, a resposta provavelmente será sim. Então, por que mais pessoas não vivem esse desejo? Porque confundem quebrantamento com estar de lado por Deus. O quebrantamento é o que deve acontecer antes de Deus juntar as peças novamente da forma que mais possa brilhar através delas.

O primeiro sermão registrado de Jesus para as multidões na Bíblia é o Sermão do Monte. Está em Mateus 5, logo após Ele dizer aos discípulos no capítulo 4: "Venham, sigam-me". Portanto, esse discurso tinha uma importância especial para Jesus. Apesar de Ele já estar ensinando e pregando, este sermão era especial, sendo a primeira vez que ouvimos suas palavras completas. E, de todos os temas que Ele poderia escolher, Ele falou sobre quebrantamento.

Pense nisso. Ele havia convidado os discípulos a deixar tudo e segui-lo. Ele atraiu uma grande multidão. Era o centro das atenções, o mais esperado. Dá para imaginar a empolgação dos discípulos? Dá para ver os peitos estufados e o andar confiante? Então, Jesus os chama e os encoraja com um discurso de autoconfiança, certo?

Não. Ele os ensina sobre a importância do quebrantamento.

> Bem-aventurados os pobres em espírito...
> Bem-aventurados os que choram...
> Bem-aventurados os humildes...
> Bem-aventurados os que têm fome e sede de justiça...
> Bem-aventurados os misericordiosos...
> Bem-aventurados os puros de coração...

Bem-aventurados os pacificadores...
Bem-aventurados os perseguidos por causa da justiça...
(Mateus 5:3-10)

Durante muitos anos, li esse texto como declarações individuais e perdi um insight incrível. E se Jesus não quisesse que as lêssemos separadamente, mas como estágios fluídos de quebrantamento?

**Bem-aventurados os pobres em espírito...**
os quebrados.
**Bem-aventurados os que choram...**
quebrados ao ponto de grande pranto.
**Bem-aventurados os humildes...**
que choram ao ponto de serem despojados das coisas mundanas.
**Bem-aventurados os que têm fome e sede de justiça...**
humilhados e desejando ser preenchidos somente por Deus.
**Bem-aventurados os misericordiosos...**
cheios de Deus e capazes de transbordar misericórdia aos outros.
**Bem-aventurados os puros de coração...**
livres para estender misericórdia e viver com um coração "sim" para Deus.
**Bem-aventurados os pacificadores...**
dizendo sim a Deus e trazendo sua paz por onde vão.
**Bem-aventurados os perseguidos por causa da justiça...**
tão certos de sua paz que, mesmo em dificuldades, confiam e caminham com Deus, não importa o que aconteça.[20]

Lindo, não é? Então, Jesus continua, dizendo nos versículos 13-16: "Vocês são o sal da terra... a luz do mundo... brilhem diante dos homens, para que vejam as boas obras de vocês e glorifiquem ao Pai de vocês, que está nos céus".

---

[20] Agradecimento a Mark Hamby, cujo sermão inspirou estes pensamentos.

Senhor, obrigada por lançares nova luz sobre a beleza e o valor do quebrantamento. Que eu sempre veja os lugares e as experiências quebradas da minha vida de uma forma nova. Obrigada por me amar o suficiente para me salvar das minhas próprias ideias e desejos. Só o teu caminho perfeito através do quebrantamento pode revelar a melhor estrada a seguir. Sei que a morte não te surpreende, Senhor, e o quebrantamento não significa um fim. Louvado seja o teu nome por novos começos, mesmo quando ainda não podemos vê-los. Obrigada pelo privilégio de ser quebrada o suficiente para deixar tua luz brilhar através da minha vida.

# ESTUDO BÍBLICO

Leia Oseias 13:14; 1Coríntios 15:55-57.

Jesus derrotou a morte de uma vez por todas na cruz. Deus tinha um plano para a nossa salvação, para que ninguém perecesse (2Pedro 3:9). Em sua soberania, Deus entregou seu único Filho para que pudéssemos ser redimidas. A morte não surpreendeu Deus naquela época e não O surpreende agora. Mesmo na cruz, Jesus estava no controle total da morte. Em Lucas 23:46, Ele declara: "Pai, nas tuas mãos entrego o meu espírito". Em João 19:30, Ele diz: "Está consumado" e inclina a cabeça, entregando o espírito. Jesus escolheu o momento de sua morte. Ele não foi realmente morto por aqueles que o crucificaram nem foi pego de surpresa pela fraqueza de seu corpo. Ele decidiu entregar seu espírito nas mãos de Deus. João 10:17-18 mostra que Deus está no controle de todas as coisas, até mesmo da morte. Registre seus pensamentos sobre essa verdade no seu caderno.

_____
_____
_____
_____

Leia 1Tessalonicenses 5:1-11.

Deus não é surpreendido pela morte. Em sua misericórdia, Ele nos preparou para que também não sejamos surpreendidas pelos eventos deste mundo. O versículo 4 diz: "Mas vocês, irmãos, não estão nas trevas, para que esse dia os surpreenda como um ladrão". Este trecho continua nos chamando de "filhos da luz" (versículo 5), o que significa que andamos na iluminação da verdade de Deus. Sua Palavra nos equipa para enfrentar os desafios da vida e nos

## ESTUDO BÍBLICO

prepara para as batalhas espirituais (versículo 8). O salmo 119 descreve várias maneiras pelas quais a Palavra de Deus nos serve e nos fortalece. Comprometa-se a conhecer mais intimamente a Deus ao passar mais tempo na Palavra. Registre suas reflexões sobre como a Palavra de Deus molda e equipa você.

_____
_____
_____
_____

Leia Lucas 19:10.

A missão de Jesus era construir seu reino, oferecendo salvação a todas que cressem. A verdade marcante sobre o sonho de Jesus é que Ele estava disposto a morrer por ele. De fato, sua morte foi o componente central do plano redentor de Deus. Embora Jesus fosse humano e sentisse as mesmas emoções que sentiríamos em relação à morte, como mostrado em Lucas 22:42, Ele escolheu aceitar a vontade de Deus — mesmo até a morte. A morte sempre fez parte do plano de Deus para realizar seu sonho. Mesmo que Ele exija morte, podemos confiar em seu plano perfeito para cumprir seus propósitos em nossa vida. Deus ama você e está sempre presente. Essa verdade está entrelaçada em toda a Escritura. Reserve um tempo para refletir sobre suas promessas e, em seguida, procure na Bíblia versículos que falem profundamente ao seu coração. Anote-os e recorra a essas promessas sempre que precisar de conforto ou força. Se você está fazendo este estudo em grupo, compartilhe alguns desses versículos como um encorajamento mútuo.

_____
_____
_____
_____

DEZESSEIS

# A porção, a posição e a promessa de Deus

Tive uma semana e tanto com minha doce Brooke, de cinco anos. Deixe-me contar alguns destaques:

Miss Thing, como a chamamos carinhosamente, se meteu em encrenca em casa por fazer um comentário malcriado e levou uma bronca. No dia seguinte, enquanto eu me arrumava no banheiro, a vi na banheira, rindo sozinha. Quando perguntei o que estava tão engraçado, ela respondeu: "Bem, eu prometi a mim mesma que não contaria, mas não consigo evitar. Antes de você me dar aquela bronca ontem, eu coloquei cinco calcinhas e a calça mais grossa que encontrei. Nem senti nada!" O quê? Minha doce Brooke... Será que ela é mesmo tão esperta assim?

Eu mal tinha me recuperado dessa artimanha. quando minha filha de nove anos me informou que flagrou Miss Thing raspando as pernas com o barbeador do pai. Quando confrontei Brooke sobre isso, ela sorriu e disse: "Mamãe, minhas pernas estão muito peludas. Eu 'barbeei' elas e nem me cortei uma vez, então qual é o problema?". Qual é o problema? "O problema," respondi, "é que você tem cinco anos e não vai 'barbear' suas pernas. Nem hoje, nem amanhã, nem por muitos anos ainda!" Minha doce Brooke... Será que ela é mesmo tão astuta?

E então veio a cereja do bolo! Minha babá levou as meninas a uma loja de joias para buscar uma pulseira com pingentes que estávamos dando de presente. Não demorou muito para que Miss Thing começasse a sonhar com sua própria pulseira de pingentes. Com seu aniversário a algumas semanas e o Natal logo depois, não passou pela cabeça dela simplesmente pedir uma pulseira e esperar para recebê-la. Ela queria uma pulseira com pingentes *agora*. A babá disse que não, e achamos que a conversa tinha acabado ali.

Isso até o dia seguinte, quando sua irmã colocou a mão no bolso da calça que Brooke estava usando na joalheria e encontrou oito pingentes de prata dentro! Levei-a de volta à loja, devolvemos os pingentes e a fiz pedir desculpas da maneira mais humilde possível.

## O FATO FRIO E DURO

Onde foi que eu errei como mãe? Quero dizer, ela é uma criança tão preciosa — ou pelo menos era há alguns dias. Mas precisei encarar um fato frio e duro. A resposta fácil seria apontar o dedo para mim mesma e tentar ser uma mãe melhor. E, claro, sempre há espaço para melhorias, mas essa não é a resposta completa. Por mais que eu queira pensar em Brooke como o anjo doce que aparenta ser, não posso deixar que seus grandes olhos azuis e seus cabelos loiros ondulados me enganem. Ela é uma pecadora. Ela está infectada pela mesma natureza pecaminosa que afeta os outros filhos de Deus — eu incluída. Sem Deus, ela seria deixada às suas próprias decisões erradas e pensamentos equivocados. Mas com Deus, ela tem esperança de um tipo de vida diferente.

Ao estudar os filhos de Deus, sinto-me muito melhor sobre os meus próprios. Até mesmo Ele, o Pai perfeito, teve filhos bastante astutos, enganadores e inclinados a pecar! Admito que, no passado, fui bastante severa em meu julgamento sobre os filhos de Israel. Não consigo evitar ler a história deles e pensar: *Que loucos vocês são! Como puderam ver o que viram, experimentar o que experimentaram e ainda assim duvidar e reclamar contra Deus?* A verdade triste é que o mesmo pode ser dito sobre a minha própria vida. Eu já tive meu "partir do Mar Vermelho", já me alegrei com a provisão dele várias vezes, e ainda assim, em alguns momentos, sigo meu próprio caminho.

Assim como os filhos de Israel e minha doce filha Brooke, sou uma pecadora. Enquanto vivermos nesta terra, vamos pecar. Mas o pecado não precisa nos governar e arruinar nossa vida. Se conseguirmos lembrar algumas lições dos filhos de Israel, estaremos muito mais bem equipados para evitar as armadilhas do pecado. Compreender a porção, a posição e a promessa de Deus será fundamental à medida que progredirmos da fase da morte para a doce terra prometida da ressurreição.

## A PORÇÃO DE DEUS

Não muito tempo depois de os filhos de Israel presenciarem a abertura do mar Vermelho e verem os corpos mortos de seus inimigos sendo lançados à praia, eles esqueceram a incrível capacidade de Deus de prover. Em Êxodo 15:21, encontramos canções de louvor ao Senhor: "Cantem ao Senhor, pois triunfou gloriosamente. Lançou ao mar o cavalo e o seu cavaleiro". Mas apenas três versículos depois, os louvores já haviam desaparecido de seus lábios, e, em seu lugar, encontramos uma melodia muito diferente: "E o povo começou a reclamar..." (Êxodo 15:24). E eles continuaram reclamando, apesar de Deus ter prometido cuidar deles e prover suas necessidades.

Salmos 78:22-25 diz:

> Pois eles não creram em Deus nem confiaram no seu poder salvador. Contudo, deu ordem às nuvens, e abriu as portas dos céus; fez chover maná para que o povo comesse, deu-lhes o pão dos anjos. Eles comeram até ficarem satisfeitos, pois ele lhes deu o que desejaram.

Embora eles não merecessem a provisão dele, Deus ainda assim teve misericórdia deles e os sustentou. A maneira como Ele proveu exigia que eles buscassem um relacionamento com Ele diariamente, recebendo sua porção a cada dia. Deus continuou a revelar-se ao seu povo por meio da forma como os alimentava. E Ele ainda faz isso conosco hoje.

## A grande mentira

Acredito que uma das maiores ferramentas que Satanás usa para impedir as pessoas de crescerem na fé e seguirem os sonhos que Deus colocou em seus corações é a mentira de que precisamos fazer tudo certo para que Deus nos note. Precisamos fazer orações longas e eloquentes. Precisamos reservar horas antes do amanhecer para estudos bíblicos aprofundados. Precisamos ter um conhecimento teológico de nível de seminário e ser capazes de pregar expositivamente sobre qualquer assunto que possa surgir em conversas. Só então, ao atingirmos esse auge de fé, Deus se sentaria, tomaria nota de nossa devoção e prestaria atenção em nós.

Não! Não é assim que funciona!

Sim, Deus quer que oremos, leiamos a Bíblia e falemos dele para outras pessoas. Mas Ele deseja que façamos isso como uma resposta natural de um coração que se deleita em nosso relacionamento com Ele. Deus nos ama e quer passar tempo conosco, não porque isso está na nossa lista de tarefas, mas porque desejamos estar em contato com Ele durante todo o dia. Ele quer estar lá para nós. Ele quer preencher as lacunas onde falhamos.

## Nossa fraqueza

Quando Paulo pediu a Deus que removesse seu "espinho na carne", Deus respondeu: "Minha graça é suficiente para você, pois o meu poder se aperfeiçoa na fraqueza". Paulo então declara: "Por isso, por amor a Cristo, regozijo-me nas fraquezas, nos insultos, nas necessidades, nas perseguições, nas angústias. Pois, quando sou fraco, é que sou forte" (2Coríntios 12:9-10).

De maneira semelhante, Deus provia para os filhos de Israel de forma a fazê-los reconhecer sua fraqueza e a capacidade de Deus em suprir. "Então o Senhor disse a Moisés: 'Farei chover pão do céu para vocês. O povo sairá e recolherá diariamente a porção necessária para aquele dia. Com isso os colocarei à prova para ver se seguem ou não as minhas instruções. No sexto dia, trarão o dobro da quantidade recolhida nos outros dias'" (Êxodo 16:4-5).

Todos os dias os israelitas precisavam ativamente receber sua porção. Aprendi a fazer o mesmo. Sempre que me sinto fraca, incapaz ou inadequada, peço a Deus para ser minha porção e preencher minhas lacunas. Seja na paciência com meus filhos, no amor pelo meu marido, no perdão por alguém que me magoou ou em inúmeras outras áreas onde falho, começo meu dia pedindo a Deus a porção do que preciso.

Encontramos essas orações de "porção" ao longo da Bíblia. Em Salmos 73:26: "O meu corpo e o meu coração poderão fraquejar, mas Deus é a força do meu coração e a minha herança para sempre". Em Lamentações 3:22-24: "Graças ao grande amor do Senhor é que não somos consumidos, pois as suas misericórdias são inesgotáveis. Renovam-se cada manhã; grande é a sua fidelidade! Digo a mim mesmo: A minha porção é o Senhor; portanto, nele porei a minha esperança". Até mesmo Jesus, ao nos ensinar a oração do Pai Nosso, orou por sua porção: "Dá-nos hoje o nosso pão de cada dia" (Mateus 6:11). Se Ele precisou orar por sua porção, por que pensaríamos que nós não precisaríamos?

Até mesmo Jesus, ao nos ensinar o Pai Nosso, orou pela sua porção: "Dá-nos hoje o nosso pão de cada dia" (Mateus 6:11). Se Ele precisou orar por sua porção, por que achamos que não precisaríamos?

Onde quer que você esteja falhando, peça a Deus para ser sua porção e preencher suas lacunas. Depois, observe a mão dele em ação e agradeça pelas muitas formas como Ele se revelará a você a cada dia!

Deus não apenas quer que confiemos nele para nossa *porção diária*, mas também exige que reservemos o *primeiro lugar em nossa vida* exclusivamente para Ele.

## A POSIÇÃO DE DEUS

Deus não apenas quer que confiemos nele para nossa porção diária, mas também exige que reservemos o primeiro lugar em nossa vida exclusivamente para Ele. É fácil nos consumirmos tanto com a "terra prometida" que perdemos de vista o Criador da promessa. Esquecemos que foi Deus quem plantou esse sonho em nossos corações e que Ele certamente o levará à realização.

> Não tenha entre você deus estrangeiro, não se incline perante nenhum deus estranho. Eu sou o Senhor, o seu Deus, que o tirei da terra do Egito. Abra bem a sua boca, e eu a encherei. Mas o meu povo não quis ouvir-me; Israel não quis obedecer-me. Por isso os entreguei ao seu coração obstinado, para seguirem os seus próprios planos. Se o meu povo apenas me ouvisse, se Israel seguisse os meus caminhos, com rapidez eu subjugaria os seus inimigos e voltaria a minha mão contra os seus adversários! (Salmos 81:9-14).

> Os seus ídolos de prata e ouro são feitos por mãos humanas. Têm boca, mas não podem falar; olhos, mas não podem ver; ouvidos, mas não podem ouvir; nariz, mas não podem sentir cheiro; têm mãos, mas nada podem apalpar; pés, mas não podem andar; e não emitem som algum com a garganta. Tornem-se como eles aqueles que os fazem e todos os que neles confiam. (Salmos 115:4-8).

Faça a si mesma esta pergunta: *O que eu desejo mais do que qualquer outra coisa?* Se a sua resposta for algo diferente de *mais de Deus em minha vida,* então você está adorando algum tipo de ídolo. Peça a Deus que revele os ídolos em sua vida e volte-se para Ele.

> Ele se alimenta de cinzas; um coração enganado o desvia, e ele não pode livrar a si mesmo, nem dizer: "Será que isso que está em minha mão direita não é mentira?". Lembre-se dessas coisas, ó Jacó, pois você é meu servo, ó Israel. Eu o fiz, você é meu servo; ó Israel, jamais o esquecerei. Varri para longe as suas ofensas como

um vapor, e os seus pecados como a névoa da manhã. Volte para mim, pois eu o redimi. (Isaías 44:20-22).

## A PROMESSA DE DEUS

Sinceramente, às vezes me canso das batalhas constantes em minha vida. Mal resolvo um problema, já parece surgir outro. Não que eu procure problemas, mas eles sempre parecem me encontrar. Aprendi a enxergar as dificuldades da vida como "oportunidades de crescimento". São momentos em que reconheço Deus me moldando e me preparando para cumprir o chamado que Ele me deu. Deus está mais interessado no meu caráter do que no meu conforto.

No ano passado, minhas filhas e eu visitamos a oficina de um ourives. Quando entramos na loja, fiquei impressionada com a habilidade artística daquele homem. Suas peças eram magnificamente belas. Eram tão puras e lisas que eu podia ver meu reflexo perfeitamente. Só ao entrar na sala de trabalho entendi o que era necessário para que a prata ficasse como as peças na vitrine. O bater, virar, aquecer e bater novamente me fizeram respeitar o quanto a prata deve suportar para alcançar a qualidade de exposição. Para que o ourives colocasse seu nome em uma peça, ela precisava se submeter a um tratamento que poderíamos considerar severo. Mas arrisco dizer que a prata na vitrine diria que valeu a pena.

Max Lucado descreve o processo desta forma:

> Aquecer, bater. Aquecer, bater. Prazos, trânsito. Discussões, desrespeito. Sirenes altas, telefones silenciosos. Aquecer, bater. Aquecer, bater. Você sabia que o "smith" de *silversmith* vem da palavra inglesa antiga "smite"? Ourives são profissionais em golpear. Deus também é assim... Deus guarda aqueles que se voltam para Ele. O bater que você sente não sugere distância, mas prova a proximidade dele. Confie em sua soberania.[21]

---

[21] LUCADO, Max. *Come Thirsty*. Nashville, TN: W Publishing Group. 2004, p. 121122. [Publicado no Brasil sob o título *Quem tem sede venha*.]

Deus permite o calor, as pancadas, os atritos e o polimento em minha vida por um motivo. Eles purificam e suavizam para que eu possa refletir a Ele. "O Senhor cumprirá o seu propósito para comigo" (Salmos 138:8). "Meu Pai continua trabalhando até hoje" (João 5:17). Da mesma forma, Deus dedicou tempo para moldar e refinar os filhos de Israel.

## *O deserto e a promessa*

A promessa de Deus era levar os filhos de Israel à Terra Prometida. Ele cumpriu sua promessa, como cumpre todas as suas promessas. Mas eles não chegaram lá tão rapidamente quanto gostariam. Sua desobediência e a necessidade de aprofundar o relacionamento com Deus os mantiveram no deserto por quarenta anos. Talvez você sinta que está vagando em seu próprio deserto. Talvez se pergunte, enquanto vagueia, onde Deus está e o que Ele está fazendo. Talvez se sinta frustrada com Deus e ache que essa experiência no deserto seja apenas uma perda de tempo.

Tenha certeza, Deus está trabalhando em você, assim como o ourives trabalha com sua prata. Mas Ele também está trabalhando ao seu redor e em sua situação. Assim como um ator precisa de tempo para aprender suas falas e se familiarizar com seu papel, você também precisa aprender o seu. Deus está construindo o palco, aperfeiçoando os cenários e reunindo o público. Não apresse o que Deus deseja que você aprenda hoje. Permaneça perto dele, esteja aberta aos seus ensinamentos, seja fiel nos ensaios — a noite de estreia está a caminho.

Deus estava ao redor e sobre os filhos de Israel enquanto eles vagavam pelo deserto. Mas a frustração e as murmurações deles levaram Moisés a adverti-los em Deuteronômio 6:10-12:

> Quando o Senhor, o seu Deus, os conduzir à terra que jurou aos seus antepassados, Abraão, Isaque e Jacó, que daria a vocês — terra com boas e grandes cidades que vocês não construíram, com casas cheias de tudo o que há de melhor, coisas que vocês não produziram, com

cisternas que vocês não cavaram, com vinhas e oliveiras que vocês não plantaram — depois que vocês comerem e ficarem satisfeitos, tenham cuidado! Não se esqueçam do Senhor, que os tirou do Egito, da terra da escravidão.

O que seria mais importante para os filhos de Israel, construir cidades ou construir um relacionamento sólido com Deus? Encher casas ou encher seus corações com mais de Deus? Cavar poços ou cavar as verdades de Deus e deixar que elas mudassem suas atitudes? Plantar vinhas e oliveiras ou deixar que suas raízes crescessem profundas e firmes como povo de Deus?

A fase de morte deles no deserto foi, na verdade, um presente. Proporcionou tempo para passar com Deus e crescer em seu relacionamento com Ele. Enquanto isso, Deus estava preparando o cenário. Ele estava preparando a terra prometida enquanto ensinava seus filhos a simplesmente amá-lo e confiar nele. "Confie no SENHOR de todo o seu coração e não se apoie em seu próprio entendimento; reconheça o Senhor em todos os seus caminhos, e Ele endireitará as suas veredas" (Provérbios 3:5-6).

Ó filha de Deus, deixe que Ele seja sua porção diária. Considere somente Ele como o mais importante em sua vida e mantenha o Senhor como a prioridade número um. E observe enquanto Ele, como sempre, cumpre suas gloriosas promessas! A fase de morte está chegando ao fim, e a sua ressurreição está próxima...

# ESTUDO BÍBLICO

A porção: Leia João 1:12-13, 1João 5:4-5 e Apocalipse 2:17.

Ao lermos no Antigo Testamento sobre Deus enviando o maná do céu para os israelitas, podemos pensar que é apenas uma história antiga que não se aplica a nós hoje. Mas esses versículos do Novo Testamento nos ajudam a ver que Deus ainda fornece maná para seus filhos. Esse maná não cai visivelmente do céu, mas está igualmente disponível para nós como seguidores de Cristo. Esses versículos nos dizem que somos vencedores quando nos tornamos filhos de Deus.

Os israelitas eram os filhos escolhidos de Deus, mas também somos seus filhos por meio do sacrifício de Jesus e da misericórdia de Deus. Como parte da família de Deus, Ele nos dá o maná escondido, que se refere à suficiência de Cristo para suprir as necessidades dos crentes. Que todos nós possamos nos tornar mais intencionais em permitir que Cristo seja nossa porção de maná para cada dia. Escreva uma oração pedindo a provisão de Deus para uma área específica da sua vida.

_____
_____
_____
_____
_____
_____
_____
_____
_____
_____
_____
_____

## ESTUDO BÍBLICO

A posição: Leia Habacuque 2:18-20.

O que exatamente são ídolos? Nos tempos do Antigo Testamento, eram imagens esculpidas em madeira ou pedra, como descrito nesses versículos. Hoje, no entanto, os ídolos podem assumir muitas formas diferentes. Um ídolo é qualquer coisa que se torne uma barreira no seu relacionamento com Cristo. Qualquer coisa. Mesmo aquelas crianças preciosas que Ele te abençoou. Até mesmo atividades muito valiosas, como trabalho voluntário ou ensino em casa, podem se tornar ídolos se tomarem o lugar de Deus em seu coração. Agora leia Juízes 6:25-32. Esse trecho descreve a primeira ordem de Deus a Gideão depois de ele ter sido chamado para libertar o povo. Por que Deus exigiu isso dele?

Acredito que Deus queria um sinal exterior da devoção interior de Gideão ao Senhor. Isso foi alcançado destruindo fisicamente o altar de seu pai e substituindo-o por um altar para Deus. Deus quer que façamos o mesmo. Talvez não seja necessário quebrar a TV com um taco de beisebol, mas pode ser preciso reduzir drasticamente o tempo gasto diante dela. Talvez não precisemos desistir de nossos sonhos, mas devemos rendê-los a Deus. Devemos colocar nossos sonhos bem atrás de Deus na nossa lista de prioridades.

Em Mateus 6:33, Jesus nos lembra: "Busquem, pois, em primeiro lugar o reino de Deus e a sua justiça, e todas essas coisas lhes serão acrescentadas". Passe algum tempo em oração pedindo a Deus que revele os ídolos em sua vida. Registre um deles e anote como você pode restaurar a perspectiva adequada em sua vida.

_____
_____
_____
_____
_____
_____
_____
_____

**ESTUDO BÍBLICO**

A promessa: Leia Êxodo 15:13.

Quando estamos em um momento de deserto, podemos pensar que Deus está ausente e começar a duvidar da promessa que Ele nos fez. Perguntamos: Será que Ele realmente me chamou para isso? e Será que eu realmente ouvi isso dele?

Perder o foco é fácil quando o deserto parece tão vasto e interminável. Nesse momento, devemos nos concentrar na aliança do amor infalível de Deus. A palavra hebraica para esse amor é *hesed*, que significa amor leal, firme e infalível. Esse amor está presente para nós — trabalhando em seus planos, nos protegendo e nos guardando enquanto atravessamos o deserto. Tire um momento para agradecer a Deus por seu *hesed* para você hoje. Registre sua gratidão no seu caderno.

FASE 5

# Ressurreição

DEZESSETE

# O sonho de Deus, o jeito de Deus

A ressurreição — o estágio final em nossa caminhada de fé — acontece apenas depois que a morte teve seu breve reinado de vitória. Em outras palavras, a única maneira de nos alegrarmos na ressurreição é termos antes experimentado o pesar da morte.

Estranho, não é? Para a alma que confia menos em Deus, a fase da morte pode parecer quase cruel e desnecessária. Mas quanto mais caminhamos com o Senhor, mais começamos a nos alegrar nela. Pois passamos a reconhecê-la como um sinal de que a nova vida que tanto desejamos e que não podemos alcançar de outra forma está prestes a chegar. E a morte nos transforma em pessoas que podem aceitar os louros da ressurreição sem orgulho. Lembrar-se da fase da morte nos mantém humildes e profundamente conscientes de que a ressurreição não tem nada a ver conosco. Nossos talentos, nossa criatividade, nossas manipulações, nossos arranjos, estarmos no lugar certo na hora certa — nada disso trouxe o bem que está nascendo.

O sonho de Deus plantado em nós é realizado somente por sua mão. Somente agora podemos dar o crédito a quem é devido. Não por nossos próprios esforços, mas pela graça de Deus, isso aconteceu, e agora sabemos disso muito bem.

O sonho de Deus para nós deve ganhar vida do jeito de Deus.

## UMA HISTÓRIA DE RESSURREIÇÃO

Meu sonho de escrever um livro precisou morrer antes de finalmente ganhar vida. Meus esforços para resolver o problema com meu vizinho tiveram que falhar para que eu pudesse enxergar a linda provisão de Deus. Minhas ideias sobre como minha família seria precisaram ser abandonadas para que um sonho que eu nem sabia que tinha pudesse trazer a alegria de adotar meus filhos. Minha sugestão a Deus sobre um evento em uma arena precisou fracassar miseravelmente antes que o plano dele pudesse ser revelado. Sim, até essa aventura tem uma história de ressurreição.

Depois que voltei para casa daquela experiência profundamente humilhante, preciso admitir que me senti exausta, insegura e vulnerável. E isso foi bom, pois, naquela mesma semana, fui ao show onde conheci meus meninos liberianos. Deus me humilhou e me ensinou muito com o fracasso da conferência, mas também me tornou especialmente sensível. Ele pôde falar comigo com facilidade na noite daquele show porque eu estava quebrada.

Estava quebrada e humilde o suficiente para não mais desejar as coisas deste mundo. Queria ser preenchida apenas por Deus, viver com um coração de "sim" para Ele, trazendo misericórdia e paz aos outros de uma forma que eu não teria conseguido de outra maneira. Mas havia mais para o fim dessa história.

Minha assistente, que esteve comigo no evento da arena, ficou preocupada com o casal que havia organizado a conferência. Eles estavam agora profundamente endividados. Deviam milhares de dólares para a arena, os músicos, os palestrantes e outras empresas envolvidas no evento. Quitar a dívida exigiria um milagre. Eu imaginei que nunca veria o restante do meu cachê de palestrante ou o reembolso da passagem aérea, e fiz as pazes com isso e segui em frente.

Mas minha assistente não conseguia deixar isso de lado. Ela orava por aquele casal. Tentava encontrar uma forma de ajudá-los. Procurou um doador para tirá-los do buraco financeiro. Finalmente, ela conseguiu e estava radiante de alegria ao me contar como poderia ajudar. Mas havia uma condição. Eu teria que perdoar a parte da dívida que me era devida, e então o restante seria pago. Ela olhou para mim com uma expressão questionadora e disse: "Tudo bem para você, não é?".

Pensei nisso. Todos os outros palestrantes receberiam, menos eu. Ninguém mais, nem mesmo os organizadores irresponsáveis do evento, sofreria financeiramente com isso, mas eu sim. De repente, me senti como se tivesse oito anos de idade, sendo punida por algo que minha irmã fez. Fiz o maior bico que pude e olhei diretamente para o lugar onde imaginei que estaria o rosto de Deus e disse... nada.

Embora minha carne quisesse gritar: "Não é justo! Não é justo! Não é justo!", o Espírito de Deus dentro de mim me fez pausar por um momento. Lembrando-me da fidelidade de Deus repetidas vezes, orei silenciosamente: *Deus, isso não é justo, mas eu não preciso te dizer isso. Então, escolho honrar-te aqui, por nenhum outro motivo além de que te amo.* "Sim", respondi. "Claro que vou perdoar a parte deles da dívida." Forcei minha boca a dizer isso. Queria honrar a Deus, mesmo quando minha carne gritava para fazer o contrário. E acredite, meus sentimentos demoraram um pouco para acompanhar, mas, eventualmente, acompanharam.

Embora eu já tivesse tomado escolhas diferentes muitas vezes antes, dessa vez escolhi sabiamente. Foi bom. Foi libertador. Foi encorajador. De alguma forma, dessa vez, lutei contra os desejos malignos dentro de mim e venci. Romanos 12:1 diz: "Portanto, irmãos, rogo-lhes pelas misericórdias de Deus que se ofereçam em sacrifício vivo, santo e agradável a Deus; este é o culto racional de vocês".

## SUA TERRA PROMETIDA ESTÁ PRÓXIMA

Em outras palavras, à luz de toda a misericórdia que Deus já havia demonstrado a mim, o que é considerável, esse sacrifício era pequeno. Foi uma oportunidade de oferecer meus desejos como um sacrifício. Um sacrifício santo, ou seja, "separado". Um sacrifício que não poderia ser compreendido pela sabedoria humana, mas que verdadeiramente agradava a Deus. Ao fazer isso, eu adorei a Deus, e isso trouxe alegria ao coração dele.

Salmos 37:4 diz: "Deleite-se no Senhor, e ele atenderá aos desejos do seu coração". No exato dia em que perdoei a dívida, algo incrível aconteceu. Recebi um convite para falar em um evento real em uma arena. E não apenas em um evento. Agora, tenho contrato para participar de cinco eventos com esses novos patrocinadores.

A ressurreição pode parecer ter acontecido imediatamente, mas não foi assim. Deus tinha outras coisas que precisavam acontecer antes. Oportunidades para que eu fosse obediente, mesmo antes de ter qualquer esperança de uma ressurreição daquilo que meu coração tanto desejava. Vale destacar aqui que a ressurreição não aconteceu até que a dívida fosse perdoada.

Você está em um período de espera agora? Embora sua ressurreição possa não acontecer tão rapidamente quanto gostaria, ela está a caminho. Sua terra prometida está próxima. Enquanto isso, busque oportunidades para honrar o Senhor hoje. Procure uma chance de perdoar uma dívida, de perdoar alguém que o feriu ou de escolher abençoar quem o amaldiçoa. Resista à tentação de se sentir com raiva, desiludido ou com inveja daqueles que parecem ter exatamente aquilo que você tanto espera. Decida abençoar quem o irrita, encorajar quem o desencoraja e torcer por alguém de quem você sente inveja. Fazer essas coisas quebrará o ciclo negativo que, de outra forma, o puxará para baixo.

## FORÇA NAS PROMESSAS DE DEUS

Fazer essas coisas seria impossível por conta própria, mas as promessas de Deus lhe darão força. Romanos 12:14,21 diz: "Abençoem aqueles que os perseguem; abençoem, e não os amaldiçoem [...] Não se deixem vencer pelo mal, mas vençam o mal com o bem". Suas boas escolhas farão Satanás fugir — fugir de você e da sua situação. Não é isso o que você deseja?

Em 2Pedro 3:9 está escrito: "O Senhor não demora em cumprir a sua promessa, como alguns julgam. Pelo contrário, Ele é paciente com vocês, não querendo que ninguém pereça, mas que todos cheguem ao arrependimento". Este versículo se refere ao retorno de Jesus, mas observe o motivo do aparente atraso: sua paciência. Ele está esperando que seu povo esteja pronto. Da mesma forma, Ele está sendo paciente com você neste período de espera. Como qualquer bom pai, Deus deseja fazer coisas boas acontecerem em sua vida, mas Ele não fará isso até que você esteja pronto para recebê-las.

## AGRADEÇA A DEUS POR DIZER NÃO

Enquanto escrevo isto, estou sentada em uma livraria Barnes & Noble. Uma criança está gritando no fundo da loja: "Eu quero! Quero agora! Eu quero, quero, quero!". Minha amiga, que está comigo, olhou para cima e sorriu, pois estávamos pensando exatamente a mesma coisa. Se aquela mãe ceder e der à criança o que ela quer agora, o grito vai parar, mas o garoto nunca vai valorizar o que recebeu. No entanto, se essa mãe perseverar, a criança poderá aprender lições muito valiosas:

Dizer "não" não significa que o mundo vai acabar. Significa simplesmente "não agora", "ainda não", "não é necessário" ou "não é o melhor para você". Se você esperar pelo que deseja, valorizará muito mais quando finalmente o receber. Fazer birra e ter uma atitude ruim enquanto espera não é divertido para você nem para os outros ao seu redor. Obter o que deseja pode, na verdade, ser a pior coisa para você.

Frequentemente, somos muito parecidos com essa criança que grita. Eu agradeço a Deus pelos "nãos" e pelos "ainda não" na minha vida. Embora não sejam o que eu quero, são exatamente o que eu preciso. Deus está me preparando para receber a terra prometida.

Preciso aprender a estar contente com a provisão dele hoje. Pense na história do maná mencionada na seção anterior. Deus foi fiel em prover aos filhos de Israel exatamente a porção necessária para cada dia. Mas, como aquela criança gritando, um dia eles exigiram mais. A insatisfação surgiu quando focaram no que não tinham, em vez de valorizar o que já tinham:

O populacho começou a desejar outras comidas, e os israelitas tornaram a queixar-se e disseram: "Ah, se tivéssemos carne para comer! Nós nos lembramos dos peixes que comíamos de graça no Egito! E também dos pepinos, das melancias, dos alhos-porós, das cebolas e dos alhos. Mas agora perdemos o apetite; nunca vemos nada, a não ser este maná!" (Números 11:4-6).

Isso não soa como uma criança precisando de disciplina séria? Note a palavra "populacho". Eram os egípcios misturados com os israelitas que os seguiram ao sair do Egito. Deus podia tirar o povo do Egito, mas precisava disciplina-los para tirar o Egito de dentro deles. E, de fato, Ele os disciplinou:

> Agora o Senhor lhes dará carne, e vocês a comerão. Não a comerão apenas por um dia, ou dois, ou cinco, ou dez, ou vinte, mas por um mês inteiro — até que saia pelo nariz e vocês tenham nojo dela — porque rejeitaram o Senhor, que está no meio de vocês, e se queixaram diante dele" (Números 11:18-20).

O povo não pediu a Deus que suprisse sua verdadeira necessidade — aquele vazio interior. Eles apresentaram sua própria solução e exigiram que fosse atendida imediatamente. Conseguiram o que pediram, e, como aprendemos mais tarde em Números 11:33-34, isso acabou sendo sua ruína. Tão próximos da ressurreição, deixaram o mal consumir seus corações no tempo de espera e perderam a terra prometida completamente.

O sonho de Deus deve ser vivido do jeito de Deus. Se você se contentar com qualquer outra coisa, nunca ficará satisfeito.

> Contudo, o Senhor espera o momento de ser bondoso com vocês; Ele se levantará para mostrar-lhes compaixão. Pois o Senhor é um Deus de justiça. Como são felizes todos os que nele esperam! (Isaías 30:18).

# ESTUDO BÍBLICO

Leia Salmos 27:13-14; 33:20; 40:1; 130:5-8.

Ao lermos esses versículos, percebemos que Davi lutava com a espera tanto quanto todos nós. Não é fácil esperar em Deus quando queremos avançar. Achamos que sabemos como as coisas deveriam terminar e queremos ver a resolução. Esses versículos nos mostram dez coisas que podemos fazer enquanto esperamos. Uma amiga minha chama isso de "esperar ativamente".

- Não perca a confiança na bondade de Deus.
- Seja forte.
- Não perca a esperança.
- Deixe Deus ser seu escudo e sua ajuda.
- Seja paciente.
- Continue clamando a Deus.
- Apegue-se à sua Palavra.
- Fique atento às suas respostas.
- Confie no seu amor infalível.
- Alegre-se na sua redenção.

Continue praticando essas dez coisas enquanto espera pela ressurreição que certamente virá após a morte.

O que você está esperando? Como isso pode ajudá-lo?
_____
_____
_____
_____
_____

## ESTUDO BÍBLICO

Leia Mateus 6:9-13.

A maioria de nós conhece esta passagem, tendo recitado ou cantado incontáveis vezes. Mas será que a lemos na Bíblia e a aplicamos à nossa própria vida de oração recentemente? Quando estamos em um tempo de espera, podemos nos comunicar com o Senhor e clamar a Ele, como disse o salmista. Jesus nos ensinou a orar nesta passagem. O versículo 12 chamou minha atenção: "Perdoa as nossas dívidas, assim como perdoamos aos nossos devedores". Pensei na minha assistente pedindo que eu cancelasse minha dívida, e lembrei que Cristo foi à cruz para cancelar a minha.

Escreva uma oração pessoal usando a Oração do Senhor como guia. Usando os pontos principais dos versículos que leu, comece com essas frases:

*Senhor, eu te louvo por...*
*Ajuda-me a fazer tua vontade por...*
*Senhor, eu preciso de...*
*Por favor, perdoa-me por...*
*E ajuda-me a perdoar...*
*Estou lutando com...*
*Por favor, ajuda-me a permanecer firme, pois somente tu és Senhor,*
*e eu te dou toda a glória. Amém.*

## ESTUDO BÍBLICO

Leia Salmos 16:2; 73:25; Filipenses 3:8.

Embora nunca cheguemos a um ponto de perfeição espiritual, devemos lembrar que esses três versículos são nosso objetivo. Enquanto caminhamos com Deus, devemos desejar nada mais do que ter comunhão com Ele. Qualquer coisa que você deseje mais do que isso é um ídolo. Derrube-o, assim como Gideão derrubou o altar. Ainda há algo em sua vida que seja mais desejável do que Deus? Se puder, escreva sobre isso em seu caderno e depois peça a Deus para ajudá-lo a derrubar essa barreira entre você e Ele em sua vida.

DEZOITO

# Uma promessa feita é uma promessa cumprida

Cerca de seis meses antes de conhecer meus dois filhos da África, escrevi o seguinte em meu diário:

> Às vezes, fico sobrecarregada com todas as oportunidades de ministério que me cercam todos os dias. Crianças estão passando fome em terras distantes, uma mãe solteira está enfrentando dificuldades financeiras na mesma rua, um centro de apoio a gestantes em crise na cidade precisa de voluntários, e amigos da igreja poderiam se beneficiar de uma refeição caseira entregue em suas casas. Vejo abrigos para moradores de rua e casas para mulheres vítimas de violência, além de pessoas em situações desesperadoras andando pelas ruas da minha cidade todos os dias.
>
> Vivemos em um mundo caído, onde as circunstâncias das pessoas contradizem o que Deus planejou para seu povo ser e se tornar. Ainda assim, aqui estou eu, sentada em uma casa aquecida, com uma despensa cheia de comida e três pequenos seres que estão observando como vivo e moldando suas vidas com base na minha. Este pensamento ressoa em minha mente: sou apenas uma pessoa,

tenho três filhos pequenos, recursos limitados e uma agenda já cheia. O que posso fazer? Não posso corrigir todas as injustiças deste mundo. Não posso ajudar todos os desamparados. Então, viro a cabeça e não faço nada.

Ah, claro, sirvo no Ministério Provérbios 31 e no corpo da igreja local, mas e os desamparados? E aqueles que realmente não têm nada nem ninguém a quem recorrer? Quem será Jesus para eles hoje? Quem viverá a resposta bíblica para os necessitados?

Tiago 2:14-17 diz: "De que adianta, meus irmãos, alguém dizer que tem fé, se não tem obras? Pode a fé salvá-lo? Se um irmão ou irmã estiver necessitando de roupas e do alimento de cada dia e um de vocês lhe disser: 'Vá em paz, aqueça-se e alimente-se até satisfazer-se', sem, porém, lhe dar nada de que ele necessite, de que adianta isso? Assim também a fé, por si só, se não for acompanhada de obras, está morta".

Estou decidida a parar de virar a cabeça. Prometo que, embora eu não consiga alcançar a todos, posso alcançar um. Deus, mostra-me qual deles.

## UMA TAREFA DIÁRIA

Pouco tempo depois de escrever isso, ouvi falar de um menino chamado Sergei, que vivia em um orfanato na Bielorrússia. Por meio de outra família que havia adotado um filho desse mesmo orfanato, consegui fotos das condições de vida que esses meninos enfrentam todos os dias.

Meu coração se partiu. Queria fazer tudo o que estivesse ao meu alcance para ajudá-lo e comecei a orar pedindo direção a Deus. A cada dia, eu pedia a Deus uma tarefa para ajudar Sergei. Alguns dias, minha tarefa era orar por ele. Em outros, fazia ligações e enviava e-mails, investigando as possibilidades de permitir que ele viajasse para passar um tempo em nossa casa. Apesar das minhas limitações, Deus abençoou minha obediência e me deu tarefas que eu podia realizar.

Recebi uma das tarefas mais preciosas no meio da noite. Acordei com lágrimas escorrendo pelo meu rosto. A princípio, fiquei confusa e perguntei ao Senhor por que estava chorando. Deus tocou gentilmente meu coração, respondendo: "Hoje, você está carregando as lágrimas de Sergei. É isso que você está fazendo em Meu Nome para mudar o mundo hoje. Um órfão vai dormir esta noite sem derramar uma única lágrima".

Certamente, Deus estava despertando algo no meu coração. Essas eram mais do que apenas orações por uma criança órfã; eram o início de novas aventuras com Deus. Algo estava despertando no meu espírito. Meu coração estava começando a aprender a pulsar em sintonia com o coração do Senhor. Uma ressurreição de significado, propósito e desejo estava surgindo no meu horizonte.

## SERVIÇO SECRETO

Durante toda essa jornada ministerial, eu achava que Deus estava procurando que eu fizesse grandes coisas por Ele. Mas agora estou convencida de que o Senhor não está em busca de um autor de best-sellers ou de um palestrante de arenas. Ele não está à procura de pessoas que brilhem sob os holofotes. Ele está buscando aquelas almas dispostas a se aproximar de seu coração e ouvir os clamores dos esquecidos. Ele quer que façamos grandes coisas *com* Ele para alcançar "os menores destes". O ministério que causa o maior impacto é aquele realizado nos lugares secretos, nas tarefas difíceis, desprovidas de glória, mas cheias de coragem. Theodore Roosevelt falou sobre esse tipo de serviço:

> Não é o crítico que conta: não é o homem que aponta como o forte tropeça ou onde o autor das ações poderia ter feito melhor. O crédito pertence ao homem que está de fato na arena, cujo rosto está marcado pela poeira, suor e sangue; que se esforça valentemente... que conhece os grandes entusiasmos, as grandes devoções, que se entrega por uma causa digna; que, na melhor das hipóteses,

conhece, no fim, o triunfo de uma grande conquista, e que, na pior das hipóteses, se fracassar, ao menos fracassa ousando grandemente, de modo que seu lugar jamais será entre aquelas almas frias e tímidas que não conheceram nem a vitória nem a derrota.[22]

## UMA PROMESSA FEITA...

Eu sabia, no meu coração, que tentar adotar Sergei seria custoso, extremamente demorado e arriscado. Naquele momento, já havíamos iniciado o processo de adoção de nossos dois filhos da África. Meu rosto já estava "marcado pela poeira, suor e sangue", por assim dizer. Deveríamos assumir isso também?

Por mais louco que parecesse para a maioria de nossos familiares e amigos, decidimos seguir adiante com as três adoções — nossos dois meninos da Libéria e agora Sergei. O processo de Sergei seria muito mais complicado do que os outros dois, mas Deus continuava abrindo as portas, então continuávamos a atravessá-las. No mesmo fim de semana em que nossos meninos da África vieram morar permanentemente em nossa casa, Sergei chegou para sua visita de Natal de cinco semanas. A vida ficou barulhenta, louca, bagunçada e mais maravilhosa do que nunca. Na verdade, Art e eu nunca abrimos nossos presentes. Eles pareciam um pouco insignificantes diante da alegria que não conseguíamos conter ao ver crianças que nunca tiveram nada experimentando o amor de uma família no Natal.

A visita de Sergei passou voando, e, antes que percebêssemos, chegou a hora de ele voltar para o orfanato do outro lado do mundo. No dia anterior à sua partida, pedimos a ajuda de um intérprete para discutir com Sergei a possibilidade de adotá-lo. Ele disse que amava nossa família e queria fazer parte dela. Prometemos a ele

---

[22] Citado em Bob Buford, *Finishing Well*. Nashville, TN: Integrity Publishers. 2004, p. 171.

que faríamos tudo ao nosso alcance para concluir os documentos necessários e trazê-lo para casa rapidamente, sem jamais imaginar que isso poderia levar anos.

### "ELE VAI ENTENDER"

No momento em que escrevo este livro, o processo já dura mais de um ano, e ainda não conseguimos trazer Sergei para casa. Tem sido um ano difícil de querer e esperar, de sentir esperança e, ao mesmo tempo, uma grande impotência. Conseguimos enviar apenas alguns pacotes para ele, poucos e-mails e uma ligação.

Quando estávamos organizando a ligação com Sergei, pedi a alguns dos oficiais que, por favor, providenciassem um intérprete para facilitar nossa conversa. Queria que Sergei soubesse que a adoção estava sendo atrasada não por nós, mas pela burocracia de dois governos muito diferentes. Quando me disseram que nenhum intérprete estaria disponível, meu coração afundou. Tinha se passado tanto tempo desde que Sergei havia se comunicado conosco em inglês que eu duvidava que ele se lembrasse do suficiente para que a conversa fosse significativa.

A senhora que estava ajudando a organizar a ligação, uma das poucas cristãs envolvidas no processo do lado deles, sabia que eu estava desapontada com a notícia. Então, no dia anterior à ligação, ela me enviou um e-mail para me encorajar: "Não haverá intérprete, pois ninguém sabe inglês em Ryasno. Mas você dirá a ele que o ama, e ele entenderá".

Que verdade linda. Sim, acredito que Sergei se lembrou da minha voz e entendeu que sua mamãe o ama. Uma das primeiras frases que Sergei me disse em inglês foi: "Eu te amo, mamãe". A conversa foi mais curta do que eu gostaria e sem todas as explicações que eu queria dar, mas foi boa. Foi exatamente como Deus planejou e, provavelmente, tudo o que Sergei precisava.

O comentário da senhora bielorrussa me lembra muito do que Deus continua me ensinando sobre confiar nele. Quando fico triste com as coisas frustrantes da vida e clamo a Deus, posso imaginar

Ele instruindo o Espírito Santo a me dizer algo parecido: "Não há como interpretar este evento de uma forma que ela consiga compreender, mas diga a ela que Eu a amo, e ela entenderá".

Não é incrível? Sim, de fato, Deus é bom. Mesmo quando não consigo entender seu tempo e seus caminhos, compreendo totalmente o seu amor, e isso é suficiente.

## UMA PROMESSA CUMPRIDA

Não, Deus ainda não ressuscitou essa situação do jeito que espero. Mas Ele ressuscitou a maneira como agora a vejo. Talvez precisemos passar pelas etapas da fé muitas vezes antes que nosso doce Sergei venha para casa, mas o sonho vale o preço. E se a resposta final de Deus for "não"? Com lágrimas nos olhos, direi, como o belo hino afirma: Ainda assim está tudo bem com a minha alma.

Não verei isso como uma perda de tempo e dinheiro. Recusarei me deixar consumir pela amargura. Sentirei o privilégio de conhecer, amar e orar por este menino. Este menino, com quem não compartilho nenhuma ligação biológica, mas que capturou meu coração e despertou meus instintos maternos. Este menino, a quem sempre amarei e de quem guardarei como tesouro as nossas cinco curtas semanas juntos.

Meu momento favorito com Sergei era à noite, após o banho, quando eu ia até o quarto dele para colocá-lo na cama. Fazia nossas orações e ajeitava as cobertas como ele gostava, bem apertadas ao redor de seu pequeno corpo, deixando apenas o topo da cabeça e os olhos visíveis. Então, eu o embalava até que ele adormecesse e observava a paz envolver essa pequena vida.

Essa é uma imagem que guardo como um tesouro. Tenho certeza de que a alma de Sergei foi impactada para sempre pelo tempo que passou conosco, e Jesus será um dia o Senhor de sua vida. Embora ele possa não ter a casa aqui na terra que eu desejo para ele, estou convencida de que terá algo muito melhor: um lar eterno, sem lágrimas, sem fome, sem noites solitárias, sem dias incertos, sem esperanças desfeitas e sem perguntas sem resposta.

Independentemente do que aconteça, encontrei paz em saber que Deus prometeu em Salmos 68:5 ser "pai para os órfãos". Embora a melhor resposta me pareça ser ter Sergei conosco, o melhor lugar para ele é onde ele pode conhecer Deus. Embora um orfanato esquecido pareça um lugar improvável, Deus está lá. Consigo imaginar coros de anjos cantando para ele dormir e seu Pai celestial o colocando na cama. Enquanto seus olhos espiam por cima das cobertas bem ajustadas, a última visão que terá todas as noites será o rosto sorridente de seu Pai celestial.

E quanto à minha promessa para Sergei? Minha promessa de buscá-lo não será quebrada, mesmo que eu nunca consiga fisicamente trazê-lo para casa. Pois ensinei Sergei sobre Jesus, aquele que sua alma realmente anseia mais do que por uma mamãe e um papai. A parte mais gloriosa da ressurreição é a promessa que Jesus nos deu de que Ele voltará: "Eis que venho em breve! [...] Eis que venho em breve! A minha recompensa está comigo, e retribuirei a cada um de acordo com o que fez. Eu sou o Alfa e o Ômega, o Primeiro e o Último, o Princípio e o Fim... Sim, venho em breve!" (Apocalipse 22:7, 12, 20).

Seria negligente se eu levasse você a acreditar que, nesta jornada de fé, a fase da ressurreição sempre termina com "felizes para sempre". Vivemos em um mundo caído, cheio de lacunas e injustiças dilacerantes. Mas nossas almas podem se elevar acima das estradas empoeiradas desta terra para o reino celestial vitorioso que é nosso verdadeiro lar.

Devemos sempre nos lembrar de que este lugar é apenas uma parada ao longo do caminho, não nosso destino final.

Um professor da Bíblia certa vez compartilhou que FÉ significa: "Renunciar a tudo e confiar em Deus". Números 23:19-20 diz: "Deus não é homem para que minta, nem filho de homem para que se arrependa. Acaso Ele fala e deixa de agir? Acaso promete e deixa de cumprir? Recebi uma ordem para abençoar; Ele abençoou, e não posso mudar isso".

Ele pode não ressuscitar todas as circunstâncias da sua vida, mas ressuscitará uma confiança mais profunda e segura nele, se você permitir.

Devemos sempre nos lembrar de que este lugar é **apenas uma parada** ao longo do caminho, **não nosso destino final**.

# ESTUDO BÍBLICO

Leia Lucas 1:5-25; 18:1-8.

Zacarias era um homem muito idoso quando um anjo lhe disse: "Não tenha medo... sua oração foi ouvida". Quando o anjo apareceu, Zacarias provavelmente já havia desistido de ver sua oração por um filho ser respondida por Deus. Ele havia seguido com sua vida, aceitando o silêncio de Deus como um "não" e continuando a servi-lo. Lucas 1:6 nos diz que tanto Zacarias quanto sua esposa, Isabel, eram "justos aos olhos de Deus, obedecendo a todos os mandamentos e preceitos do Senhor de maneira irrepreensível". Eles escolheram continuar a honrar a Deus e colocaram seu relacionamento com Ele acima de sua necessidade de ter filhos. Optaram por não se tornar amargurados e não se afastaram do Senhor. Contudo, Deus, em seu tempo, escolheu responder às suas orações muito depois de eles esperarem por isso. Às vezes, paramos de orar, jogamos as mãos para o alto e assumimos que nossas orações serão esquecidas só porque paramos de pedir. Esta história nos mostra que Deus responde às orações de acordo com o seu tempo, não o nosso. Que não nos esqueçamos desse elemento essencial em nossa vida de oração.

Jesus usa a parábola da viúva e do juiz para nos mostrar que devemos sempre orar e não desistir. Assim como a viúva acabou "cansando" o juiz, também podemos prevalecer diante de Deus ao perseverar em nossa vida de oração. Lucas 18:7 diz: "E Deus não fará justiça aos seus escolhidos, que clamam a Ele dia e noite? Continuará a adiar?". Não deixe que a sabedoria mundana o impeça de ir continuamente a Deus com suas necessidades. Aprendi isso ao sentir que devo estar "cansando" Deus com minhas orações contínuas por Sergei. Continuarei a orar com expectativa e só pararei quando sentir que Deus respondeu. Gálatas 4:18 diz: "É bom ser zeloso, desde que o propósito seja bom". Que todos sejamos zelosos

### ESTUDO BÍBLICO

em nossa vida de oração! Escreva uma área em que você pode ter desistido e precisa se comprometer novamente a orar por ela.

_____
_____
_____
_____
_____
_____
_____

Leia Salmos 56:8; Isaías 25:8; Apocalipse 7:17.

Na noite em que acordei chorando por Sergei, Deus trouxe esses versículos à minha mente. Embora eu tenha carregado as lágrimas de Sergei naquela noite incrível, Deus nos mostra em sua Palavra que Ele carrega nossas lágrimas todos os dias. É incrível para mim que o Deus do universo pause, em meio a toda a sua criação, para enxugar nossas lágrimas e guardá-las em um frasco. Da próxima vez que eu chorar, planejo agradecer a Deus, por meio das minhas lágrimas, por Ele se importar comigo dessa maneira — e por Ele se importar com você também! Registre o que esses versículos significam pessoalmente para você.

_____
_____
_____
_____
_____
_____
_____

## ESTUDO BÍBLICO

Leia Romanos 8:23-25.

Ao experimentar o milagre da adoção em primeira mão, aprendi que ser enxertado na família de Deus é um presente dele. Toda alma anseia por se sentir em casa, e todos estamos gemendo interiormente pelo nosso verdadeiro lar, o céu. Lá, experimentaremos uma ressurreição diferente de qualquer forma de ressurreição que já tenhamos experimentado na terra. Participaremos da família de Deus em sua casa. Como a música diz: "Que dia de alegria será". Agradeça a Deus hoje por Ele ter adotado você em sua família.

DEZENOVE

# Deus traz sonhos à vida

Enquanto a mulher se aproximava de mim, eu sabia exatamente o que ela estava pensando e sentindo. Ela se sentia tão insignificante. Tão pequena. Ela fez seu caminho até mim na frente da sala, cercada por mulheres de todas as idades. Algumas queriam apenas me dar um abraço emocionado. Outras seguravam meu livro nas mãos, buscando uma nota de encorajamento e um autógrafo. Ela só queria me perguntar: como?

Como ela poderia pegar uma vida despedaçada e permitir que Deus a usasse para sua glória? Será possível que uma menina rejeitada por seu pai terreno pudesse realmente ser escolhida e separada para um chamado divino? Como ela poderia superar o estágio de apenas sobreviver ao dia para proclamar o amor de Deus de um púlpito?

Ela esperou na fila por sua vez. Então, quando abriu a boca para falar, sua garganta apertou, seus olhos se encheram de lágrimas, e tudo o que conseguiu murmurar foi um emocionado "como?" Ela queria que eu a levasse para casa comigo e a ensinasse. Queria que eu a colocasse na minha mala e a tirasse de sua vida para colocá-la em uma vida que fizesse diferença. Queria que eu compartilhasse uma resposta rápida e fácil, três passos simples para alcançar a vida dos sonhos, tudo pelo pequeno preço de participar do seminário.

Mas eu não era uma mágica, uma vendedora persuasiva ou uma mulher procurando uma nova hóspede. Eu era uma mulher que havia experimentado dores profundas e amargas decepções, que escolheu entregar sua vida a Deus e agora estava sendo usada por Ele.

Eu não dei a ela a resposta rápida e fácil que ela procurava. Não ofereci nenhuma sabedoria ou direção profunda. Só tivemos tempo para que eu simplesmente lhe dissesse como comecei, e então ela voltou para o seu lugar. Mas ela não estava voltando vazia ou sem esperança.

Oro para que o que me faltou em palavras, eu tenha compensado com o exemplo. Oro para que ela tenha visto Jesus em mim. Oro para que ela tenha visto uma prova viva da redenção de Deus. Oro para que ela tenha pensado consigo mesma: "Se Deus pôde fazer isso com ela, acho que há esperança para mim, afinal". E oro para que algo novo, grande e dirigido por Deus tenha nascido e sido confirmado em seu coração de maneira inegável naquele dia.

Embora ela ainda não soubesse como, oro para que ela soubesse que Deus poderia encontrar um caminho. Embora ela não soubesse quando, oro para que ela agora soubesse que o tempo estava nas mãos dele. Embora ela achasse que não tinha muito a oferecer, eu sabia que Deus preencheria suas lacunas. Oro para que ela simplesmente soubesse que Deus estava chamando-a, convidando-a, atraindo-a para algo com suas digitais em cada detalhe, e que isso fosse suficiente.

## EXPERIMENTANDO DEUS

Lembra-se do primeiro capítulo do livro? A mesma cena havia acontecido muitos anos antes, mas agora eu era a palestrante. Mal podia acreditar. Deus realmente traz sonhos à vida! Eu havia acabado de falar para um auditório lotado de mulheres e para mais de 100 mil pessoas via transmissão simultânea. Minha mesa estava cheia dos meus livros, e agora mulheres estavam formando fila para me encontrar. Foi então que me dei conta.

*Isso não é o que preenche meu coração de alegria.* Eu me sentia humilde por ser um vaso através do qual outras mulheres poderiam ser tocadas. Sentia-me grata por poder vivenciar tudo isso. Mas simplesmente não era a experiência sublime que sempre imaginei que seria. Não me fazia sentir mais significativa nem menos insegura. Era passageiro, e o brilho dos holofotes era bastante vazio. A compreensão veio com força: a alegria da jornada não está simplesmente em alcançar a terra prometida. A verdadeira alegria está em experimentar Deus em todas as fases da fé. Fechei os olhos e absorvi esse momento de verdade.

Somos incrivelmente parecidos com os filhos de Israel. Passamos metade de nossa vida olhando para o Egito com memórias seletivas, desejando voltar à nossa zona de conforto. Então, gastamos a outra metade desejando que os dias passem rapidamente para alcançar um futuro idealizado em nossa terra prometida. O curto período em que realmente focamos na jornada de hoje é frequentemente desperdiçado reclamando, resmungando, desejando estar em outro lugar ou simplesmente atravessando a vida sem propósito. Por que lutamos tanto para abraçar o momento que nos foi dado e experimentar Deus aqui e agora?

Independentemente de onde você esteja hoje, Deus está com você. Deus está atraindo você. Ele quer que você o experimente. Seja o que for que você esteja enfrentando hoje, é possível encontrar sua alegria e paz. Por mais distantes que seus sonhos possam parecer, Deus está trabalhando nas coisas, e hoje é uma parte importante desse processo. Lembre-se de suas experiências com Deus. Anote-as. Reflita sobre elas com frequência. Guarde-as no coração. E comprometa-se a fazer de experimentar Deus o objetivo mais elevado de sua jornada de fé.

## ATALHOS

Nem a jornada nem a terra prometida darão ao meu coração o que ele realmente deseja. Preciso caminhar com Deus diariamente e permitir que Ele faça sua vontade no meu coração. Preciso abraçar as lutas, assim como os triunfos, as alegrias e as tristezas, as mortes e as ressurreições. Nenhum atalho ou solução rápida me ajudará a me tornar a mulher que Deus quer que eu seja.

Há algum tempo, Art decidiu tentar um atalho. Por meio das maravilhas da tecnologia moderna, a promissora cirurgia LASIK parecia ser a solução ideal para se livrar das lentes de contato e dos óculos. Mas ele queria fazê-la de forma mais barata e rápida do que os médicos da nossa região prometiam, então adiou a cirurgia. Um dia, ele encontrou um cupom no jornal para uma cirurgia LASIK super-rápida e superbarata e aproveitou a oportunidade.

Fiquei um pouco preocupada no dia da cirurgia, ao chegar à instalação médica. Quem já ouviu falar de fazer uma cirurgia nos olhos na parte de trás de um caminhão estacionado ao lado de um centro comercial, perto do lixo? Mas a tentação de economizar alguns trocados e conseguir uma solução rápida anulou as dúvidas que Art pudesse ter, e ele subiu as escadas trêmulas e desapareceu no caminhão.

No início, parecia que a cirurgia tinha funcionado. Mas, com o passar dos meses, a visão de Art voltou a ser tão ruim quanto antes, se não pior. Ele acabou precisando viajar para outra cidade para consultar um especialista e refazer a cirurgia, o que acabou custando mais tempo e dinheiro do que se ele tivesse feito tudo corretamente desde o início.

Mas não posso culpar Art por sua aventura médica, porque cometi o mesmo erro tantas vezes na minha caminhada espiritual. Você já leu sobre muitas das minhas experiências neste livro. Meus momentos de correr à frente de Deus, de sugerir planos a Ele, de manipular circunstâncias e de me sentir frustrada quando meus atalhos... bem, não deram certo! Eu tenho uma visão de algo, corro para fazê-lo acontecer e peço que Deus abençoe meus planos. Como isso deve partir o coração dele.

**Caminhar intimamente com Deus** nos dá uma percepção mais aguçada de nossa **necessidade desesperada** por Ele.

## NOSSA FORÇA MOTRIZ

Há um propósito eterno em tudo isso que não pode ser ignorado.

> Dentro de você, bem no fundo, habita um pequeno curiango. Ouça. Você o ouvirá cantar... Nós nos esquecemos de que ele está lá, tão fácil ele é de ignorar. Outros animais do coração são maiores, mais barulhentos, mais exigentes, mais imponentes. Mas nenhum é tão constante. Outras criaturas são mais rapidamente alimentadas. Mais facilmente satisfeitas. Alimentamos o leão que ruge por poder. Acariciamos o tigre que exige afeto. Domamos o garanhão que reluta contra o controle. Mas o que fazemos com o curiango que anseia por eternidade?[23]

Você já ouviu esse canto constante em sua alma? Pequenos lembretes de que este lugar não é tudo o que existe?

Sou tão grata por a terra sempre produzir descontentamentos e limitações. Sou grata por falar diante de multidões não ser tudo o que parece ser. Fico encantada em conhecer outros palestrantes que sempre admirei e perceber que eles também não têm tudo sob controle mais do que eu. Porque tudo isso mantém meu coração centrado e firmado somente em Deus.

Precisamos aprender a desejar Aquele que sustenta nossa eternidade e deixar que sua canção seja a força motriz em nosso coração.

## GALERIA DA FAMA

Buscar uma fé mais profunda não se trata de jogar o jogo espiritual de "competir com os vizinhos," sendo admirados e elogiados por nossas grandes conquistas espirituais. Não, é exatamente o oposto. Caminhar intimamente com Deus nos dá uma percepção mais aguçada de nossa necessidade desesperada por Ele.

---

[23] LUCADO, Max*When God Whispers Your Name*. Nashville, TN: WPG. 1994, p. 165166. Publicado no Brasil sob o título *Quando Deus sussurra o seu nome*.

Pense por um minuto sobre a pessoa que foi a maior influência espiritual em sua vida. Pode ser uma conhecida professora da Bíblia ou uma mulher da sua igreja. Seja quem for, deixe-me compartilhar um pequeno segredo. Ela ainda luta contra a insegurança de vez em quando. Há coisas em sua vida que ela tenta mudar há anos e ainda não conseguiu. Ela tem pessoas em sua vida que a irritam e a incomodam. Deus até já feriu seus sentimentos uma ou duas vezes. Oh, choque! Ela é tão humana.

Hebreus 11, a galeria da fama da fé, elogia muitas pessoas pelo modo como caminharam com Deus. Mas, ao examinar esses versículos, não consigo deixar de notar que cada uma das pessoas listadas tinha falhas. Nenhuma delas viveu uma vida perfeita, mas viveram vidas dignas de serem mencionadas na Palavra de Deus. Por quê? Bem, isso tinha muito pouco a ver com elas. Foram mencionadas simplesmente porque acreditaram que Deus é quem Ele disse que é e confiaram que Ele faria o que disse que faria.

"Ora, a fé é a certeza daquilo que esperamos e a prova das coisas que não vemos. Pois foi por meio dela que os antigos receberam bom testemunho" (Hebreus 11:1-2).

Como já disse tantas vezes, o mais importante não é o que você faz por Deus, mas sim que você o conheça e creia nele ao longo do caminho.

# ESTUDO BÍBLICO

Leia Atos 7:44-50.

Ao longo desta história do povo de Deus, de Abraão a Josué, vimos continuamente Deus no meio de seu povo. Ele precisa de um tabernáculo ou santuário na terra? Não. Como esses versículos nos dizem, Ele tem todo o céu como seu trono, e a terra é apenas o estrado de seus pés. Ele não precisa que construamos um lugar para Ele descansar. Mas Ele sabia que precisaríamos de um lugar para nos encontrarmos com Ele — um lembrete visual de que Ele está em nosso meio.

Nosso Criador sabe do que precisamos. Em sua misericórdia, Ele deu aos israelitas esse lembrete visual ao instruí-los a construir o tabernáculo. Hoje, a igreja, a Bíblia e até mesmo nossos próprios lares podem servir como lembretes visuais da presença de Deus. Jesus está acessível a nós o tempo todo. Ele veio como Emanuel, Deus conosco. Ele rasgou o véu que nos separava de Deus. Por meio de sua morte, Ele está sempre em nosso meio, e nunca estamos sozinhos. Louve ao Senhor hoje por ser Emanuel em sua vida — e não se esqueça de que Ele está sempre ao seu lado. Escreva maneiras de tornar sua casa um santuário.

Volte ao longo deste livro e escolha versículos que o impactaram. Escreva-os em cartões e espalhe-os pela sua casa. Deuteronômio 6:9 diz: "Escreva-os nos batentes das portas de sua casa e em seus portões".

_____
_____
_____
_____
_____

## ESTUDO BÍBLICO

_____
_____
_____

Leia Salmos 78:4-7; 79:13.

Este capítulo é chamado "Deus traz sonhos à vida".. Ao percorrer esta jornada pelo livro e pelo estudo bíblico, você certamente teve encontros incríveis com o Senhor. Você viu Deus trazer sonhos à vida, independentemente do ponto da jornada em que você esteja. Tenha cuidado para lembrar-se de suas experiências com Deus e passá-las para a próxima geração, como esses versículos descrevem.

Nos próximos dias e semanas, faça um esforço para compartilhar uma parte de sua história com alguém. Se você tem filhos, compartilhe com eles, de uma forma que possam entender, o que você tem aprendido sobre Deus. Fale sobre os sonhos que Deus plantou em seu coração e como Ele está trabalhando para realizá-los em sua vida. Reafirme para eles que eles fazem parte desses sonhos. Ao fazer isso, você torna Deus real para eles. Eles aprendem pelo exemplo que também podem ter um relacionamento com Deus.

Quando Moisés entregou os Dez Mandamentos aos israelitas, ele disse ao povo: "Que todas estas palavras que hoje lhe ordeno estejam em seu coração. Ensine-as com persistência a seus filhos. Converse sobre elas quando estiver sentado em casa, quando estiver andando pelo caminho, quando se deitar e quando se levantar" (Deuteronômio 6:6-7). Fale com seus filhos e com seus entes queridos sobre Deus. Torne o nome dele conhecido em seu lar. Escreva algumas ideias de histórias específicas que você pode compartilhar com outros sobre o trabalho de Deus em sua vida. Peça a Deus que traga algumas à mente, se tiver dificuldade com isso.

_____
_____

## ESTUDO BÍBLICO

Leia Êxodo 17:14-15; Josué 4:1-9.

Ambas as passagens falam sobre estabelecer algum tipo de memorial para o que Deus tem feito em nossa vida. Seja escrevendo como lembrança, fazendo uma bandeira ou construindo um altar, estamos memorializando o trabalho de Deus em nossa vida para que todos possam ver. Deus obviamente sente que isso é importante, pois incluiu esses e outros exemplos na Bíblia.

Como você pode criar uma lembrança do que Deus tem feito em sua vida? Peça a Ele que revele uma forma que se encaixe perfeitamente em sua personalidade única e nos dons que Ele lhe deu. Escreva algumas ideias em seu caderno.

VINTE

# Toda promessa cumprida

Que aventura vivemos — e que pessoas improváveis vimos se tornarem os protagonistas dessa história. Deus primeiro plantou o sonho de uma nação escolhida em um homem sem filhos chamado Abraão. Depois veio José, que passou boa parte de sua vida sendo traído e vivendo na prisão, mas se tornou o segundo homem mais poderoso do mundo. E não podemos nos esquecer de Moisés, que não apenas viu alguns dos milagres mais incríveis realizados pela mão de Deus, mas também viu o próprio Deus! Então chegamos aos filhos de Israel, cujos ciclos de desobediência nos proporcionaram um rico campo de aprendizado. Agora, finalmente, o momento que todos esperávamos — Josué e a terra prometida!

Josué me inspira como nenhum outro personagem da Bíblia por sua determinação em ser absolutamente obediente a Deus. Ele deixou de lado todas as suas reservas humanas e seguiu firmemente a Deus. Estava com Moisés no Egito, enfrentou todos os altos e baixos da jornada pelo deserto e viu seu amado líder morrer antes de alcançar a terra prometida. Ele observou e aprendeu bem. Agora havia chegado sua vez de liderar. Mas ele não hesitou como Moisés. Ele não questionou a Deus como Moisés fez. Deus falou, Josué acreditou, e a terra prometida foi conquistada.

Observe as formas profundamente diferentes com que Moisés e Josué abordaram as tarefas que lhes foram dadas.

## SUA CONFIANÇA

Quando Deus disse a Moisés que ele seria o líder, Moisés olhou para todas as razões pelas quais não poderia fazê-lo. Não vemos nenhum registro semelhante de hesitação em Josué. Ele deve ter sabido que seu chamado tinha muito pouco a ver com suas qualificações. Deus seria o libertador. Josué entendeu isso e caminhou confiante nesse conhecimento. Deus disse:

> Ninguém conseguirá resistir a você todos os dias da sua vida. Assim como estive com Moisés, estarei com você; nunca o deixarei, nunca o abandonarei. Seja forte e corajoso, porque você conduzirá este povo para herdar a terra que prometi sob juramento aos seus antepassados (Josué 1:5-6).

Que declaração inspiradora de confiança da parte de Deus! Deus continuou dizendo para ele ser "forte e corajoso" mais duas vezes neste capítulo. Até os israelitas o encorajaram da mesma forma:

> Tudo o que você nos ordenar faremos, e aonde quer que nos enviar iremos. Assim como obedecemos plenamente a Moisés, também obedeceremos a você. Somente que o Senhor, o seu Deus, esteja com você, como esteve com Moisés. Quem se rebelar contra as suas ordens e não obedecer às suas palavras, seja o que for que você mandar, será morto. Somente seja forte e corajoso! (Josué 1:16-18).

A confiança de Josué veio como um subproduto natural de sua personalidade? Eu não acho. Se a confiança viesse naturalmente a Josué, não creio que Deus precisaria dizer a ele repetidas vezes para ser forte e corajoso. Não, a confiança de Josué era firme porque ele confiava nas promessas de Deus.

## SUA OUSADIA

Israel fugiu do Egito sob a liderança de Moisés, mas entrou em pânico ao chegar ao Mar Vermelho. Estavam presos entre um exército mortal e um mar perigoso. Moisés clamou ao Senhor em nome do povo e disse-lhes para apenas ficarem parados. Deus pareceu frustrado quando respondeu: "Por que você está clamando a mim? Diga aos israelitas que sigam em frente. Erga a sua vara e estenda a mão sobre o mar para que as águas se dividam e os israelitas atravessem em terra seca". Talvez Deus já tivesse dito para seguirem em frente, e ninguém se moveu. Nem mesmo um dedo foi colocado na água até que as águas se dividiram e o chão estivesse seco.

Em contraste, quando Deus instruiu Josué a dizer aos sacerdotes para entrarem no rio Jordão, eles obedeceram sem hesitação. Sob a liderança de Josué, eles estavam dispostos a se molhar e confiar em Deus para abrir o caminho antes mesmo de verem a terra seca.

"Assim que os sacerdotes que carregavam a arca chegaram ao Jordão e tocaram a água com os pés, a água que vinha do alto parou de correr... Os sacerdotes que carregavam a arca da aliança do Senhor permaneceram firmes no meio do Jordão, em terra seca, enquanto todo o Israel passava, até que toda a nação completasse a travessia em terra seca" (Josué 3:15-17).

Essa ilustração me desafia. Sou o tipo de líder que precisa ver o chão seco primeiro? Ou estou disposta a me molhar e me sujar, a entrar na incerteza e confiar nele? Quão ousada para Deus eu sou verdadeiramente?

## SUA CORAGEM

A maneira como lidaram com os gigantes em suas vidas foi muito diferente. Quando os espias israelitas exploraram a terra prometida e relataram o que viram, Moisés permitiu que as opiniões negativas de dez homens influenciassem toda a nação. Deus já havia garantido que iria à frente deles. A vitória era certa. Calebe, um dos espias que permaneceu firme nas promessas de Deus, confirmou: "Subamos e tomemos posse da terra, pois certamente podemos fazê-lo" (Números 13:30). Mas o povo não quis ouvir. A negatividade cresceu e se espalhou como fogo no acampamento. Moisés ficou angustiado com a desobediência do povo e, em vez de se manter firme, jogou-se diante deles e implorou. Deus ficou muito desapontado, e assim começou o período de quarenta anos vagando no deserto.

A coragem de Josué e dos israelitas sob sua liderança foi muito diferente daquela geração anterior. Em vez de focar no medo do inimigo, eles se concentraram em purificar seus corações do pecado. Então, avançaram com ousadia para onde Deus os mandou, fizeram exatamente como foram instruídos e conquistaram a terra prometida do jeito de Deus.

Josué foi além. Ele quis colocar em perspectiva o medo que manteve os israelitas fora da terra prometida por quarenta anos. Por isso, ele fez um exemplo dos reis inimigos. "Quando trouxeram esses reis a Josué, ele convocou todos os homens de Israel e disse aos comandantes do exército que o acompanhavam: 'Venham aqui e ponham os pés no pescoço desses reis'. Eles se aproximaram e colocaram os pés sobre seus pescoços" (Josué 10:24).

Henry e Richard Blackaby fizeram esta observação:

> Os jovens soldados israelitas cresceram com medo abjeto desses reis. Passaram ano após ano desperdiçando sua juventude no deserto enquanto seus pais envelheciam, justificando debilmente sua desobediência ao dizer que Canaã era habitada por gigantes ferozes e invencíveis. Mas agora eles viram esses "gigantes" de perto. Até mesmo seus reis eram homens comuns que poderiam ser humilhados por Deus. Josué queria deixar claro para seus soldados que, ao andarem em obediência a Deus, eram invencíveis.[24]

---

[24] BLACKABY, Henry; BLACKABY, Richard. *Called to Be God's Leader*: Lessons from the Life of Joshua. Nashville, TN: Thomas Nelson. 2004, p. 182-183

Deus concedeu aos filhos de Israel a vitória e colocou seus medos sob seus pés. O coração rápido e obediente de Josué inspirou seus seguidores a se tornarem pessoas igualmente rápidas e obedientes. Em defesa de Moisés, Josué teve a vantagem de aprender com os erros de Moisés. Ele viu Moisés em momentos de completa obediência e o favor de Deus. Ele também presenciou momentos de desobediência e o consequente castigo de Deus. Josué viu Moisés morrer antes de entrar na terra prometida, exatamente como Deus havia dito. Ainda assim, ele testemunhou a grande fé de Moisés em ação e, apesar de seus erros, enxergou um herói. Josué não apenas observou, mas também aprendeu. Ele permitiu que o que viu tivesse um impacto profundo em sua vida.

Nós temos o mesmo privilégio que Josué teve. Podemos olhar para esses grandes heróis da fé que vieram antes de nós. Já observamos, estudamos, refletimos e aprendemos. Agora, que tipo de impacto a vida deles terá no nosso caminhar?

A história atinge seu clímax quando o povo de Deus, sob a liderança de Josué, toma posse da terra prometida. O tempo chegou para nós também. Precisamos cruzar o rio, gritar os gritos, ver os muros desmoronarem e tomar posse das promessas de Deus.

Você percebeu esse tema presente em todo o livro? Estamos sendo preparados para tomar plena posse de todas as promessas de Deus para nós. O *Webster's New World Dictionary* define "possuir" como:

1. ter algo como pertencente a si; possuir;
2. ter como atributo ou qualidade;
3. ganhar controle sobre algo.

Não é uma definição reveladora? E como ela se aplica à nossa posse das promessas de Deus! Primeiro, precisamos aprender a tomá-las como nossas. Não no sentido de possuí-las exclusivamente, mas em nível pessoal. Passamos a depender de Deus e de suas promessas para nos instruir, ensinar e guiar. Em segundo lugar, nossa posse das promessas de Deus nos afeta profundamente. Ele molda e transforma nosso caráter, redefinindo quem somos e nossa missão.

Por fim, Deus e suas promessas passam a controlar nossa vida. Nosso relacionamento com Ele nos transforma de tal maneira que vivemos vidas completamente diferentes. Tornamo-nos verdadeiramente a nova criação que Ele planejou para nós. Como está escrito: "Portanto, se alguém está em Cristo, é nova criação. As coisas antigas já passaram; eis que surgiram coisas novas!" (2Coríntios 5:17).

Para possuir as promessas de Deus dessa forma, precisamos abandonar nossas antigas dependências. O que ou quem tem rivalizado com Deus na sua vida? É sua família? Seu cônjuge? Seus filhos? Sua carreira? Seu estilo de vida? Suas conquistas passadas? Seja o que for, permita-me encorajá-lo a abrir mão desses apoios falsos e depender unicamente de Deus para fortalecê-lo. Andy Stanley nos desafia com as seguintes palavras:

> Seu objetivo principal deve ser viver em constante rendição, reconhecendo que, sem a intervenção do Espírito Santo, você será derrotado pelo poder do pecado. O tema central das Escrituras é este: por meio de um relacionamento com Deus, o homem é finalmente capaz de fazer o que jamais poderia sozinho. Isso é caminhar no Espírito. Isso é caráter... Caráter é o subproduto da dependência... É a vontade de fazer o que é certo, conforme definido por Deus, independentemente do custo pessoal.[25]

Josué era, de fato, um homem de caráter. Quando os israelitas finalmente possuíram a terra prometida, Josué foi o último a receber sua porção. Ele garantiu que todos recebessem o que mereciam antes de si mesmo. Ele possuía a terra prometida, mas, mais importante, possuía as promessas de Deus.

Eu oro para que isso também seja verdade para você. Caminhar com Deus nos leva a lugares incríveis, mas, ainda mais importante,

---

[25] STANLEY, Andy. *Louder than Words*. Sisters, OR: Multnomah. 2004, p. 35, 174-175.

Caminhar com Deus leva você a lugares incríveis, mas, mais importante, permite que você o experimente de maneiras extraordinárias.

nos permite experimentá-lo de maneiras extraordinárias. Não apenas tivemos a oportunidade de experimentá-lo, mas espero que também tenhamos sido transformadas por Ele. Sinto que é apropriado encerrar deixando com você uma parte do discurso final de Josué ao povo que ele tanto amava. Eles caminharam juntos. Eles triunfaram juntos. Eles se apaixonaram profundamente por Deus juntos. Que o mesmo aconteça conosco!

> Vocês mesmos viram tudo o que o Senhor, o seu Deus, fez a todas estas nações, por amor a vocês; foi o Senhor quem lutou por vocês... Sejam muito fortes; tenham o cuidado de obedecer a tudo o que está escrito no Livro da Lei de Moisés, sem se desviar nem para a direita nem para a esquerda [...]. Vocês sabem com todo o coração e alma que nenhuma das boas promessas que o Senhor, o seu Deus, lhes deu falhou. Todas se cumpriram; nenhuma delas falhou (Josué 23:3, 6, 14).

O que acontece quando mulheres caminham na fé? Bem, agora você conhece minha história.

Querida amiga, que privilégio foi caminhar nesta parte de sua jornada com você. Minha oração é que você tenha uma visão mais clara de onde está nas fases da fé e que isso lhe dê coragem para prosseguir. Embora a aventura seja mais difícil e grandiosa do que jamais imaginamos, espero que você possa dizer sem dúvida que caminhar com Deus realmente nos leva a lugares incríveis. Continue se esforçando para ser uma mulher que olha para sua caminhada com Deus sem arrependimentos. Pois isso, minha amiga, é o verdadeiro sonho.

# ESTUDO BÍBLICO

Ao finalizar este livro e o estudo bíblico, encerro com minha oração por você, minha amiga. Por favor, procure os versículos mencionados, medite neles e faça deles sua própria oração. Ore esta oração enquanto avança em sua caminhada com Deus. Oro para que você...

- Não endureça seu coração ao ouvir a voz de Deus (Salmos 95:7-8; Hebreus 4:7-8).
- Viva pela fé e não pelo que vê (2Coríntios 5:7).
- Cresça sempre em maturidade espiritual (Colossenses 4:12).
- Compreenda a largura, o comprimento, a altura e a profundidade do amor de Cristo por você (Efésios 3:18-19).
- Esteja sempre disposta a fazer o que é certo (Hebreus 13:21).
- O Deus da esperança a encha de muita alegria e paz enquanto confia nele (Romanos 15:13).
- Deus lhe conceda um espírito de sabedoria e revelação (Efésios 1:17).
- Seja tão amorosa quanto Deus e tão paciente quanto Cristo (2Tessalonicenses 3:5).
- Deus a fortaleça com poder pelo seu Espírito (Efésios 3:16).
- Possa se dar bem com os outros assim como Jesus se deu bem conosco (Romanos 15:5).
- Esteja diante do Senhor e admita sua dependência dele (Tiago 4:10).
- Continue treinando para uma vida piedosa (1Timóteo 4:7).
- Por fim, continue a viver em Cristo, enraizada e edificada nele, fortalecida na fé como foi ensinada, transbordando de gratidão (Colossenses 2:6).

Ore estas orações ao longo da sua semana e experimente o poder de orar a Palavra de Deus. Que sua vida seja transformada para sempre pela sua incrível caminhada com Deus. Amém e amém.

Sua opinião é importante para nós.
Por gentileza, envie-nos seus comentários pelo e-mail:

**editorial@hagnos.com.br**